Beratungssozietät Oppermann Schenk
Schönhauser Allee 6/7; D - 10119 Berlin
Tel.: +49.(0).30. 41 71 68 01
Fax: +49.(0).30. 41 71 67 50

Handbuch
Zielvereinbarungsgespräche

Frank Jetter/Rainer Skrotzki (Hrsg.)

Handbuch Zielvereinbarungsgespräche

- Konzeption
- Durchführung
- Gestaltungsmöglichkeiten
- mit Praxisbeispielen und Handlungsanleitungen

2000
Schäffer-Poeschel Verlag

Gedruckt auf chlorfrei gebleichtem, säurefreiem und alterungsbeständigem Papier

Die Deutsche Bibliothek – CIP-Einheitsaufnahme

Handbuch Zielvereinbarungsgespräche : Konzeption, Durchführung, Gestaltungsmöglichkeiten ; mit Praxisbeispielen und Handlungsanleitungen / Frank Jetter/Rainer Skrotzki (Hrsg.). - Stuttgart : Schäffer-Poeschel, 2000
 ISBN 3-7910-1718-7

Dieses Werk einschließlich aller seiner Teile ist urheberrechtlich geschützt. Jede Verwertung außerhalb der engen Grenzen des Urheberrechtsgesetzes ist ohne Zustimmung des Verlages unzulässig und strafbar. Das gilt insbesondere für Vervielfältigungen, Übersetzungen, Mikroverfilmungen und die Einspeicherung und Verarbeitung in elektronischen Systemen.

© 2000 Schäffer-Poeschel Verlag für Wirtschaft • Steuern • Recht GmbH & Co. KG
www.schaeffer-poeschel.de
info@schaeffer-poeschel.de
Einbandgestaltung: Willy Löffelhardt
Druck und Bindung: Franz Spiegel Buch GmbH, Ulm
Satz: DTP + TEXT Eva Burri, Stuttgart
Printed in Germany
August 2000

Schäffer-Poeschel Verlag Stuttgart
Ein Tochterunternehmen der Verlagsgruppe Handelsblatt

Inhaltsverzeichnis

Vorwort XIII

Durch Zielvereinbarungsgespräche zur Lernenden Organisation

Frank Jetter
Zielvereinbarungsgespräche als Führungs- und Kommunikationsinstrument im Personalwesen und der Unternehmensleitung – Über die dritte Evolutionsstufe einer Managementmethode 3

1.	Unterschiedliche Aspekte von Personalgesprächen	4
2.	Das Zielvereinbarungsgespräch (ZVG)	6
2.1	Das Zielvereinbarungsgespräch als Regelkreis	7
2.2	Ohne Ziel ist jeder Schuß ein Treffer: Verschiedene Zielarten innerhalb von Zielvereinbarungsgesprächen	9
2.3	Trauben, die zu hoch hängen	14
3.	Die neue Philosophie von Zielvereinbarungsgesprächen als dritte Evolutionsstufe: ZVG als Kommunikations- und Prozeßinstrument ...	16
3.1	Mögliche Stolpersteine	23
4.	Implementierung eines Zielsystems im Unternehmen	26
5.	Der Gesprächsleitfaden: Die 12 Schritte zur Durchführung eines Zielvereinbarungsgespräches	28
6.	Resümee: Zielvereinbarungsgespräche als Methode in der Praxis ...	31
	Literatur	33

Sabine Pietruschka
Psychologische Grundlagen für eine Führung mit Zielvereinbarungsgesprächen 38

1.	Gründe für eine Führung mit Zielen	38
2.	Implikationen der Goal-Setting-Theorie für die Ausgestaltung von Zielvereinbarungen	39
2.1	Grundlagen der Goal-Setting-Theorie	39

2.2	Zielschwierigkeit und Zielspezifität	40
2.3	Partizipation: Mitarbeiterorientierung und Mitarbeiterbeteiligung als Kernelement der Arbeitsorganisation	42
2.4	Feedback	44
2.5	Belohnung	45
3.	Vorteile durch ein Führen mit Zielen	46
4.	Anforderungen an die Organisation	47
Literatur		47

Walter Harsch
Umsetzungsorientierter Kontinuierlicher Verbesserungsprozeß (KVP) durch Zielvereinbarungsgespräche 49

1.	Ausgangslage	49
2.	Kontinuierlicher Verbesserungsprozeß mit Zielvereinbarungen	50
3.	Das Vereinbaren von Zielen im Kontinuierlichen Verbesserungsprozeß	51
4.	Erhöhung der Mitarbeitermotivation zur Leistungserbringung	52
5.	Festlegung formaler Rahmenbedingungen	53
6.	Werkzeuge zum Vereinbaren von Zielen	54
7.	Resümee	56
Literatur		56

Christin Berger
Durch Zielvereinbarungen im Dialog zur Lernenden Organisation – Kulturveränderung in bürokratischen Organisationen am Beispiel von Modellversuchen bei der Kommunalverwaltung Dortmund 57

1.	»Organisationskultur« – ein erfolgversprechender Veränderungsansatz?	57
2.	Das Entwicklungsziel der Kulturveränderung: Die Verwaltung auf dem Weg von der Bürokratie zur »Lernenden Organisation«	60
3.	»Führen im Zielvereinbarungsdialog« – der Weg und das Ziel im wechselseitigen Führungsprozess	62
3.1	Auf dem Weg zu »Vereinbarungen« – Ansprüche an ein lernförderliches Klima auf inter-personaler wie auf intra-personaler Ebene	62
3.2	Rolle der integrierten Personal- und Organisationsentwicklung	65
3.3	Auszüge aus Fallbeispielen aus dem Einführungsprozess der Stadtverwaltung Dortmund	68
Literatur		76

Praxisberichte über Zielvereinbarungen

Jürgen Niemann
Führung nach Zielen – Voraussetzung für den Erfolg der Deutschen Bahn 81

1. Erfolg im Verbund 81
2. Führungsinstrumente für den Verbund 81
3. Führungsgespräch mit Zielvereinbarung 82
4. BahnStrategieCard 84
5. Mitarbeitergespräch 85
6. Führung nicht allein durch Führungsinstrumente 87

Rainer Duhm/Rolf Kempf
Die Einführung von Zielvereinbarungsgesprächen in der öffentlichen
Verwaltung am Beispiel der Stadt- und Landesverwaltung Bremen 88

1. Verwaltungsreform und Personalentwicklung 88
2. Mitarbeitergespräche mit Zielvereinbarungen 90
2.1 Zielvereinbarungsgespräche als Baustein der Personalentwicklung 90
2.2 Vor- und Nachbereitung der Gespräche 92
3. Der Einführungsprozeß 93
3.1 Anfängliche Vorbehalte 93
3.2 Die Vorbereitungsphase – Informations- und Schulungsveranstaltungen 94
4. Auswertung der Erfahrungen 98
5. Zusammenfassung weiterer Ergebnisse und Empfehlungen für die
    Einführung von Zielvereinbarungsgesprächen in der öffentlichen
    Verwaltung 100
Literatur 102

Erich Karnicnik/Jürgen Bischoff
Die Zielvereinbarung ist Basis für unternehmerisches Handeln 104

1. Der Nutzen von Zielvereinbarungen 104
2. Wie entstehen Ziele und welche sind vereinbarungswürdig? 106
3. Der Ablauf eines Zielvereinbarungsgesprächs 107
4. Regelmäßige Gespräche helfen, die Zielerreichung zu sichern 109
5. Zielvereinbarungen und Mitarbeitergespräche 110

Jürgen Dreidoppel/Wilhelm Lücke
Zielvereinbarungen im Rahmen wertorientierter Führung 112

1. Von der DaimlerChrysler-Vision zu den Zielen 112
1.1 Die »Ziele« der Zielvereinbarung 114
1.2 Funktionen der Zielvereinbarung: Steuerung und Beteiligung 115
1.3 Zielvereinbarung im Kontext der Führungsinstrumente 115
2. Die Leitlinien 116
2.1 Die Unternehmensziele im Mittelpunkt 116

2.2	Wie bereiten sich Vorgesetzte, Mitarbeiter und Mitarbeiterinnen am besten auf ein Zielvereinbarungsgespräch vor?	117
2.3	Wie finden Sie Ihren Weg zum Erfolg?	117
2.4	Wo können Sie Treffer landen?	118
2.5	Was? Wie viele? Und danach?	119
2.6	Was passiert im Laufe des Jahres?	120
2.7	Nur einer von mehreren Punkten	120
2.8	Das Finish und was danach kommt	120
2.9	Zum Schluss: Die Checkliste, mit der es nur Gewinner gibt	121
3.	Hinweise für die Gestaltung des Zielvereinbarungsprozesses	122
3.1	Ziel- und Ressourcenplanung	122
3.2	Zielvereinbarungsprozess: Meilensteine	122
3.3	Zielvereinbarungsgespräche	123
3.4	Hilfestellung zur Formulierung der Zielvereinbarung	124
3.5	Zwischenbilanz und Visualisierung	125
3.6	Zielerreichung und Incentivierung – Prinzipien der Vergütung	125
4.	Resümee	127

Anonymus
Beispiel eines Personalgespräches mit Zielvereinbarung mit einem drogenabhängigen Beschäftigten 128

Jens Faust/Frank Jetter/Rainer Skrotzki/Annette Sträter/Sabine von Kaiz
Zielvereinbarungsgespräche als Fallbeispiele in der Praxis –
Die methodische Durchführung von praktischen Übungen zu
Zielvereinbarungen in Kleingruppen 130

1.	Ablauf der Praxisübung	130
2.	Fallbeispiel A	131
2.1	Die Rolle des Vorgesetzten	131
2.2	Die Rolle des Mitarbeiters	132
3.	Fallbeispiel B	133
3.1	Die Rolle des Vorgesetzten	133
3.2	Die Rolle des Mitarbeiters	134
4.	Beobachtungsleitfaden für Beobachter	135
5.	Aufzeichnungsbogen für den Dokumentator	136

Mitarbeiterorientierung und Mitbestimmung durch Zielvereinbarungsgespräche

Peter Hlawaty
Zielvereinbarungen – Eine Herausforderung für betriebliche
Interessenvertretungen und Gewerkschaften 139

1.	Zielvereinbarungen – ein Führungsinstrument macht Karriere	140
1.1	Veränderte Arbeitsorganisations- und Produktionskonzepte	141
1.2	Veränderung der Entgeltsysteme	141
1.3	Wertewandel/Paradigmenwechsel	141
1.4	Veränderte Personalführungkonzepte	142
1.5	Vier unterschiedliche Grundtypen von Zielvereinbarungssystemen	142
2.	Zielvereinbarungen aus Sicht der Beschäftigten	143
2.1	Zielvereinbarungen aus Sicht der Mitarbeiter	144
2.2	Die »neue Schutzlosigkeit«	144
2.3	These der »Neuen Egozentrik«?	145
3.	Neue Aufgaben für betriebliche Interessenvertretungen	146
3.1	Bestehende Schutzgesetze und Tarifverträge erhalten und weiter ausbauen	146
3.2	Leistungsschwächere besonders schützen	146
3.3	Mitbestimmungsrechte nutzen	147
3.4	Einzel- und Kollektivinteressen ausbalancieren	147
3.5	Gestaltungsinitiative ergreifen	147
3.6	Betriebsvereinbarung abschließen	148
3.7	Neues Selbstverständnis der Interessenvertretung	149
4.	Tarifpolitische Bedeutung	150
4.1	Wandel der Entgeltsysteme	150
4.2	Tarifliche Regelungen notwendig	152
4.3	Gefahr der Überregulierung?	152
4.4	Bestandteile tariflicher Regelungen	153
	Literatur	154

Hans Waschkau
Aus Unternehmensbereichen lernen, in denen Zielvereinbarungen nichts
zu suchen haben: Warum Zielvereinbarungen bei Akkordarbeit und
bei Projektarbeit unangebracht sind 155

1.	Akkordarbeit und Ziele	155
2.	Besonderheiten von Entwicklungsarbeit	156
3.	Projektarbeit und Zielvereinbarungen	157
3.1	Die Rolle von Führungskräften bei der Entwicklungsarbeit	158
3.2	Der Mythos »Meßbarkeit« – Der Blick auf den Arbeitsprozeß ist wichtiger als der Blick auf die Arbeitsergebnisse	158
4.	»Top down – Bottom up« – Wenn Vorgesetzte sich etwas völlig Unsinniges vorgenommen haben	159

5.	Ausblick: Durch Zielvereinbarungen neue Formen der Zusammenarbeit entwickeln	160
5.1	Ein gemeinsamer Zielfindungsprozeß ist erforderlich	160

Karin Tondorf
Zielvereinbarungen – Ein neues mitbestimmungspolitisches Thema 162

1.	Zielvereinbarungen – Ein neues mitbestimmungspolitisches Thema	162
2.	Neue Aspekte für Vereinbarungen	163
3.	Arbeitnehmerorientierte Anforderungen an Zielvereinbarungen	165
4.	Resümee	167

Sabine Kall
Dialog über Vorgesetztenbeurteilungen – Feedback für Führungskräfte in Zielvereinbarungsgesprächen 168

1.	Durchführung einer Mitarbeiterbefragung zur Vorgesetztenbeurteilung	169
2.	Stolpersteine bei der Einführung einer Mitarbeiterbefragung zur Vorgesetztenbeurteilung	171
3.	Die Präsentation der Umfrage-Ergebnisse und Besprechung in Zielvereinbarungsgesprächen	171
4.	Ausblick zur Beurteilung von Vorgesetzten	172
	Literatur	173

Ausblick zur Verbindung von Zielvereinbarungen mit Entgeltfragen

Alexandra H. Hey
Gestaltung von Zielvereinbarungen bei Teamarbeit – ein empirischer Überblick .. 177

1.	Führung mit Zielen bei Teamarbeit	177
1.1	Vergleich mitarbeiterbezogener Ziele bei Teamarbeit und Goal Setting	177
1.2	Inhalte von Zielen	179
2.	Verbreitung und Ausgestaltung von Zielvereinbarungen in der Praxis	180
2.1	Inhalte von Zielen	181
2.2	Zielschwierigkeit und Zielspezifität	182
2.3	Partizipation	183
2.4	Feedback	184
2.5	Belohnung	185
3.	Zusammenfassung der Ergebnisse	186
3.1	Verbesserungswürdige Aspekte der Zielvereinbarungen bei Teamarbeit	186
3.2	Positive Aspekte der Zielvereinbarungen bei Teamarbeit	187
3.3	Resümee	187
	Literatur	188

Michael Svoboda
Durch Zielvereinbarungsgespräche zu einem neuen Führungsverständnis in
der Deutschen Bank 189
1. Die neue Organisationskultur in der Deutschen Bank 189
2. Das neue Führungs- und Karriereverständnis in der Deutschen Bank 190
3. Die Führungsmethode in der Deutschen Bank: Führen durch
   Zielvereinbarung 192
4. Ziele mit Bonus verbinden: Mehr Flexibilität für markt- und
   leistungsorientierte Gehaltsentwicklung 195
5. Klärungsprozesse durch Dialog 198
6. Gute Absprachen fördern die Motivation – nicht den Egoismus:
   Teamziele stärken den Teamgeist und gehören auch zu den
   Zielvereinbarungen 198

Rainer Skrotzki
Neue Entgeltstrukturen mit vereinbarten Zielen und Leistungskomponenten
als Diskussionsgrundlage für tarifpolitische Reformen 200
1. Chancen für Veränderungen als Folge unternehmerischen
   Leidensdrucks 201
2. Beteiligungsorientierte Methodik bei der Konzipierung neuer
   Entgeltsysteme 202
3. Moderne Grundentgeltsysteme im Maschinenbau 204
4. Die Berücksichtigung von Zielvereinbarungen in Leistungs-
   entgeltsystemen 210
5. Resümee, Ausblick und Diskussionsvorschläge 212

Literatur 213

Die Autoren 214

Stichwortverzeichnis 217

*»Wer nicht weiß, in welchen Hafen er segeln will,
für den ist kein Wind ein günstiger.«*
Seneca

Vorwort

Bei »Zielvereinbarungen« handelt es sich um eine Führungsmethode, die sich in den letzten Jahren in vielen Unternehmen etabliert hat.

Führen durch Zielvereinbarungsgespräche ist ein Konzept, bei dem Führungskraft und Mitarbeiter gemeinsam Ziele vereinbaren und festlegen, ihren jeweiligen Verantwortungsbereich für bestimmte Ergebnisse abstecken, auf dieser Grundlage ihre Abteilung führen und die Leistungsbeiträge der einzelnen Mitarbeiter bewerten.

Die Beschäftigten leiten also gemeinsam mit dem Vorgesetzten aus den strategischen Unternehmenszielen Ziele für ihre unmittelbare Arbeit ab und vereinbaren diese dann schriftlich. Zudem werden auch die individuellen Ziele der Mitarbeiter im Sinne von Karriereplanung und Weiterbildungswünschen berücksichtigt.

Somit werden Leistungs-, Verhaltens-, Weiterbildungs- oder Projektziele vereinbart und festgelegt, die Mitarbeiter innerhalb eines zuvor bestimmten Zeitraumes erreichen können.

Realitätsnahe Ziele können dabei in einer fairen Verhandlung festgelegt werden. Die Entscheidungsbefugnisse sollten schließlich weitgehend an die Mitarbeiter delegiert werden; eine regelmäßige kommunikative Rückkopplung in Feedbackgesprächen zum Grad der Zielerreichung sollte ebenfalls erfolgen. Ziele werden somit nicht einseitig diktiert, sondern gemeinsam auf allen Unternehmensebenen *vereinbart*.

Mitarbeiter verfügen oft über noch unentdeckte, aber (durch Motivation) aktivierungsfähige Potentiale. In den Gesprächen bekommt die Kommunikation und der Informationsfluß einen zentralen Stellenwert. Dies fördert und optimiert nachhaltig die Zusammenarbeit, so daß potentielle Konflikte zu einer Teamorientierung gewendet werden können.

Wenn Ziele, bezogen auf anstehende Aufgaben, an die individuellen Fähigkeiten und Anspruchsniveaus angepaßt werden, ist ein hohes motivationales Potential nutzbar.

Auch eine Kopplung von Belohnungen an den Grad der Zielerreichung ist möglich und wird von vielen Unternehmen bereits durchgeführt: Lob, Anerkennung und möglicherweise auch ein Entgeltbonus sollen – ebenso wie Kritik – bei der Erfüllung der Zielvereinbarung den Betroffenen in einem Feedbackgespräch zukommen. Hier kann dann auch die Frage im Sinne eines kontinuierlichen Verbesserungs- und Weiterbildungs- und Fehlerlernprozesses geklärt werden, für den Fall, daß ein gestecktes Unternehmensziel nicht erreicht wurde. Unter Fehlerlernprozessen soll selbstverständlich nicht verstanden werden, daß Fehler erlernt werden sollen. Aus Fehlern und Mißerfolgen zu lernen und geeignete Konsequenzen zu ziehen, soll zum systematischen Vorgehen in der betrieblichen Praxis werden.

Entstanden ist die Buchidee aus dem Projekt »Qualifizierung von Führungskräften«, das im Rahmen des Programms QUATRO von der Landesregierung Nordrhein-Westfalen und aus Mitteln der Europäischen Union gefördert wurde.

Die Thematik richtet sich an alle Beteiligten im Unternehmen, an die Geschäftsführung, an den Personalchef, an Abteilungs- und Fachbereichsleiter, aber besonders auch an Mitarbeiter, die ein Zielvereinbarungsgespräch vorbereiten wollen. Ebenso werden Hinweise für Betriebsräte für die betriebliche Diskussion bei der Einführung einer Orientierung an Zielen gegeben.

Wir möchten uns an dieser Stelle bei den Autoren sehr herzlich für die Unterstützung zur Realisierung dieses Buchprojektes bedanken. Denn selten legen Unternehmen eine derartige Offenheit an den Tag, wenn es darum geht, zu zeigen, wie sie ihre Unternehmenskommunikation und Führung organisieren. Und selten haben die Verantwortlichen aufgrund des betrieblichen Alltagsgeschäftes Zeit für publizierende Arbeit.

Dem Lektorats- und Herstellungsteam des Schäffer-Poeschel-Verlages sei gedankt, allen voran Volker Dabelstein, Claudia Dreiseitel und Elisabeth Scharlach, für die kompetente und engagierte Inverlagnahme des Manuskriptes.

Weiterhin sei allen ungenannten Unterstützern gedankt, die die Herausgabe dieses Bandes ermöglicht haben.

Umso mehr freut es uns, Leserin und Leser nunmehr einladen zu können, sich im vorliegenden Band über zahlreiche Sichtweisen zum Thema Unternehmensführung und Personalgespräche mit Zielvereinbarungen zu informieren, um zu erfahren, wie betrieblicher Dialog über Abteilungs- und Unternehmensziele angeregt werden kann.

Die Herausgeber im Juni 2000

Frank Jetter/Rainer Skrotzki

**Durch
Zielvereinbarungsgespräche
zur Lernenden Organisation**

Zielvereinbarungsgespräche als Führungs- und Kommunikationsinstrument im Personalwesen und der Unternehmensleitung – Über die dritte Evolutionsstufe einer Managementmethode

Frank Jetter

Zielvereinbarungsgespräche sind derzeit in aller Munde. In Großunternehmen haben sie eine mehrjährige Tradition, die Management-Lehre kennt sie als theoretisches Konzept bereits mehrere Jahrzehnte.

Die neuere öffentliche Diskussion um die Charakterisierung von Personalgesprächen hinsichtlich zu vereinbarender Ziele spiegelt sich nicht nur in zahlreichen aktuellen Artikeln und Publikationen sowie auch gewerkschaftlichen Informationsbroschüren zum Thema Zielvereinbarungsgespräche wieder, sondern erlebt geradezu eine Renaissance durch die Modelle der europäischen und deutschen Qualitätsmanagement-Techniken (beispielsweise nach der European Foundation for Quality Management (EFQM) oder der Deutschen Gesellschaft für Qualität (DGQ)).

Personalgespräche, in denen auch die Ziele des Unternehmens, der Abteilung bzw. auch des Mitarbeiters besprochen werden, gehören beispielsweise nicht nur bei den Zulieferern der Automobilindustrie zur Tradition, sondern sind seit kurzem selbst bei den Zulieferern der Zulieferer nach manchen Zertifizierungsrichtlinien (z. B. VDA 6.1) zum erforderlichen Qualitätsstandard geworden, um die innerbetriebliche Kommunikation und Ausrichtung des Unternehmens z. B. an Qualitätsziele anzuregen. Neben dem produzierenden Gewerbe führen aber auch andere Wirtschaftszweige wie der Handel, Dienstleistungsunternehmen oder die öffentliche Verwaltung Zielvereinbarungsgespräche innerhalb ihres Managements ein.

Ein Beispiel: Im Bergbau macht Kommunikation über die Arbeitssicherheit großen Sinn, jeder Bergarbeiter unter Tage muß sich an Standards zur Arbeitssicherheit halten und mit seinen Kollegen, Mitarbeitern und Vorgesetzten darüber kommunizieren, wo z. B. evtl. Risiken bestehen – die »unterlassene Kommunikation« über Arbeitssicherheit und deren Vereinbarung eines Standards kann gar Menschenleben gefährden.

Teamwork unter Tage setzt also nicht nur kommunikative Prozesse voraus, sondern auch eine Führung der Mitarbeiter und Kollegen durch Gespräche, in denen Arbeitssicherheit überhaupt als gemeinsames Ziel zur Qualität (der Arbeit und des eigenen Lebens) von allen gemeinsam anerkannt und während der Arbeit beachtet wird.

In dem folgenden Beitrag soll daher die Methode von Zielvereinbarungsgesprächen nicht nur für das Personalwesen und die Unternehmensführung erläutert werden: Gespräche über Ziele sind nicht nur ein *Werkzeug des Managements* für Führungskräfte, sondern sind zugleich auch ein *Kommunikationsinstrument* für die gemeinsamen, betrieblichen und sozialen Arbeitsprozesse, die bekanntlich im gesamten Unternehmen stattfinden.

Den betrieblichen Informationsfluß durch diese Managementmethode anzuregen macht Sinn, denn wie wir wissen, gerät die Informationskommunikation im Unternehmen sehr oft ins Stocken.

1. Unterschiedliche Aspekte von Personalgesprächen

Bevor aber die Frage beantwortet wird, was Zielvereinbarungsgespräche genau sind und wie sie eingesetzt werden, soll der Blickwinkel erst einmal noch etwas erweitert werden:

In Personal- bzw. Mitarbeitergesprächen gibt es vielerlei Themen und Aspekte, die erörtert werden können. Es ist sinnvoll, sich vor einem »betrieblichen Gespräch« zwischen Führungskraft und Mitarbeiter (bzw. auch Geschäftsführung mit Führungskräften) darüber im Klaren zu werden, worüber man denn eigentlich sprechen möchte.

Es sind nicht nur die Unternehmens- oder Mitarbeiterziele, die man in einem Personalgespräch thematisieren kann, es können auch Probleme in der Abteilung sein, es sollten auch Lob und Anerkennung in einem Gespräch vorkommen (»Anerkennungsgespräch«), es kann natürlich auch ein »Kritikgespräch« sein – oder es wird eine allgemeine Personalbeurteilung erörtert (»Beurteilungsgespräch«), in der auch die Weiterbildungserfordernisse des Mitarbeiters festgehalten werden (»Entwicklungsgespräch«).

Schließlich – darum sollte es im übergeordneten Begriff auch *Personalgespräch* und weniger Mitarbeitergespräch heißen – geht es auch darum, als Mitarbeiter dem Vorgesetzten ein Feedback über sein Verhalten und seine Führung zu geben (»Feedbackgespräche«/»Vorgesetztengespräch«).

Personalgespräche können also ganz unterschiedliche Inhalte haben:

> **Formen und Inhalte von Personalgesprächen**
>
> - Das **Anerkennungsgespräch**: Ziel eines Anerkennungsgespräches ist es, den Mitarbeiter zu loben und so zu weiteren herausragenden Leistungen anzuspornen. Anerkennung ist eine Form der immateriellen Belohnung für erbrachte überdurchschnittliche Leistungen. Lob steigert das Selbstwertgefühl des Mitarbeiters und gibt ihm die notwendige Sicherheit bei zukünftigen Handlungen und Entscheidungen, selbst wenn ihm dies anfangs riskant erscheinen mag. Es soll mit dem Lob nicht gewartet werden, und die Gespräche sind unter vier Augen zu führen.
> - Das **Kritikgespräch/Problemgespräch**: Wenn ein Mitarbeiter schlechte Leistungen erbringt oder Fehler macht, kann ihm ein konstruktives Kritikgespräch zu einer Verhaltensänderung helfen.

- Das **Beurteilungsgespräch**: Beim Beurteilungsgespräch handelt es sich um ein Gespräch zwischen Führungskraft und Mitarbeiter zur Personalbeurteilung im klassischen Sinne. Dieses erfolgt meist dann, wenn es um Gehaltserhöhungen, Entlassungszeugnisse, oder die Versetzungsmöglichkeiten von Mitarbeitern geht.
- Das **Entwicklungsgespräch**: Beim Entwicklungsgespräch werden die Ressourcen und Entwicklungspotentiale des Mitarbeiters beleuchtet und sein Weiterbildungsbedarf abgefragt. Auch das Anforderungsprofil der Arbeitstätigkeit wird abgeglichen. Zukünftige Qualifizierungsnotwendigkeiten werden angesprochen. Entwicklungsgespräche dienen mehr der internen Versetzung als der Weiterbildung on the Job. Weiterbildung on the job als Ziel läßt sich insbesondere in einem Zielvereinbarungsgespräch thematisieren und vereinbaren.
- **Vorgesetztengespräch**: In diesem Gespräch soll der Mitarbeiter das Verhalten und die Führungsqualität des Vorgesetzten beurteilen und ggf. Kooperationsformen modifizieren. Viele Führungskräfte scheuen noch die Form des persönlichen Gesprächs und holen mittels einer schriftlichen Umfrage eine Rückmeldung ihrer Mitarbeiter ein (oft gekoppelt an Umfragen zur Mitarbeiterzufriedenheit).
- Neben diesen Formen von Personalgesprächen gibt es auch **Zielvereinbarungsgespräche – abgekürzt: ZVG –** und dazugehörige **Feedbackgespräche**. Es wird in dem Gespräch gefragt, welche Ziele und Aufgaben in der nächsten Zeit anstehen, und wie sie umgesetzt werden können. Das Zielvereinbarungsgespräch hat den Vorteil, daß es zahlreiche Aspekte von Personalgesprächen beinhaltet und somit als ein großer gemeinsamer Nenner der hier genannten »Gesprächsaspekte« fungieren kann. Ein »ZVG« kann daher als eine zukunftsweisende Form von Personalgesprächen betrachtet werden, wenn sie derart verstanden und umgesetzt werden, wie es hier weiter unten ausgeführt wird. Die Funktion wird insbesondere in der Anregung eines betrieblichen Dialoges und der Ermittlung von Weiterbildungszielen gesehen.
- Darüber hinaus kann man Zielvereinbarungsgespräche auch an Entgeltfragen koppeln: Gespräche über das Gehalt (**Tantiemegespräche**) bilden eine Sonderform von Zielvereinbarungsgesprächen, insofern die Erreichung von Zielen an Entlohnungssysteme gekoppelt wird. Dies ist jedoch meist nur in Großunternehmen auf der obersten Führungsebene der Fall.

Abb. 1: Formen und Inhalte von Personalgesprächen

Diese Bereiche können als unterschiedliche Charakterisierungen von Personalgesprächen betrachtet werden. Im folgenden soll nun enger auf die Zielvereinbarungsgespräche eingegangen werden.

2. Das Zielvereinbarungsgespräch (ZVG)

Bei Zielvereinbarungsgesprächen geht es um die innerhalb einer Zeitperiode zu erreichenden Ziele des Unternehmens, der Abteilung, der Führungskräfte und des Mitarbeiters. Nur wer ein Ziel hat, wird den Weg finden – denn, wie bereits von Christian Morgenstern in Anlehnung an Lucius Annaeus Seneca berichtet wird: »Wer vom Ziel nichts weiß, wird den Weg nicht finden.«

Zielvereinbarungen –
Was wird da eigentlich besprochen?

- **Gemeinsam Ziele vereinbaren:** In Zielvereinbarungsgesprächen sondieren Führungskräfte und Mitarbeiter (oder aber auch Gruppen wie Abteilungen) gemeinsam *Ziele*, ...
- **Verantwortlichkeiten und Leistungsbeiträge klären:** ... legen *Leistungsbeiträge* und *Prozeß* sowie *Ergebnisverantwortlichkeiten* fest ...
- **In Feedbackgesprächen Rückmeldungen geben:** In regelmäßigen *Feedback-Gesprächen* wird das erreichte Ausmaß der Zielerfüllung gemeinsam festgestellt, werden Abweichungen erörtert und erforderliche unterstützende Maßnahmen veranlaßt. »Zwischenzeitliche Rückmeldungen« erfordern dabei Zeit zur Überlegung/Reflexion, Bereitschaft, Fehler oder Soll-Abweichungen offenzulegen, Kommunikationsfähigkeit etc.
- **Zum Ende des geplanten Zeitraumes ein Resümee fassen:** Nach Abschluß einer Zeitphase wird dann ein *Resümee der Zielerreichung* gezogen und neue Ziele für die nächste Zeitperiode werden diskutiert.

Abb. 2: Konzept der Zielvereinbarungen

Führen mit Zielvereinbarungsgesprächen ist also ein Managementkonzept, bei dem Führungskraft und Mitarbeiter gemeinsam Ziele vereinbaren und festlegen, ihren jeweiligen Verantwortungsbereich für bestimmte Ergebnisse abstecken und auf dieser Grundlage ihre Abteilung führen und die Leistungsbeiträge der einzelnen Mitarbeiter bewerten.

Die Beschäftigten vereinbaren dabei gemeinsam mit dem Vorgesetzten aus strategischen Unternehmenszielen (*top-down*) *und* den Zielen der Mitarbeiter (*bottom-up*) Ziele für ihre unmittelbare Arbeit und halten diese dann schriftlich fest. Wichtig ist dabei, daß Einschätzungen der Mitarbeiter auch übergeordnete Ziele verändern können. Zudem werden auch die individuellen Ziele der Mitarbeiter im Sinne von Karriereplanung und Qualifizierung berücksichtigt.

Realitätsnahe Ziele können nur in einer fairen Verhandlung getroffen werden. Dieses setzt voraus, daß Mitarbeiter Verhandlungskompetenzen erwerben und darin geschult werden. Die Entscheidungsbefugnisse werden schließlich weitgehend an die Mitarbeiter delegiert, und es erfolgt eine regelmäßige kommunikative Rückkopplung zum Grad der Zielerreichung.

Ziele werden somit nicht mehr diktiert, sondern gemeinsam auf allen Unternehmensebenen *vereinbart*, denn Mitarbeiter verfügen oft über noch unentdeckte, aber (durch Motivation) aktivierungsfähige Potentiale und Ideen, die sie in die unternehmerischen Ziele einbringen sollten.

In den Gesprächen bekommen die Kommunikation und der Informationsfluß einen zentralen Stellenwert. Dies soll nachhaltig die Zusammenarbeit fördern und optimieren, so daß potentielle Konflikte zu einer Teamorientierung gewendet werden können.

Auch eine Kopplung von Belohnungen an den Grad der Zielerreichung ist möglich und wird von vielen größeren Unternehmen bereits durchgeführt: Lob, Anerkennung und möglicherweise auch ein Entgeltbonus sollen – ebenso wie Kritik – bei der Erfüllung der Zielvereinbarung dem betreffenden Mitarbeiter in einem Personalgespräch zukommen.

Die Umsetzung ist dabei ganz eng an Feedbackgespräche gekoppelt, die auch ein Element von Zielvereinbarungsgesprächen oder gar eine Form von Personalgesprächen ausmachen: Der Zwischenstand zur Zielerreichung muß rückgekoppelt werden. Hier kann dann auch die Frage im Sinne eines kontinuierlichen Verbesserungs-, Weiterbildungs- und Fehlerlernprozesses geklärt werden, warum ein gestecktes Ziel nicht erreicht wurde, oder – viel wichtiger – wenn schon vorausschauend erkannt werden kann, daß ein bestimmtes Ziel nicht erreicht werden kann, wie die Ziele und Rahmenbedingungen zu modifizieren sind. Dieses wird dann in einem frühzeitigen Zwischengespräch dialogorientiert kommuniziert.

2.1 Das Zielvereinbarungsgespräch als Regelkreis

Die kontinuierliche Umsetzung von Zielvereinbarungsgesprächen beschreibt ein Regelkreis, der in den ersten theoretischen Anfängen dieses Managementkonzeptes entworfen wurde. Er verdeutlicht den formalen Ablauf der Gespräche – obschon der inhaltlichen Wandlungen des Konzeptes – auch heute noch anschaulich *in ihrer strukturalen Regelmäßigkeit*.

Ausgangspunkt sind danach allgemeine Unternehmensziele und allgemeine Leistungsstandards.

Diese Ziele müssen nicht wie in Abbildung 3 unbedingt auf der Topmanagementebene als Unternehmensziel definiert sein, sondern sie können z. B. auch auf Abteilungsebene vereinbart sein. Das heißt, auch mit Zielen auf einer unteren Ebene im Unternehmen könnte man bei der Neu-Einführung dieses Instrumentes nach diesem Regelkreismodell starten, wie wir in einem späteren Abschnitt zur Weiterentwicklung der ZVG-Philosophie noch ausführlicher sehen werden – vorausgesetzt eine Abteilung richtet sich an den implizit geltenden oder später dann schriftlich aufgestellten Unternehmenszielen aus. Sobald sich aber eine Abteilung Ziele gibt, können diese bereits mit den Mitarbeitern diskutiert werden und als Input für (möglicherweise) noch nicht formulierte übergeordnete Unternehmensziele gelten. Sinnvoll ist es natürlich, gemeinsam mit allen Führungskräften zuvor Unternehmensziele für das gesamte Unternehmen zu formulieren und diese dann in den Abteilungen zu konkretisieren.

Die Ziele verändern so natürlich auch die Organisationsstruktur, das heißt, als zweiter Schritt erfolgt die Anpassung der Organisationsstruktur an diese Ziele.

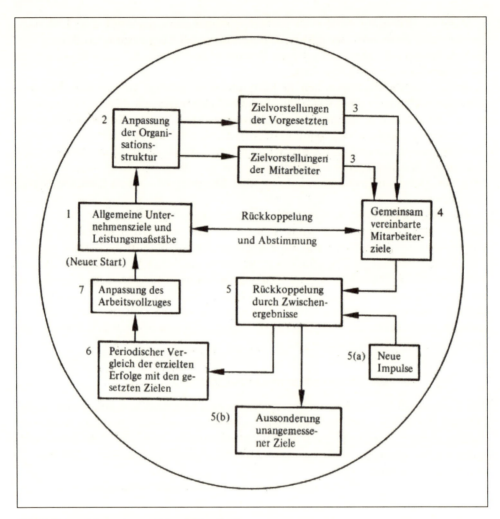

Abb. 3: Zielvereinbarungsgespräche als Regelkreis
Quelle: In Anlehnung an Odiorne aaO: 102

Dann werden drittens die Ziele des Mitarbeiters mit den Zielen der Führungskraft abgeglichen und auf einen Nenner gebracht.

Diese werden viertens nochmal rückgekoppelt mit den Unternehmenszielen auf dieser Ebene.

Im fünften Schritt gibt es Feedback- und Rückkopplungsgespräche. Neue Impulse können z. B. dann hereinkommen, wenn sich irgendwelche Rahmenbedingungen ändern, zeitliche Vorgaben präzisiert werden müssen oder etwas Unvorhergesehenes passiert, die Kompetenzen nicht ausreichen, die Sachmittel nicht zur Verfügung stehen, Lagerbestände nicht rechtzeitig erneuert wurden, die Geldmittel erschöpft sind, eine Maschine plötzlich defekt ist – was immer auch dazwischenkommen mag.

Aus den genannten Gründen sind die Feedbackgespräche ein zentrales Element dieser neuen Informations- und Kommunikationskultur, betrieblich induziert durch die Managementtechnik der Zielvereinbarungsgespräche.

Wenn sich in diesen Feedbackgesprächen herausstellt, daß an dem vereinbarten Ziel irgendetwas nicht zu erreichen ist, dann gibt es eine Rückkopplung, und es werden Zwischenergebnisse festgehalten und neue Teilziele vereinbart.

Das heißt, im fünften Schritt gibt es auch eine Aussonderung von nicht passenden Zielen, die sich im Prozeß als nicht geschäftsläufig erwiesen haben. Neue Impulse (betriebliches Vorschlagswesen/Kontinuierliche Verbesserungen) hingegen werden ggf. berücksichtigt und mitaufgenommen.

Im sechsten und siebten Schritt erfolgt schließlich eine periodische Anpassung, und es wird nach einem gewissen Zeitraum (meistens ein Jahr) dann wieder ein Zielvereinbarungsgespräch durchgeführt.

2.2 Ohne Ziel ist jeder Schuß ein Treffer: Verschiedene Zielarten innerhalb von Zielvereinbarungsgesprächen

Doch wieso braucht »man« eigentlich Ziele? Warum sollte der Mensch Ziele haben? Was sind Ziele für die Führung eines Unternehmens? Warum sind Ziele im allgemeinen sinnvoll?

Die umstehenden Antworten einer Befragung der Teilnehmer auf einer Tagung zum Thema »Zielvereinbarungsgespräche« machen deutlich, daß »wirtschaften« – und auch »leben« im ganz allgemeinen Sinne – ohne Ziele einem »Sich-Durchwursteln« (»muddling through«) gleichkäme (Abbildung 5).

Ziele beeinflussen das motivierte Handeln positiv: Wer sich Ziele setzt, ist nach der Motivationsforschung »glücklicher und erfolgreicher«, denn Menschen geben dem Handeln durch Ziele eine Richtung und lenken Aufmerksamkeit auf die richtigen Informationen, die handlungsrelevant sind. Ziele führen somit schließlich zu einer Identifikation, indem sie das Anspruchsniveau und den Willen, es zu erreichen, auch umsetzen. Eine Zielorientierung trägt natürlich auch dazu bei, daß man sich dafür Strategien überlegt und die Aufgaben so besser bewältigt.

> **Ziele beeinflussen das motivierte Handeln positiv:**
> **»Wer Ziele hat, ist glücklicher und erfolgreicher«**
>
> - Ziele geben der Handlung eine Richtung.
> - Ziele lenken Aufmerksamkeit auf handlungsrelevante Informationen.
> - Ziele führen bei höheren, aber erreichbaren Zielen zu mehr Ausdauer und Bereitschaft (Identifikation).
> - Ziele tragen zu aufgabenspezifischen Strategien und Plänen bei.

Abb. 4: Motivation durch gemeinsame Zielfindung
Quellen: Vgl. Theorie der Zielsetzung (Goal-Setting) der 1930er Jahre (Locke aaO) oder Emotionale Intelligenz (Goleman aaO)

Abb. 5: Wozu benötigt man als Mensch oder Unternehmen Ziele?
Quelle: Sammlung durch Kartenabfrage auf einem Workshop des Autors

Es ist also sowohl für Menschen als auch für eine Unternehmung sinnvoll, Ziele zu haben – d. h. diese zu finden und zu vereinbaren – und diese Ziele dann auch durch sich selbst, mit dem Unternehmen und mit den Kollegen umzusetzen.

Innerhalb eines Zielvereinbarungsgespräches gibt es verschiedene Arten von Zielen, die vereinbart werden können. Folgende sind beispielsweise zu nennen: Einen Gewinn zu erzielen ist primäres Interesse eines Wirtschaftsunternehmens. Betriebswirtschaftliche Erfolgs- und Kennziffern berechnet jedes Unternehmen.

Ebenso gibt es produktbezogene Leistungsziele: Wir wollen das Produkt optimieren ..., wir wollen den Marktanteil ausweiten ..., wir wollen es diversifizieren ...; wieviel Stück wollen wir liefern, in welcher Zeit wollen wir das schaffen, welchen Preis darf es kosten? Ein Innovationsziel wäre beispielsweise, mit einem Produkt als Erster am Markt zu sein.

Ein weiteres wichtiges Thema innerhalb der Marktziele ist die Herstellung der Kundenzufriedenheit, um so flexibel auf die Anforderungen des Marktes zu reagieren.

Ferner gibt es qualitätsbezogene Ziele: Qualität im Fertigungsprozeß spielt zunehmend eine immer wichtigere Rolle.

Es gibt weiterhin die übergeordneten Unternehmensziele, diese können z. B. in der Unternehmenskultur niedergeschrieben sein (oder gar auch gelebt werden). Unternehmensziele oder Ziele einer Unternehmenskultur sind dabei jedoch viel zu selten explizit aufgeschrieben. Ebenso wie Führungsgrundsätze. Dieses kann im Rahmen der Einführung von Zielvereinbarungsgesprächen miterfolgen.

Es gibt somit nicht nur quantitative Ziele, sondern auch qualitative Ziele, z. B. die Einarbeitung eines neuen Mitarbeiters für eine Abteilung oder die Frage: »Wie arbeiten wir im Team zusammen?« sind mehr oder weniger qualitative Bestimmungen innerhalb von Zielfindungen.

Und dieses gilt auch nicht nur abteilungsbezogen: Ein Kooperationsziel kann beispielsweise auch sein, mit anderen Firmen oder Niederlassungen international zu kooperieren. Auch Inhalte und Formen von internationalem oder interkulturellem Management können qualitative Ziele verfolgen.

Für die Beschäftigten sollte es zudem individuelle Weiterbildungsziele geben.

Ebenso können auch Führungsziele aufgefaßt werden. Weiterbildung gilt um so mehr natürlich für die Führungskraft, die Verantwortung trägt. In einem Zielvereinbarungsgespräch kann daher auch thematisiert werden: Wie wird ein Mitarbeiter geführt? Was sind die Führungsziele des Vorgesetzten? Wo sind Entwicklungspotentiale meines Vorgesetzten?

Zum Schluß gibt es dann auch die personenbezogenen Ziele. Es geht darum, z. B. Verhaltensweisen zu ändern, persönliche Fähigkeiten auszubauen, Motivation der Beschäftigten zu aktivieren oder beispielsweise den Alkoholkonsum am Arbeitsplatz zu verringern. Das ist sicherlich ein sehr spezifisches Beispiel, aber durchaus hier und da relevant.

Weiterhin gibt es Projektziele: Für diese ist es in der Regel allerdings sehr schwierig, Zielvereinbarungen zu finden, weil Projekte oft zeitlich begrenzt sind, mit innovativen Rahmenbedingungen verknüpft sind, so daß sich Ziele und Rahmenbedingungen laufend ändern können und eine große Flexibilität erfordern.

Ein weiterer Punkt, der einzuschränken ist und auf den aus kritischer Sicht zu Recht hingewiesen wird, sind Ziele im Bereich der Maximierungen der Akkordarbeit. Personalgespräche können auch hier sinnvoll sein, jedoch sind andere Ziele zu wählen als die Output-Maximierung.

Es muß darauf hingewiesen werden, daß Zielvereinbarungsgespräche nicht zur Leistungsverdichtung dienen können, sondern nach der hier vorgestellten Philosophie Ziele nur treffsicherer und für die Mitarbeiter reibungsloser erreicht werden sollen – und: ganz zentral, Kommunikation, Informationsfluß, Motivation sowie den Dialog über Führung und Zusammenarbeit sowie Weiterbildungsaktivitäten fördern wollen.

> **Mögliche Ziele innerhalb der Ziele der Unternehmenskultur:**
> **Welche Arten von Ziele gibt es?**
>
> *Klare Ziele aus einem Spektrum an Zielen auswählen*
>
> - **Unternehmensziele:** Gewinn erwirtschaften, weiterhin z. B. betriebswirtschaftliche Erfolgsziffern, Kooperationsziele, Innovationsziele, Unternehmenskulturziele,
> - **Marktziele:** z. B. Produktpositionierung, Kundenzufriedenheit
> - **qualitative Ziele:** z. B. Einarbeitung eines Mitarbeiters, Führungsqualität, Betriebsklima, Markenimage verbessern
> - **Weiterbildungsziele** z. B. der Mitarbeiter oder besonders der Führungskräfte
> - **Produktbezogene Ziele:** Preis, Stückzahl etc.
> - **Qualitätsbezogene Ziele:** Welche Qualität hat unser Produkt?
> - **Leistungsziele:** arbeitsergebnisbezogene Output-Ziele: Mengen, Zeiten, Preis
> - **Personenbezogene Ziele:** z. B. Verhaltensweisen, persönliche Fähigkeiten, Motivation der Beschäftigten, Verringerung des Alkoholkonsums am Arbeitsplatz
> - **Projektziele:** sind aufgrund sich ändernder Bedingungen oft für längerfristige Zielvereinbarungen nur bedingt möglich.
> - **Kooperationsziele:** als Ziele der Zusammenarbeit – Wir als Team: Wie wollen wir zusammenarbeiten?

Abb. 6: Arten von Zielen

Um Ziele innerhalb des Unternehmens integrieren zu können, müssen die Ziele eine bestimmte Qualität und einen bestimmten Charakter haben, z. B. nach folgenden Kriterien:

Ziele sollen strategieförderlich sein, das heißt sie sollen an das Unternehmensziel angepaßt sein. Es ist kaum förderlich, wenn der Mitarbeiter sich das Ziel setzt, »ich möchte gern einen ›Töpferkursus in Tunesien‹ belegen«. Es sollte natürlich schon ein Ziel z. B. in der Weiterbildung sein, das auch die Unternehmenspraxis abdeckt. Die Ziele sollten relevant sein, sie müssen natürlich spezifisch sein, sie müssen sehr detailliert sein, sie müssen konkret und exakt beschrieben und natürlich inhaltlich eindeutig sein, damit später feststellbar ist, ob ein Ziel erreicht wurde.

Ein ganz wichtiger Punkt ist, daß sie miteinander abgestimmt, vereinbart und kommuniziert sind. Wenn die Vereinbarungen nicht gemeinsam getragen werden, gibt es oft Widerstände und die werden dann selten im Prozeß durchbrochen, das heißt, wenn man Veränderungen anstoßen oder Motivation und Aktivität fördern will, müssen die Ideen auch *von allen* mitgetragen sein. Denn wenn der Mitarbeiter das Ziel nicht mitträgt, arbeitet man aneinander vorbei und es ist kein Erfolg da.

Im einzelnen lassen sich folgende Kriterien und Charakteristiken an die Ziele anlegen:

- **strategieförderlich:** Die vereinbarten Ziele müssen direkt oder indirekt zur Unternehmensstrategie bzw. zu den Unternehmenszielen beitragen. Sie dürfen den übergeordneten Zielen nicht entgegenstehen oder die in einem ZVG besprochene Zieleinschätzungen müssen diese verändern können.

Abb. 7: Die Beschaffenheit von Zielen

- **relevant:** Die Ergebnis- und Leistungsbeiträge müssen ein gewisses Gewicht darstellen bzw. für die Unternehmensstrategie haben. Sie sollten über die Erledigung laufender Aufgaben hinausgehen.
- **spezifisch:** Die Ziele müssen inhaltlich spezifiziert und konkret für die jeweilige Organisationseinheit bzw. den individuellen Aufgabenbereich vereinbart sein. Die Zielbestimmung darf aber auch nicht so prägnant sein, daß sie für innovative und kreative (überdachte) Lösungen keinen Platz mehr bietet.
- **akzeptiert & gewollt:** Die Akzeptanz von Methoden, Instrumenten, Neuerungen und Motivationssystemen entscheidet über ihren Erfolg. Die Ziele müssen insofern vom Mitarbeiter wie von der Führungskraft gleichermaßen voll angenommen werden. Dieses bedeutet somit nicht eine Vorgabe oder ein Diktat von Zielen, sondern die Ziele müssen nach Fähigkeiten und Ressourcen des Mitarbeiters und den Anforderungen des Betriebes sowie der Arbeitsaufgabe gemeinsam »vereinbart« – also m.E. auch wie auf dem Viktualienmarkt in München ausgehandelt werden. Dieses erfordert Kommunikations- und Gesprächsfähigkeiten von beiden Seiten. Kommunikative und soziale Kompetenzen müssen auch auf Mitarbeiterseite qualifiziert werden. Die Ziele dürfen weder von oben aufgezwungen werden, noch von unten abgetrotzt sein. Die Zielvereinbarung ist daher auch nicht als Verhandlungssituation mit Gewinnern und Verlierern zu verstehen, sondern als Prozeß einer gemeinsamen Übereinkunft bezüglich der anstehenden Aufgaben. Der Mitarbeiter soll zum Unternehmer im Unternehmen werden.
- **abgestimmt:** Die zunehmende Vernetzung und Integration der Funktionsbereiche verlangt die Abstimmung der individuellen Ziele mit allen vom Ziel-

erreichungsprozeß berührten Bereichen. Es ist eine systemische Sichtweise abteilungsübergreifenden Zusammenarbeitens.
- **überprüfbar:** Die Zielerreichung muß nicht minutiös durch quantitative Maßstäbe im naturwissenschaftlichen Sinne meßbar sein. Die Zielerreichung sollte aber in jedem Falle aufgrund gemeinsam erarbeiteter Vorstellungen und Maßstäbe relativ eindeutig beurteilbar sein.
- **realistisch:** Die Ziele dürfen weder zu hoch noch zu tief angesetzt werden. Trotz eines aktivierenden Charakters der Ziele, muß das persönliche und sachliche Leistungsvermögen des Mitarbeiters angemessen berücksichtigt werden. Die Ziele müssen grundsätzlich erreichbar sein.
- **anspruchsvoll:** Die Ziele sollten als motivierende Herausforderung erlebt werden. Die Zielerreichung sollte sich also nicht »wie im Schlaf« erfüllen. Dennoch müssen die Ziele erreichbar sein: Um motiviert zu bleiben, dürfen die »Trauben« also auch nicht zu hoch hängen. Nur bei positiver Leistungsaktivität vermag die Zielerreichung Erfolgserlebnisse zu vermitteln. Hängen die Trauben tatsächlich zu hoch, müssen Feedbackgespräche für unterstützende Maßnahmen oder für eine Anpassung der Ziele und Rahmenbedingungen sorgen.

2.3 Trauben, die zu hoch hängen …

Die Meßbarkeit der Ziele ist ein zentrales Thema: Um den Erreichungsgrad eines Zieles beurteilen zu können, muß ein Maßstab gefunden werden oder zumindest ein Kriterium, bei dem ein Ziel schließlich als erfüllt gilt.

Der dialogorientierte Vereinbarungsprozeß von ZVG wird auch hier wieder deutlich. Es geht nicht nur um eine diskursive Zielfindung in einem gemeinsamen Prozeß, sondern auch die Maßstäbe oder Kriterien, nach denen die Zielerreichung beurteilt werden kann, müssen zuvor in einer gemeinsamen Besprechung vereinbart werden. Zielvereinbarungsgespräche bedeuten damit nicht nur, daß Ziele gefunden werden, sondern daß auch Maßstäbe und Kriterien zu den Zielen gehören.

Im konkreten Gespräch sollte die Führungskraft daher zuerst den Mitarbeiter fragen, wann sie oder er denn das Ziel als erfüllt ansieht: »Bis wann ist nach Ihrer Ansicht das Ziel z. B. zeitlich zu erreichen?« und »Nach welchem Maßstab oder Kriterium sehen Sie das Ziel als erfüllt an?« Inwiefern ist nach der Auffassung des Mitarbeiters das Ziel zu 100 Prozent erreicht und inwiefern nur zu 50 Prozent?

Auch hier gilt es, gemeinsam einen Vereinbarungsprozeß über die Messung des Zielerreichungsgrades und der dabei zugrundeliegenden Kriterien zu führen.

Die Objektivität der Ziele und auch der Maßstäbe bzw. der Kriterien ist damit angesprochen: Die vereinbarten Ziele müssen nachprüfbar sein.

Auch diese »Vereinbarungen über den Maßstab und der zugrundeliegenden Kriterien« sollten schriftlich niedergelegt werden.

Die regelmäßige Durchführung von Zielvereinbarungsgesprächen garantiert dann, daß die Zielvereinbarung und Zielverfolgung auch kontinuierlich im Auge behalten wird bzw. fortgeschrieben wird mit neuen oder veränderten Zielen.

Zu diesem Zweck wird am Anfang eines jeden neuen Zielvereinbarungsgespräches auch immer ein Resümee des vergangenen Zeitraumes und der letzten Zielvereinbarung besprochen.

Ist das Instrument erst einmal eingeführt und beispielsweise sechs Mal innerhalb von drei Jahren umgesetzt worden – bevor man beispielsweise zu einem einjährigen Gesprächsturnus kommt – wird sich schließlich auch das Erfahrungswissen in den Meßgrößen und Zielkriterien widerspiegeln, weil alle Beteiligten die Struktur der Gespräche beherrschen, wissen, was sie voneinander erwarten und auch welche Entwicklungspotentiale sie haben.

Es ist einem Lernen vergleichbar, wie mit dem Instrument einer Waage umzugehen ist: Das gegenseitige Verhandeln und Austarieren muß auch erst eingeübt werden, so daß die richtigen Kriterien und Maßstäbe gefunden werden können, die eine Führungskraft und ein Mitarbeiter innerhalb ihres Teams bei diesem Personalgespräch auch schriftlich vereinbaren und gemeinsam tragen wollen.

Motivationstheoretische Überlegungen können daher bei der Anwendung der Managementmethode Zielvereinbarungsgespräche nicht unberücksichtigt bleiben. Auch ist an Qualifizierung von Führungskräften hinsichtlich Motivation und Mitarbeiterzufriedenheit zu denken, ebenso wie an Weiterbildungen in Gesprächs-, Kommunikations- und Sozialkompetenz für die Mitarbeiter.

Allzu ehrgeizige Führungskräfte müssen daher – besonders bei der Einführungsphase dieser Methode – daran erinnert werden, daß Ziele, die ein Mitarbeiter nicht mitträgt, dazu führen, daß wir wieder bei der alten Philosophie sind, bei der Ziele diktiert und nicht vereinbart werden. Wenn ein Mitarbeiter ein Ziel vorgesetzt bekommt, sich nicht daran beteiligen kann und es ohne Partizipationschancen umsetzen muß, kann es vorkommen, daß er keine Motivation hat, es ordentlich umzusetzen. Dann wird ein Ziel abgetrotzt und aus der Kür eine lästige Pflicht gemacht. Um realistische Ziele zu vereinbaren, ist also auch der Hinweis notwendig, daß die Einführung eines solchen Instrumentes auch für eine Führungskraft ein Lernimpuls ist, der sich mit Erfahrungswerten besonders hinsichtlich zu wählender Maßstäbe und Erfüllungskriterien erst »rundschleifen« muß.

Die Parabel mit dem Fuchs gibt interessante Anregungen, warum Ziele zwar eine anspruchsvolle Herausforderung sein sollten, aber dennoch realistisch und erreichbar sein müssen:

Ein Fuchs kommt zu einem Baum und sieht oben in den Wipfeln sehr leckere Trauben hängen.

Die Trauben werden von der Sonne beschienen und scheinen daher sehr süß zu sein. Umso mehr möchte der Fuchs diese Trauben oben aus der Baumkrone pflücken.

Er versucht, den Baum, zu erklimmen und kommt aber nicht bis in die Baumkrone und an die Trauben heran.

»Nun gut,« – denkt sich der Fuchs, »ich bin heute nicht in Form und werde es morgen noch einmal versuchen.«

An nächsten Morgen geht der Fuchs tatsächlich wieder hin und versucht die Trauben in der Baumkrone zu erreichen. Aber er kommt nicht heran. Der Fuchs geht mehr oder weniger traurig nach Hause und sagt sich: »Morgen versuche ich es noch einmal.«

Am nächsten Tag kommt er auch ein drittes Mal nicht heran und sagt sich: »Ach, die Trauben sind bestimmt gar nicht so süß«. Aber er will es zum nächsten Tag noch ein letztes Mal versuchen. Doch vergeblich, die Trauben bleiben für Ihn unerreichbar und was sagt sich der Fuchs? Aus der Vermutung eines Makels an den Trauben faßt er das unwiderrufliche Urteil: »Die Trauben sind sauer! Ich will sie gar nicht (mehr).«

Damit ist sein Bedürfnis nach süßen Trauben aus der Welt und sein Nicht-Gelingen, die Trauben pflücken zu können, bedrückt ihn nicht mehr (frei nach Elster 1986).

Dieses ist eine kognitive Denkrichtung, mit der eine Wende eingeleitet wird und Motivation und Aktivität abgetötet werden, so daß sie kaum oder nur sehr schwer reaktivierbar sind: Trauben, die zu hoch hängen, sind in der Regel sauer!

Um dieses zu verhindern, sind oben genannte Ansprüche an Ziele sehr wichtig und müssen auch beachtet werden! Ziele im Unternehmen müssen anspruchsvoll *und* erreichbar sein, es müssen gemeinsam Kriterien und Maßstäbe zur Beurteilung der Zielerreichung vereinbart werden, kurzum: die Ziele müssen realistisch und einschätzbar sein.

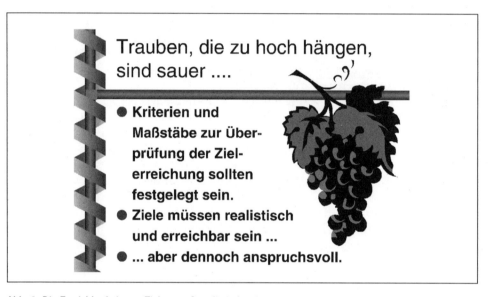

Abb. 8: Die Erreichbarkeit von Zielen muß realistisch sein

3. Die neue Philosophie von Zielvereinbarungsgesprächen als dritte Evolutionsstufe: ZVG als Kommunikations- und Prozeßinstrument

Ein ZVG – so können wir Zielvereinbarungsgespräche sinnvoll abkürzen – beinhaltet drei Buchstaben und damit auch Bedeutungshorizonte:

- **Z steht für Ziele:** wie gesehen gibt es eine Fülle von *betrieblichen* Zielen, die Berücksichtigung finden können, weiterhin gibt es *individuelle* Ziele (z. B. individuelle Weiterbildungsziele der Mitarbeiter oder Führungskraft) sowie *gesellschaftliche* Ziele. *Gesellschaftliche* (Weiterbildungs-)Ziele oder auch Standards liegen z. B. vor, wenn das Internet in der Gesellschaft ein neues Medium ist oder eine neue Managementtechnik als Standard in den Qualitätsmodellen festgeschrieben wird; oder Umweltstandards sich etabliert haben – dann müssen sich auch Unternehmen auf diesen gesellschaftlichen Nenner einlassen. In der Personalentwicklung werden diese drei Aspekte (betriebliche, individuelle und gesellschaftliche Ziele) oft genannt, aus denen sich inhaltlich die Ziele oder ein Zielsystem eines Unternehmens zusammensetzen können. Die betrieblichen Ziele können dann differenziert werden, wie wir es oben gesehen haben.

- **V steht für vereinbaren:** Es wird damit die Bereitschaft zur Kooperation und der Mitbestimmungsaspekt der Beschäftigten betont.
- **G steht für Gespräche:** und beinhaltet dann einen Informations- und auch Kommunikationsaspekt.

Wie wir alle wissen, hakt es oft im betrieblichen Informations- und Kommunikationsfluß, so daß Informationen von der Geschäftsführung nicht zu den Mitarbeitern gelangen und Informationen oder Praxisprobleme von der Tätigkeit vor Ort nicht nach »oben« rückgekoppelt werden.

Insofern ist das ZVG auch ein Instrument, um die Kommunikation im Betrieb anzustoßen, so daß dieser Bereich letztlich auch für die Optimierung der Kooperation und die Motivation der Mitarbeiter sorgt.

Früher wurde jemand eingestellt, weil er Fachkompetenz besaß und die Aufgaben gut erfüllen konnte. Heute wird diese Fachkompetenz ergänzt, einerseits – daraus differenziert – um Aufgaben- und Sachkompetenz, weiterhin um Methodenkompetenz und Handlungskompetenz und schließlich besonders um Sozialkompetenz mit starkem Fokus auf Kommunikations- und Gesprächskompetenz.

Das sind ganz neue Anforderungen an die Betriebe und vor allen Dingen an die mittleren Führungskräfte sowie natürlich auch an die Mitarbeiter.

Während die Managementtheorie der 50er Jahre das Thema noch als »Ergebniserreichung durch Zielvorgaben« bezeichnete, wurde die Theorie in den 70ern, 80ern und zum Teil auch noch in den frühen 90er Jahren weiterentwickelt zum Konzept von »Zielvereinbarungen«. Die dahinterstehende Entwicklung macht deutlich, daß die »Ziel-*Vorgaben*« sich zu »Ziel-*Vereinbarungen*« gewandelt haben: Nachdem früher »Results« und Ergebnisse erwartet wurden und diese als Ziele oktroyiert und von außen oder von »oben« vorgegeben und diktiert wurden, erkannte man auch unter motivationstheoretischen Überlegungen relativ schnell, daß die Ziele nur dann umgesetzt werden können, wenn sie auch von allen mitdiskutiert, akzeptiert und für erreichbar gehalten werden.

Die Ziele werden also nunmehr im Konzept der Zielvereinbarungen in einem gemeinsamen Zielfindungs*prozeß* vereinbart und fallen nicht als Ziel*vorgaben* eine hierarchische Leiter herab.

Zielvorgaben sind also keine Zielvereinbarungen. Um dies noch deutlicher zu machen, kann zwischen zwei idealtypischen Modellen unterschieden werden (s. Abbildung 9).

Zielvereinbarungen setzen demnach in einem zweiten Evolutionsschritt auf die gemeinsame Aushandlung der Ziele für die nächste Zeitperiode.

Wir wollen heute wie angedeutet dieses Konzept weiterentwickeln und ein neues Paradigma vorstellen: Es geht bei diesen Personalgesprächen mit dem Prozeß von Zielvereinbarungen vor allem um einen kommunikativen Aspekt des Informationsflusses. Darum nennen wir eine Zielvereinbarung auch Zielvereinbarungs-*Gespräch* – kurz ZVG – mit dem es gilt, in einen *Zielvereinbarungsdialog* zu kommen.

Das Zielvereinbarungsgespräch wird damit nicht nur zu einem Instrument der Führung von Personal und des Unternehmens, sondern zu einer ganz entscheidenden Methode, den Informationsfluß im Unternehmen voranzubringen – der oft eines der größten Probleme in der betrieblichen Zusammenarbeit darstellt.

Damit kommen wir von dem ursprünglichen konzeptionellen Ausgangspunkt »management by results/objectives« und seiner damaligen Weiterentwicklung zu »Zielvereinbarungen« in dieser dritten Evolutionsstufe »ZVG als Dialog« schließlich zu einer Verschiebung der Wertigkeiten von der Orientierung an Ergebnissen auch hin zu der Prozeßorientierung und der Prozessierung von Informationen durch eine institutionalisierte betriebliche Kommunikationsform: dem Zielvereinbarungsdialog.

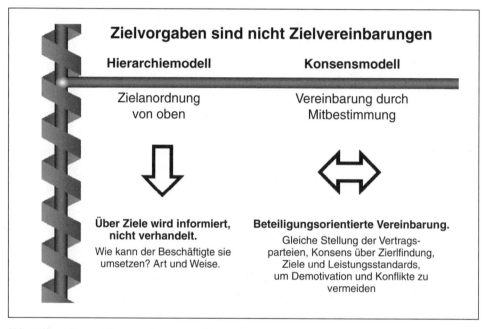

Abb. 9: Hierachiemodell versus Konsensmodell

Es kommt darauf an, das Schiff gut und sicher des Weges zu steuern – dabei das Ziel nicht aus den Augen zu verlieren –, doch ist für die Erreichung des Zieles nicht nur das Ziel wichtig (um überhaupt einen Weg zu finden), sondern vor allem auch die »gute und sichere Fahrt« während der Wegstrecke sowie die Kooperation und der Dialog der Beteiligten untereinander, wenn man in dieser Analogie eines Schiffes bleiben will, also von Captain, Steuermann, Navigator und Mannschaft.

Es geht also nicht nur darum, ein Ziel gemeinsam aufzustellen, sich als Unternehmung überhaupt Ziele zu geben (das ist oft der erste Schritt), sondern dann auch den *Prozeß* der Zielerreichung sowie die Ziele für ein *»Wie« der Umsetzung* zu besprechen.

Es nützt nichts, das Ziel zwar zu kennen und einen Wagen dann von null auf hundert zu beschleunigen mit dem Prozeßereignis, daß er in den Graben fährt.

Wir können also bei der Zielfindung insofern auch zwei Aspekte erkennen: es geht nicht nur darum, ein Ziel überhaupt zu vereinbaren, um den Weg zu finden, sondern auch um das Mittel zum Zweck – nämlich gemeinsam zu schauen, *wie* dieses Ziel erreicht werden kann!

Die Prozeßorientierung, wie die Umsetzung des Voranschreitens im Auge behalten wird, ist also auch ein Ziel innerhalb der Zielfindung und setzt ihren Hebel unmittelbar an dem Informations-, Kommunikations- & Dialog- sowie Kooperationsverhalten innerhalb des Unternehmens an.

Natürlich wird es auch immer Ziele geben, die vorgegeben sind, sei es induziert durch Qualitätsnormen eines Auditors, durch Marktanforderungen bzw. durch einen Mitbewerber oder durch die Erreichung der Kundenzufriedenheit. Dieses betont den Zielfindungs*prozeß* umso mehr und setzt zentral an dem »Wie« der gemeinsamen Erreichung an – *denn*: gerade, wenn sich Bedingungen auf diesen externen Gebieten ändern, ist die gemeinsame Anstrengung *aller* gefordert, diesen Anforderungen durch Veränderungen im Unternehmen gerecht zu werden. Veränderungen von Rahmenbedingungen bedeuten daher auch die Notwendigkeit zur Veränderung im Unternehmen. Diese betrieblichen Veränderungen lassen sich jedoch nur mit kommunikativen, informativen sowie kooperativen Mitteln, Methoden, Dialogen und Vereinbarungen umsetzen. Selten mit einem Diktat von oben!

Im Vordergrund steht heute daher bei einem ZVG die Festlegung von Zuständigkeiten, die Kompetenzabgrenzung und die Handlungs- bzw. Prozeßverantwortung und nicht mehr so sehr die Ergebnisverantwortung. Es geht vor allem um »Vereinbarungen« – schließlich dann um Ziele und in einem weiteren Schritt um die Erreichung.

Es kommt im Sinne unseres neuen Verständnisses dieser Managementmethode daher nicht nur auf die Ergebnisorientierung an: Nicht nur das Ende, sondern auch der Weg (das Wie, der soziale Prozeß) und der Anfang, also die unterschiedlichen Ideen und Vorstellungen auf einen Nenner zu bringen, werden zentral.

Die Zielerreichung von beispielsweise 80 oder 100 Prozent ist auch immer von dem Prozeß der Umsetzung sowie auch der gemeinsamen Verhandlung abhängig. Darum ist der Kommunikations- und Vereinbarungsprozeß gleichberechtigter Dialog-Partner innerhalb eines Zielvereinbarungsgespräches zu betonen.

Ist z. B. in einem Punkt zwischen Führungskraft und Mitarbeiter eine Vereinbarung eines gemeinsamen Nenners nicht möglich, weil die Auffassungen zu unterschiedlich sein sollten, dann ist eine »Verhandlungsvereinbarung« mit 80 Prozent Übereinstimmung zwischen beiden Parteien von großem Wert.

Das heißt, wenn man in diesem Fall auf einen 80prozentigen gemeinsamen Nenner in einer Vereinbarung kommt, dann sollten sich beide zu 100 Prozent mit der Verhandlung des Zieles zufrieden geben, denn dann ist der Motivationseffekt noch da und möglicherweise noch ein 90prozentiges Ergebnis hinsichtlich der Zielerreichung hinzubekommen.

Wird bei der Zielvereinbarung jedoch kein gemeinsamer Nenner gefunden, oder hängen die Trauben für die eine Seite zu hoch und für die andere Seite zu niedrig, dann ist bei einem fehlenden Vereinbarungs-Nenner möglicherweise noch nicht einmal ein 90prozentiges Ergebnis hinsichtlich der Zielerreichung zu erwarten.

Mit gemeinsamen Vorstellungen bezüglich Ziel, Messung sowie Art der Vereinbarung und Umsetzung aus einem Zielvereinbarungsgespräch herauszugehen ist eine entscheidende Voraussetzung, daß Ziele überhaupt auch ergebnisorientiert erreicht werden.

Die Ergebnisorientierung sollte daher gar nicht der alleinentscheidende Blickwinkel sein, sondern vielmehr die Vereinbarungs-, Beteiligungs-, Handlungs-, Dialog- und Prozeßorientierung. Denn wie immer: Das Ergebnis steht erst am Ende.

Das ist das Paradoxon, dem in der alten Philosophie bislang viele aufgesessen sind: Bei »Ziel«-Vereinbarungen denken sich viele Führungskräfte: »Prima, wir vereinbaren Ziele und mein Blickwinkel richtet sich dann nur noch auf die Ergebnisse – ich kann delegieren« – doch genau diese Gefahr ergibt sich: Es geht nicht nur um Ergebnisse, sondern vor allem um den Umsetzungs-Prozeß und den gemeinsamen Kommunikationsfluß.

Zielvereinbarungen sind daher in Wahrheit Zielvereinbarungs*gespräche* im Sinne von prozeßorientierter Kommunikation zur Verständigung, mit der Mitarbeiter und ein Unternehmen *dialogorientiert* (Feedbackgespräche!) geführt werden können.

Es geht um eine kontinuierliche Betreuung der Mitarbeiter durch eine Führungskraft, nicht um das Kontrollieren oder (während des Prozesses) ständige Bewerten von Ergebnissen. Die Führungskraft erbringt eine kontinuierliche Dienstleistung für den Mitarbeiter, nicht umgekehrt.

Damit ist das Konzept vergangener Jahrzehnte grundlegend neu aufgegangen in dem neuen Paradigma »ZVG«, dessen Philosophie in folgender Grafik im Symbol eines »Runden Tisches« oder alle Unternehmensebenen berührenden Kreislaufes dargestellt ist.

Abb. 10: Das Kooperationsmodell – Die dritte Evolutionsstufe betont Prozeß-, Kommunikations-, Informations- und Handlungsorientierung
Quelle: Eigene Darstellung

Dieses Modell hat entscheidende positive Effekte:

Die Beurteilungsgespräche alten Stils sollen verändert werden. Es sollen zukünftig zweigleisige Ziele dialogorientiert vereinbart werden. Wir sprechen von einem kooperativen Charakter. Es wird in Personalgesprächen eine Kooperationsbasis hinsichtlich unternehmerischen Handelns hergestellt, an dem die Beschäftigten teilhaben.

Welchen Sinn hat die Einführung der Managementphilosophie Zielvereinbarungsgespräche (ZVG)?

- Die einseitigen Beurteilungen alten Stils sollen zukünftig zugunsten zweigleisiger Vereinbarungen verändert werden.
- Kooperativer Charakter von Gesprächen
- Informationsaustausch zwischen Führungskraft und Mitarbeiter
- Produktivität erhöhen/Weiterbildungsmaßnahmen aushandeln
- Führungskräfte entlasten, Eigenverantwortung der Mitarbeiter stärken
- Mitbestimmungspotentiale durch ZVG am Unternehmen erreichen
- Zufriedenheit der Mitarbeiter erhöhen
- Prozeßorientierung
- Handlungsverantwortung.

Abb. 11: Der Sinn von Zielvereinbarungsgesprächen

Die Treffsicherheit des Erfolges kann erhöht werden, Führungskräfte werden entlastet, denn es ist schließlich eine weitgehende Delegation an die Selbstverantwortung der Mitarbeiter vorgesehen – was aber nicht »Alleinelassen« oder »ausbleibende Beratung« durch die Führungskraft heißen darf. Mitarbeiter bekommen Selbstverantwortung (vgl. f. a. Sprenger 1995) und können in ihrem Kompetenzbereich wirken, entscheiden und ihren Handlungsspielraum nutzen.

Indem die Ziele nicht mehr diktiert werden, bestehen Mitbestimmungspotentiale, so daß letztlich dann auch die Zufriedenheit der Mitarbeiter erhöht wird.

Bei Zielvereinbarungsgesprächen gibt es also somit immer zwei Seiten, die davon profitieren: Sowohl die Unternehmensseite als auch die Mitarbeiterseite.

Mit dieser Vorstellung, daß die Aktivität des Mitarbeiters gestärkt wird, geht auch folgende neue Sichtweise einher: Wir müssen lernen, den Mitarbeiter praktisch als »Subunternehmer im Unternehmen« zu betrachten.

Ansätze dieses Blickwinkels kennen wir von der Kundenorientierung: Auch hier wird vom »internen Kunden« gesprochen, beispielsweise wenn eine Abteilung an die andere innerhalb desselben Unternehmens herantritt, dann ist die eine Abteilung für die andere der Kunde.

Ebenso ist das bei (Projekt-)Teams oder Gruppenarbeit, aber auch bei Mitarbeiter-Vorgesetzten-Beziehungen zu betrachten.

Auch die Mitarbeiter sind für ihren Kompetenzbereich ein Unternehmer im Unternehmen und sie können diesen Aufgabenbereich in Eigenverantwortung bearbeiten.

»Die Führungskraft muß davon ausgehen, daß selbst der ungebildete, unerfahrene und an einer besonderen Karriere nicht interessierte Mitarbeiter unter Umständen eine genauso gute, wenn nicht sogar bessere Problemlösung zu Hand hat als er selbst«, bringt es Hans-Joachim Bullinger auf den Punkt (Bullinger, aaO). Denn die Mitarbeiter sind näher am eigentlichen Geschehen als ihre Vorgesetzten und haben eine bessere Einsicht in die Details und daher wahrscheinlich auch bessere Lösungsmöglichkeiten.

Dieses geht einher mit einer neuen Rolle der Führungskraft.[1] Die Führungskraft ist kein »Führer« in dem altbekannten Sinne mehr, sondern setzt Rahmenbedingungen, sorgt für die Einhaltung der gemeinsam vereinbarten Orientierungen, delegiert aber die Verantwortung und die Umsetzung weitestgehend an die Mitarbeiter.

Der Führungskraft kommt daher in etwa die Funktion eines »Beraters«, der dem Mitarbeiter jederzeit zur Seite steht, sobald die Kompetenzen des Mitarbeiters nicht ausreichen oder es etwas zu besprechen gibt.

Der Vorgesetzte weist daher nicht mehr an, sondern ist *während des Zielvereinbarungsgespräches* ein Berater im Sinne eines *»Management durch Fragestellungen«*: Wie würden Sie entscheiden, um diese Probleme zu lösen? Welche Aufgaben ergeben sich dabei für Ihren Arbeitsbereich und welchen Leistungsbeitrag können Sie für die Umsetzung erbringen?

Das sind Fragen, die *während eines Zielvereinbarungsgespräches* besprochen werden sollen und die Motivation des Beschäftigten fördern.

Während der Umsetzung durch den Mitarbeiter ist die Führungskraft ebenfalls in der Rolle eines Beraters, stellt jedoch keine Fragen wie beim ZVG, sondern steht tagtäglich oder in der wöchentlichen Teambesprechung mit Rat und Tat zur Seite, für den Fall, daß der Mitarbeiter einmal nicht mehr weiter weiß: »*Management durch Beratung der Mitarbeiter durch die Führungskraft.*«

Erfolgsfaktor Motivation
Philosophie: Der Mitarbeiter soll zum Unternehmer im Unternehmen werden

- Ziele werden nicht vorgegeben, sondern möglichst gemeinsam **vereinbart**.
- Partizipation/Mitbestimmung: Auch die Ansprüche, Ziele, Ressourcen und **Einschätzungen des Mitarbeiters** werden berücksichtigt.
- Es ist ein **Miteinander**-Gedanke.
- Aktivierung von: **Eigeninitiative**, Voranbringung von Innovationen und KVP/Eigenverantwortlichkeit für den Arbeitsbereich/Ergebnisorientierung im Arbeitsprozeß (Selbstmotivation bei der Arbeit).
- **Identifikation** mit der Tätigkeit und dem Unternehmen.

Abb. 12: Der Mitarbeiter als Subunternehmer

---

[1] Vgl. hierzu den Beitrag des Autors »Durch lernende Führungskräfte und Führungskompetenz zur Lernenden Organisation« im Handbuch »Managementkompetenz für Führungskräfte«, i.E.

Diese neue Philosophie muß eingeübt werden, das geht nicht von Heute auf Morgen und oft auch nicht ohne externen Trainer und Personalentwickler.

Mit der dritten Evolutionsstufe »ZVG« ist schließlich nicht nur eine Entwicklung von Zielvorgaben über Zielvereinbarungen hin zu Zielvereinbarungsgesprächen (ZVG) gemeint, sondern noch mehr:

Während frühere Managementmethoden von einer Veränderung (Sanktionierung) des Verhaltens der Mitarbeiter (und Führungskräfte) ausgingen, geht es heute in der beschriebenen Philosophie um die Veränderung im Denken der Beteiligten, nicht bloß um Verhaltensänderungen: Mitarbeiter sollen ihre Arbeit eigenständig organisieren und selbstverantwortlich arbeiten und wirtschaften.

Nicht nur kurzfristig etwas von außen vorzugeben, sondern die Einstellungen der Mitarbeiter zu verändern und eine Philosophie auf allen Hierachieebenen umzusetzen, dauert seine Zeit.

3.1 Mögliche Stolpersteine

Bei der Umsetzung dieser neuen Philosophie von ZVG gilt es daher folgende Stolpersteine zu beachten:

Möglicherweise wurden vielleicht zu viele Ziele vereinbart. Oder die Ziele wurden vorgegeben und der Mitarbeiter konnte keine eigenen Ideen einbringen, d. h. die Ziele der Mitarbeiter wurden nicht erfragt. Auch die Aktivierung von Weiterbildungszielen der Mitarbeiter gehört dazu. Werden diese nicht berücksichtigt, ist damit auch die Motivation zum Teil oft geringer, sich mit neuen Einstellungen und mit neuem Tatendrang dem Bisherigen zu stellen.

Ein weiterer Stolperstein besteht, wenn das Kommunikations- und Dialogziel, ein wichtiges Element bei der Einführung und ersten Umsetzungsphase von ZVG, verfehlt wurde, das heißt, die Mitarbeiter werden möglicherweise weiterhin zu spät informiert, oder es werden zu wenig Informationen weitergegeben oder diese kommen nicht »unten« bei ihnen an. Wenn eine Führungskraft einen Monolog hält und den Mitarbeiter kaum zu Wort kommen läßt, handelt es sich um reine Zielvorgaben. Oder es gibt keine Feedbackgespräche, der Informationsfluß nach oben fehlt somit! Oft werden auch keine Ziele vereinbart, sondern Aufgaben beschrieben.

Wer die Einführung von Zielvereinbarungsgesprächen begleitet, wird schnell feststellen, daß Lob in den Gesprächen zunächst selten ausgeteilt wird, man konzentriert sich zu sehr auf die betrieblichen Probleme und sucht einen »Schuldigen«, was den Mitarbeiter in eine rechtfertigende und verschlossene Haltung treibt. Gesprächsschulungen, Umgang mit Lob und Feedback sind daher unerläßlich.

Zielvereinbarungsgespräche sollten zudem bei der Einführung des Instrumentes zunächst öfter als einmal jährlich stattfinden und auch durch eine Supervision begleitet sein, indem man den Gesprächsablauf nochmals kleinschrittig durchgeht und Dialogmöglichkeiten aufzeigt.

Stolpersteine bei der Einführung und Umsetzung von Zielvereinbarungsgesprächen

- Es werden **zu viele Ziele** vereinbart.
- **Ziele der Mitarbeiter** werden nicht berücksichtigt. Kooperationsziele, Gruppenziele, Führungsziele und persönliche Entwicklungsziele bleiben unberücksichtigt.
- Mitarbeiter bringen **keine eigenen Ideen und Ziele** mit ein, haben keine Ziele für die Zusammenarbeit (auch mit der Führungskraft).
- **Kommunikationsziele** werden von der Führungskraft verfehlt: Mitarbeiter werden weiterhin zu spät informiert. Es gibt zu wenig Feedbackgespräche.
- Statt Ziele zu vereinbaren, werden **Aufgaben beschrieben**.
- **Zielvorgaben** sind nicht Zielvereinbarungen.
- **Zielvereinbarungen** sind nicht Zielvereinbarungsgespräche (ZVG).
- Zielvereinbarungsgespräche benötigen den durchgehenden **Dialog durch Feedbackgespräche**.
- Problem: **Die Ziele stehen oft schon fest**. Gesprochen wird dann über den Grad der Zielerreichung statt über den Weg.
- Es gibt oft **keine gleichberechtigten Vertragspartner**, sondern Hierarchie. Es wird weiterhin von oben nach unten gearbeitet.
- Es gibt **zu wenig kollektive Teamabsprachen und abteilungsübergreifende Vereinbarungen**: Die Befürchtung des Betriebsrates, nach der Aushöhlung von kollektiven Rechten und der Individualisierung von betrieblichen Angelegenheiten ist somit zurecht begründet und ermöglicht oft nur eine halbherzige Einführung der neuen Philosophie, so daß es wiederum Zielvorgaben sind und die befürchtete Kritik zur Realität geworden ist. Es könnte daher eine Betriebsvereinbarung zur neuen Philosophie geben (»Teamziele« und »Weiterbildungsziele« als einzelne Elemente) – inklusive eines Weiterbildungsplanes *zu diesem Thema* für alle Beschäftigten.
- Die **kommunikativen und sozialen Kompetenzen** der Mitarbeiter werden nicht gefördert. Führungskräfte wollen oft nicht, daß Mitarbeiter mit ihnen verhandeln können, weil sie ihre Führungsposition darüber definieren, daß nur sie selbst mit anderen (z. B. Kunden) sozial verhandeln können und nur sie selbst das Überblickswissen haben, so daß ihre Mitarbeiter nur ihre Aufgaben erfüllen sollen, die ihnen ohne Zusammenhangswissen aufgetragen werden. Eine Geschäftsführung, die die ZVG-Philosophie einführen will, muß daher gewillt sein, d*en Mitarbeitern* gegenüber ihren Führungskräften den Rücken zu stärken – doch oft wird seitens der Geschäftsführung aufgrund ihrer »Basisferne« nur auf die Worte der Führungskräfte gehört, die es subtil ablehnen, daß Mitarbeiter Weiterbildungen in »Gesprächsführung« – oder gar »Bewertung von Führungskräften« – besuchen.
- Die **Maßstäbe und Kriterien zur Beurteilung** der Zielerreichung wurden nicht vereinbart.
- Eine neue Philosophie wird zu schnell an Entgeltfragen gekoppelt: **Zielvereinbarungsgespräche sind keine Tantiemegespräche** – die Vereinbarkeit die-

> ser beiden Horizonte muß immer *betriebsspezifisch* geprüft werden, nachdem Zielvereinbarungsgespräche bereits mehrere Jahre eingeführt sind und auch das Betriebsklima und die Unternehmenskultur wie auch die Unternehmensziele verändert haben.

Abb. 13: Stolpersteine bei der Einführung von Zielvereinbarungsgesprächen

Durch variable Vergütungen bekommt das Vorhaben, Ziele im Unternehmen zu vereinbaren, eine zusätzliche Brisanz: Zielvereinbarungsgespräche mit Entgeltregelungen bzw. Zielerreichungen gekoppelt an Vergütungssysteme sind eine eigenständige Form von Zielvereinbarungen und haben wir oben als *»Tantiemegespräche«* bezeichnet.

Materielle Anreize ändern oft wenig an der Grundeinstellung der Mitarbeiter und bewirken oft nur vorübergehende Leistungssteigerungen, nicht aber ein dauerhaftes Verantwortungsgefühl. Weiterhin können Tantiemeregelungen bei den Verlierern dieses Systems sogar demotivierend wirken. Besonders wenn es ums Geld geht, erweist sich die Leistungseinschätzung und -bewertung sowie die Definition und Meßbarkeit der Leistung als besonderes Problem. Auch ist in vielen Fällen der Erfolg von äußeren Faktoren – beispielsweise des Marktes oder der Muttergesellschaft – und nicht nur von der individuellen Leistungsbereitschaft abhängig. Die über finanzielle Regelungen geschürte Konkurrenz der Mitarbeiter kann sogar auch zu Qualitätseinbußen führen und wirkt dem Kooperationswillen entgegen. Auch verstärkte Überwachung, wenn es um Kennzahlen und bei deren Erreichung um eine Entlohnung geht, kann ebenso zur Unzufriedenheit führen (vgl. a. Breisig 1999). Kontrolle schleicht sich wieder ein, wenn es letztlich wieder »nur« um den »schnöden Mammon« geht.

Zu Tantiemeregelungen könnte man daher eine eigenständige Publikation herausbringen, und man kann Tantiemeregelungen auch als Sonderthema ansehen, das zunächst nicht mit der Philosophie von Zielvereinbarungen ohne weiteres vermengt werden sollte. Man muß daher an anderer Stelle schauen, inwieweit das Vorhaben, individuelle Entlohnungen von Zielerreichungen abhängig zu machen, durchsetzbar ist und sich Zielerreichungen und Tantiemen überhaupt auf einen gemeinsamen Nenner bringen lassen.

Alle angesprochenen Aspekte zeigen sich im allgemeinen in den ersten beiden Jahren der Einführung mehr oder weniger als mögliche Stolpersteine. Es kommt daher auf eine kontinuierliche Bearbeitung des Dialoges über Zielvereinbarungsgespräche an und auch darauf, das Denken bzw. die Philosophie im Unternehmen zu ändern, nicht bloß ein Gesprächsritual formalisiert einmal im Jahr umzusetzen. Zielvereinbarungsgespräche sind kein neuer zeitraubender Besprechungstermin, sondern eine neue Blickrichtung für das gesamte Unternehmen. Es erfordert eine neue Lernkultur, das Unternehmen muß sich als »Lernende Organisation« verstehen.

4. Implementierung eines Zielsystems im Unternehmen

Die Ziele des Unternehmens, die für die Geschäftsführung, Funktions- und Kooperationsbereiche vereinbart sind, müssen – nachdem die Unternehmensziele in Teilziele für die Abteilungen »vereinbart« wurden – abermals innerhalb einer Abteilung in ein neues Teilsystem von Zielen aufgesplittet werden, indem mit Mitarbeitern Maßnahmen und Arbeitsziele vereinbaren werden.

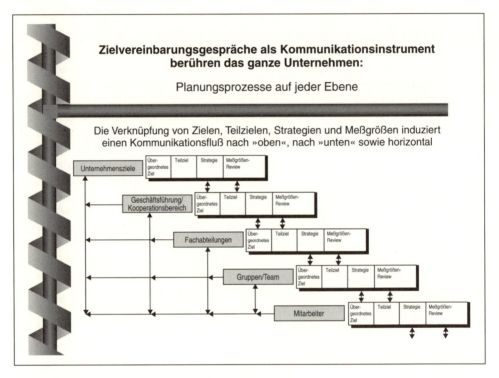

Abb. 14: ZVG-Planungsprozesse auf jeder Unternehmensebene

Üblicherweise wird das »Herunterdialogisieren von Zielen von oben nach unten« als Methode angewandt (»top-down«). Es sei angemerkt, daß dieses zu einem wesentlichen Teil an das Verfahren der Ziel*vorgaben* orientiert ist. Methodisch ist auch eine Ziel*findung* durch die Wurzeln wie bei einem Baum sinnvoll, d. h. Ziele werden von unten nach oben kommuniziert und auf jeder Ebene zusammengezogen.

Ob die strategische Ausrichtung des Unternehmens nur die Managementebene umfaßt, sei zur Diskussion gestellt (denn oft haben Mitarbeiter z. B. den Kundenkontakt oder Innovationsideen), so daß diese beiden Methoden einen Konsens finden können, wenn der Informationsfluß der Zielfindungen sowohl bottom-up als auch top-down sowie horizontal und zwischen Teams vollzogen wird. Modelle, die nur top-down arbeiten, greifen heute zu kurz.

Der Zielvereinbarungsdialog ist daher das Instrument, um diesen dreidimensionalen Informationsfluß umzusetzen, so daß am Ende dabei Unternehmensziele herauskommen können.

Weiterhin ist es auch eine moderne Unternehmensorganisation, wenn bei der Bearbeitung des Zielsystems eines Unternehmens nicht nur die betriebswirtschaftlichen Ziele berücksichtigt werden, sondern auch individuelle Ziele (z. B. hinsichtlich Weiterbildung) sowie gesellschaftliche Ziele, wie sie in vielen Personalentwicklungskonzepten und Unternehmenszielen oder Beschreibungen der Unternehmenskultur genannt werden.

Der Prozeß der Ziel-*Vereinbarung*, der eng mit der Zielfindung durch Dialog verwoben ist, sollte somit zu einem nicht unerheblichen Teil aus den Wurzeln des Baumes seine Kraft ziehen, d. h. Mitarbeiter sollen aus beschriebenen Gründen beteiligungsorientiert an den Vereinbarungen und dem Wie der Umsetzung teilhaben und nicht auch zuletzt die Unternehmensziele mitformulieren. Was nützt einem Geschäftsführer die Belegschaft, wenn diese nicht will und seine Vorstellungen nicht teilt? Und umgekehrt: Was taugt den Mitarbeitern ein Geschäftsführer, wenn er nicht neue Ideen einbringt, Visionen formuliert, motiviert und Kernkompetenzen stärkt sowie neue Geschäftsfelder entdeckt bzw. das bestehende Unternehmen an den Marktveränderungen ausrichtet?

Ein weiterer Grund für einen »Geschäftsbericht von unten« (Freimuth/Kiefer aaO) ist, daß auch bestehende Ziele einer Abteilung in Zielvereinbarungsprozessen festgeschrieben und dann mittels kontinuierlicher Verbesserungen optimiert werden können.

Das »Heraufdialogisieren« von den Abteilungen zur Geschäftsführung ist somit grundsätzlich auch möglich und sinnvoll, um einen Kommunikationsfluß in alle Richtungen zu haben. Dieses spielt bei kontinuierlichen Verbesserungsprozessen (KVP) die entscheidende Rolle!

Denn Zielvereinbarungen betreffen nicht nur den Fluß von oben nach unten, sondern auch alle zwischenbetrieblichen Dialoge zwischen Abteilungen, Mitarbeitern und Gruppenleiter (horizontale Ebene).

Nach diesem Modell gibt es also kein hierarchisches oben und unten, sondern Unternehmens-, Abteilungs- und Mitarbeiterziele sind durch eine gleichberechtigte Verhandlung zu konstruieren. Zielvereinbarungsgespräche wollen Diagonalen des Dialogs im Unternehmen einziehen.

Die entscheidende Frage ist daher, wie kommen Mitarbeiter und Unternehmensziele auf einen gemeinsamen Nenner: Die Mitarbeiter müssen die Unternehmensziele beeinflussen und sich auch mit ihnen identifizieren können.

Die Geschäftsführung sollte sich von dem hierarchischen Denken lösen, daß nur sie die Unternehmensziele festschreiben kann. Sie sollte vielmehr die Ideen, Visionen und Strategien in den »Ventilator« des Unternehmens geben – um den Zielvereinbarungsdialog mal so zu nennen. Und in Alarmbereitschaft bleiben, wenn der Input der Geschäftsführung unverändert bleibt und dazu keine Rückmeldungen oder Veränderungsmitteilungen seitens der Belegschaft kommen!

Mit Mitarbeitern eine Philosophie und Strategie der Unternehmensziele zu erarbeiten, zu vereinbaren und zu leben ist daher ein aufwendiger Prozeß, der einen wiederholten und offenen Dialog erfordert. Dieses kann durch Zielvereinbarungsgespräche gelingen.

5. Der Gesprächsleitfaden: Die 12 Schritte zur Durchführung eines Zielvereinbarungsgespräches

Bevor ein Zielvereinbarungsgespräch durchgeführt wird, sollte genügend Zeit für eine Vorbereitung vorhanden gewesen sein. In der Regel wird das Personalgespräch vierzehn Tage zuvor angekündigt.

Hat ein Zielvereinbarungsgespräch bislang noch nicht stattgefunden, müssen geraume Zeit zuvor Informationsveranstaltungen und Schulungen über diese neue Managementtechnik sowohl für Führungskräfte als auch für Mitarbeiter stattgefunden haben. In diesen Schulungsveranstaltungen und Betriebsversammlungen sollte das Instrument dargestellt und die betrieblichen Erwartungen daran mitgeteilt werden sowie vor allen Dingen durch ein Rollenspiel eine praktische Simulation erfolgen.

Indem man bei einem Rollenspiel stellvertretend durch andere an einem Zielvereinbarungsgespräch als Beobachter teilhaben kann, fällt es Beschäftigten schließlich einfach, selbst als Rollenspielteilnehmer oder schließlich mit dem wirklichen Vorgesetzten ein Zielvereinbarungsgespräch durchzuführen und in eine Dialogorientierung zu finden.

Um Vorbehalte gegenüber der Gesprächssituation zu nehmen, sollte sie also zuvor geübt werden, damit die Teilnehmer auch wissen, was sie erwartet und was in welcher Reihenfolge besprochen wird.

Aus den bisherigen Überlegungen ergeben sich folgende Aspekte, die während eines Zielvereinbarungsgespräches Berücksichtigung finden können:

Idealtypischer Ablauf eines ZVG

1. Resümee des letzten Zielvereinbarungsgesprächs (Lob, Bonus oder aus Fehlern angstfrei Lernen)
2. Neue Problemstellungen, Aufgaben, Unternehmensziele sondieren
3. Teilziele und Strategien ableiten
4. Sind darunter Ziele, die Dritten kommuniziert werden müssen?
5. Aufgabenbeschreibung/Konkrete Maßnahmen
6. Benötigte Mittel & Kompetenzen des Mitarbeiters
7. Zielvereinbarung/schriftliche Zielformulierung
8. Dringlichkeit (gegenüber anderen Zielsondierungen)
9. Messung/Maßstab: Das Ziel ist erfüllt, wenn ...
10. Termine: Bis wann erfolgt eine Umsetzung?
11. Feedbackgespräch (Termin z. B. Halbzeit oder öfter im Zielvereinbarungsdialog)
12. Weiterbildung & Qualifizierung: Weiterer Einsatz des Mitarbeiters

---

Abb. 15: 12-Punkte Plan zur Besprechung/Idealtypischer Ablauf eines ZVG

Ist die Management- und Dialogmethode »ZVG« bereits im Unternehmen eingeführt, und hat zwischen den Beteiligten bereits ein Zielvereinbarungsgespräch stattgefunden, so beginnt das Gespräch mit einem Resümee des letzten Gespräches. Es wird nochmals seitens der Führungskraft resümiert, was auf dem letzten Zielvereinbarungsbogen festgehalten wurde und was die Ziele waren. Sodann betrachtet der Mitarbeiter den vergangenen Zeitraum, erwähnt die Dinge, die besonders gut gelaufen sind, und auch die Aufgaben, die weniger gut anzugehen waren. Rahmenbedingungen und Veränderungen, die eine Zielerreichung modifizierten, werden angesprochen.

Lob seitens der Führungskraft sollte dabei nicht fehlen. Oft – wenn dieses Instrument eingeführt wird – werden zu einseitig nur die anzugehenden *Probleme* angesprochen und nicht das, was auch gut lief, so daß keine offene Gesprächsatmosphäre entsteht. Es sollte durch beide Teilnehmer ein angstfreies Lernen möglich sein.

Schließlich erfolgt eine Beurteilung des Zielerreichungsgrades anhand der im vorherigen Zielvereinbarungsgespräch festgelegten Kriterien und Maßstäbe.

Ist das Instrument noch relativ neu für die Beteiligten, so kommt es *nicht* so sehr darauf an, minutiöse und detaillierte Zielerreichungsgrade festzuhalten, sondern darauf zu achten, daß der Zielerreichungsgrad objektiv überprüfbar ist und auch beurteilt wird.

Wird ein Zielvereinbarungsgespräch das erste Mal geführt, so daß ein Rückblick auf ein vergangenes Gespräch nicht geführt werden kann, sollte die Führungskraft mit einem Bericht über die neuen Personalgespräche beginnen und ein wenig erläutern, warum Zielvereinbarungsgespräche für das Unternehmen wichtig sind, wo ihr Sinn liegt und wie dabei vorzugehen ist.

Im zweiten Schritt werden die neuen Anforderungen an das Unternehmen, die Abteilung und den Mitarbeiter besprochen, die sich für die nächste Zeit ergeben. Dieses werden meist sehr abstrakte Anforderungen sein wie beispielsweise die Erreichung eines Qualitätszertifikates für das Unternehmen, die Steigerung des Gewinnes oder die Verhinderung von Effektivitäts- und Effizienzeinbußen. Auch der Mitarbeiter berücksichtigt zukünftige Anforderungen, wie beispielsweise: Die Maschine oder ein Werkzeug werden mittelfristig ersetzt werden müssen.

Sind solche externen Anforderungen vorhanden, müssen diese auch in eine Vereinbarung umgesetzt werden, indem der Mitarbeiter an der Problemlösungs*findung* beteiligt wird – nicht nur an der Problemlösung. Denn dann versteht er das Problem auch als seines und nicht als Diktat einer auszuführenden Arbeit, deren Zusammenhänge er nicht (er)kennt.

Diese Anforderungen werden dann im dritten Schritt in Teilziele und Strategien zerlegt, d. h. die Anforderungen des Unternehmens werden beispielsweise auf Abteilungsebene vereinbart: es werden Etappenziele für ein übergeordnetes Ziel vereinbart.

Oft können aufgrund der betrieblichen Zusammenarbeit diese Ziele nur in Verbindung mit Dritten umgesetzt werden, so daß diese zumindest über die Absprachen der Beteiligten am Zielvereinbarungsgespräch informiert werden müssen (Schritt 4).

Viele Aufzeichnungsbögen für Zielvereinbarungsgespräche sehen daher einen abtrennbaren Abschnitt vor, der dann von der Führungskraft an Dritte weitergegeben werden kann. Oft wird auch ein eigenständiges Formularblatt für die Kommunikation an Dritte benutzt. Wichtig ist auch hier, daß beide Teilnehmer ihre Vereinbarungen unterschreiben und bei eventuellen Differenzen diese auch schriftlich festhalten.

Im fünften Schritt werden schließlich die konkreten Aufgaben und Maßnahmen gesammelt, die sich für den Mitarbeiter aus den Teilzielen ergeben. Zunächst nennt der

Mitarbeiter seine Vorstellungen, wie er sich in den Arbeitsprozeß einbringen kann und welche Leistungsbeiträge er für realistisch hält.

Schließlich nennt die Führungskraft aufgrund ihrer Kenntnisse der Abteilungsanforderungen, der Unternehmensziele und der Kapazitäten des Mitarbeiters ihre Vorstellung bezüglich des Arbeitseinsatzes des Mitarbeiters.

In diesem Schritt geht es jedoch zunächst nur um die Sammlung aller Aspekte aus Sicht des Mitarbeiters und der Führungskraft. Ähnlich einem Brainstorming wird alles aufgeschrieben.

Schließlich wird versucht, die gesammelten Vorstellungen auf einen gemeinsamen Nenner zu bringen und Einverständnis zu erzielen.

In Punkten, wo dieses nicht ohne weiteres möglich erscheint, hilft oft – wie es der sechste Schritt vorsieht – die vom Mitarbeiter zur Umsetzung der Arbeitsaufgaben benötigten Mittel und Kompetenzen zu vereinbaren. Hier kann es sich um andere Werkzeuge, personelle Unterstützung oder auch erweiterte Kompetenzen handeln.

Ziel ist es, aus den bislang besprochenen Arbeitsaufgaben im siebten Schritt zu etwa drei bis fünf Zielvereinbarungen zu kommen, die für den nächsten Zeitraum gelten.

Zielvereinbarungen, die von beiden Parteien unterschiedlich bewertet werden, werden mit einem Verweis auf die Differenzen festgehalten.

Es sollte darauf geachtet werden, daß zunächst nicht zu viele Ziele vereinbart werden. Sind jedoch mehrere Ziele vereinbart worden, so ist eine Gewichtung und Rangfolge der Ziele festzulegen, damit die Prioritäten der Zielumsetzung dem Mitarbeiter deutlich werden (Schritt 8).

Nach einem Zielvereinbarungsgespräch über die anstehenden Ziele muß auch wieder ein Dialog darüber geführt werden, wann die gefaßten Ziele denn als erfüllt angesehen werden.

Für jede Zielvereinbarung wird festgehalten, welches Kriterium erfüllt sein sollte, um ein Ziel als erreicht anzusehen (Schritt 9).

Auch die Verhandlung dieses Maßstabes ist ebenso dialogorientiert wie die Verhandlung der Ziele anzugehen.

Im zehnten Schritt ist für jede Zielvereinbarung festzuhalten, bis wann ein Ziel umzusetzen ist.

Ebenso ist dann festzuhalten, wann ein Zwischenergebnis in einem Feedbackgespräch mitgeteilt wird. Dieses wird in der Regel zur Halbzeit des Endtermines festgelegt. Beide Gesprächsteilnehmer tragen sich die Termine schließlich nach dem Formular in ihre Terminkalender ein (Schritt 11).

Die Führungskraft sollte darauf achten, daß sie sich diesen Feedbacktermin zeitlich auch wirklich freihält und darüber hinaus zwischenzeitliche Rückkopplungen der ersten Arbeitsergebnisse ebenso ernst nimmt.

Im zwölften und letzten Schritt wird schließlich der sich aktuell oder mittelfristig ergebende Weiterbildungsbedarf des Mitarbeiters besprochen. Der Mitarbeiter teilt mit, in welchen Bereichen er für sich Weiterbildungsbedarf sieht und auch die Führungskraft teilt aufgrund ihrer Einsicht in die Vereinbarungen mittelfristiger Unternehmens- und Abteilungsstrategien mit, wie ein weiterer Einsatz des Mitarbeiter geplant wird, und welche zukünftigen Qualifikationsanforderungen sich ergeben. Auch aus diesem Bereich können ein oder zwei Ziele hinsichtlich der Weiterbildung des Mitarbeiters (oder auch der Führungskraft bezüglich seiner Führungskompetenz dem Mitarbeiter gegenüber) vereinbart werden.

Qualifikationsbedarfsanalysen und die Erstellung von Qualifizierungsplänen können somit mit diesem Instrument ebenso eingebettet werden.

Im Resümee des Gespräches wird das bisher Vereinbarte und Niedergeschriebene nochmals durch die Führungskraft mündlich zusammengefaßt mit dem Ziel, Einverständnis mit dem Mitarbeiter zu erzielen – was beide schließlich durch ihre Unterschrift auf dem Formularblatt bekunden.

Beide Teilnehmer erhalten dann eine Kopie des Aufzeichnungsbogens, vereinbarte Informationen für Dritte werden weitergegeben.

Dieser idealtypische Ablauf ist natürlich an jeden Betrieb individuell anzupassen, indem den unterschiedlichen Schritten entsprechender Raum eingeräumt wird.

Es sollte jedoch darauf geachtet werden, daß alle Schritte umgesetzt werden und aufgrund der bereits beschriebenen Stolpersteine keine motivationshindernden Maßnahmen getroffen werden, wie z. B. eine fehlende Ansprache der Weiterbildungsabsichten des Mitarbeiters (Schritt 12) oder seiner Vorstellungen bezüglich seines Leistungsbeitrages (Schritt 5).

Die 12 Schritte können in einem idealtypischen Aufzeichnungsbogen als Formular dargestellt werden, an dem sich betriebliche Formularblätter orientieren können (s. Abbildung 16).

6. Resümee: Zielvereinbarungsgespräche als Methode in der Praxis

In einer empirischen Untersuchung von Hey/Pietruschka (aaO, vgl. a. die Beiträge der Autorinnen im vorliegenden Band) wird deutlich, in welchen Bereichen Zielvereinbarungen am häufigsten gefaßt werden: »Qualitätsmanagement« wird mit rund 90 Prozent am häufigsten genannt, gefolgt von »Wirtschaftlichkeit«, »Leistungszielen« und »Weiterbildungszielen«. Aber auch qualitative »Ziele der Zusammenarbeit« beispielsweise hinsichtlich »Teamentwicklung« werden gefaßt.

Die Gesprächssituationen werden unterschiedlich erlebt: es gibt Gespräche, die eher autoritär geführt werden (bei 17 Prozent der untersuchten Gespräche wurden Ziele vorgegeben, vgl. *Hierarchiemodell*) – der überwiegende Teil der untersuchten Gespräche stellt aber eine partizipative Vereinbarung nach dem *Konsensmodell* mehr oder weniger sicher: es gibt ein Recht auf Stellungnahme bei Zielen bei 17 Prozent der Befragten, Mischformen beider Modelle sind mit einem Anteil von 40,5 Prozent vertreten. Eine sehr gleichberechtigte Umsetzung der Gespräche nach dem *Kooperationsmodell* vollziehen 25,5 Prozent der befragten Betriebe. Die Kopplung von Entgeltfragen an die Erreichung von Zielen findet meist in größeren Unternehmen auf der Topmanagementebene statt. Für die Einführung von Zielvereinbarungsgesprächen ist es ratsam, die Managementmethode zunächst betrieblich ohne eine Kopplung an Gehaltsfragen zu leben, damit sich ein Selbstverständnis dieses Instrumentes und der Denkrichtung etabliert.

In der angesprochenen empirischen Untersuchung zeigt sich, daß der Zielerreichungsgrad nur in jedem zweiten Unternehmen an Boni oder Sanktionen gekoppelt ist: 33 Prozent der Befragten koppeln Zielerreichungen an Gruppenprämien, bei Einzelprämien sind es 15 Prozent.

Aufzeichnungsbogen für ein Zielvereinbarungsgespräch
Die 12 Schritte eines ZVG

Datum:_____

Mitarbeiterin / Mitarbeiter	Führungskraft
Name:	Name:

1. Rückblick auf das letzte Zielvereinbarungsgespräch und die Zeit danach - Lob / Kritik / Grad der Zielerreichung: Was wurde gut, was wurde weniger gut umgesetzt? Inwieweit wurden die vereinbarten Ziele erreicht?

2. Was sind neue Problemstellungen & Anforderungen für die nächste Zeit?

3. Welche Teilziele können daraus abgeleitet werden?:

4. Müssen Dritte (andere Abteilungen / Mitarbeiter) von einem Teilziel unterrichtet werden?

5. Welche konkreten Maßnahmen und Arbeitsaufgaben ergeben sich für den Mitarbeiter?
   (Umsetzungs-Vorschläge des Mitarbeiters)   *(Umsetzungs-Vorschläge der Führungskraft)*

6. Was benötigt der Mitarbeiter an Mittel und Kompetenzen für die Umsetzung der Aufgaben?

7. Zielvereinbarung und schriftliche Zielformulierung(en): Was soll erreicht werden?

8. Dringlichkeit & Reihenfolge der Ziele: *(Falls bei 7. mehrere Ziele genannt wurden, sollten Sie die Ziele in eine Rangordnung bringen und gewichten)*

9. Maßstäbe & Kriterien: Ein unter 7. genanntes Ziel ist erfüllt, wenn ...

10. Termin: Bis wann sollen die Ziele und Aufgaben erledigt werden?

11. Wann wird in einem Feedback-Gespräch ein erstes Zwischenergebnis mitgeteilt? (ca. „Halbzeit"):

12. Ziele zum weiteren Einsatz des Mitarbeiters (z.B. Weiterbildungsziel):

_____   _____
Unterschrift Mitarbeiter   Unterschrift Führungskraft

Abb. 16: Idealtypischer Aufzeichnungsbogen für ein Zielvereinbarungsgespräch

Insgesamt können wir erkennen, daß es sich bei Zielvereinbarungsgesprächen also um eine sehr vielfältige Managementmethode handelt, die nicht nur das Personalwesen oder die Unternehmensführung berührt.

Zielvereinbarungsgespräche als Methode

- Instrument der Führung
- Instrument der Kommunikation und des Dialoges
- Instrument der Prozeßgestaltung (»verhandeln«)
- Instrument der Motivation
- Instrument der Leistungssteigerung (Effektivität/Effizienz)
- Instrument der Mitbestimmung
- Instrument kontinuierlicher Verbesserungen (KVP)
- Instrument der Personalbeurteilung
- Instrument der Qualifzierungsbedarfsanalyse in Personalgesprächen
- Instrument der Entgeltfindung bei Bonusausschüttungen am Ende des Jahres

Abb. 17: Zielvereinbarungsgespräche als Methode

In dieser Vorstellung »ZVG« als Dialog-Methode und seiner Entwicklung zum *Kooperationsinstrument* wurde es nicht nur als Führungsinstrument betrachtet, sondern vor allem auch als Kommunikations- und Informationsinstrument, das den betrieblichen Informationsfluß über den ritualisierten betrieblichen Dialog wieder in Gang bringen soll.

Es wurde dabei herausgestellt, daß es im ersten Schritt zwar um Ziele geht, in einem zweiten Schritt aber auch die Umsetzungen der Ziele relevant sind und damit die Managementmethode auch eine Prozeß- und Handlungsorientierung bekommt, die eingefahrene und nicht mehr marktfähige oder teamorientierte Strukturen anpassen kann.

Motivationale Aspekte werden dadurch gestärkt, daß der Mitbestimmungsaspekt berücksichtigt wird. Dieses regt zugleich auch einen Prozeß kontinuierlicher Verbesserungen an (KVP).

Die neue Philosophie der hier aus Zielvorgaben (*Hierachiemodell*) und Zielvereinbarungen (*Konsensmodell*) weiterentwickelten Managementmethode »Zielvereinbarungsgespräche« (ZVG) im Sinne eines dialogorientierten *Kooperationsmodells* kann daher als *dritte Evolutionsstufe* dieses motivierenden Führungs- und Kommunikationsinstrumentes betrachtet werden, die zahlreiche Aspekte der betrieblichen Aktivierung von ins Stocken geratenen Wirtschaftsweisen und mitarbeiter-, kunden- und marktgerechten Optimierungen einbindet.

Literatur

Bay, R.: Zielorientiert Führen, Würzburg 1994
Becker, K./Engländer, W.: Zielvereinbarung – Ein Weg zu motivierten Mitarbeitern, in: Angew. Arbeitswiss., Heft 141/1994: 23–42
Becker, M./Schwarz, V.: Führen durch Zielvereinbarung bei dezentral organisierten Unternehmen, in: Personalwirtschaft, Heft 9/1998: 56–61

Becker, K.: Leistungsbeurteilung und Zielvereinbarung. Erfahrungen aus der Praxis, Köln 2000

Bohlen, F.: Zielwirksam beurteilen und fördern. Von der Beurteilung zur Zielvereinbarung, Renningen 1998

Borg, I.: Mitarbeiterbefragungen – Strategisches Aufbau- und Einbindungsmanagement, Stuttgart 1994

Braun, O.: Zielvereinbarung im Kontext strategischer Organisationsentwicklung, 2000

Breisig, T.: Die Pferdefüße leistungsorientierter Bezahlung, in: Die Mitbestimmung, Heft 1–2/1999: 29–31

Breisig, T.: Personalbeurteilung – Mitarbeitergespräch – Zielvereinbarung, Köln 1998

Breisig, T.: Entlohnen und Führen mit Zielvereinbarungen, Köln 2000

Brutzki, F. u. a./GW HBV: Regelungsinhalte zu Vergütungssystemen mit Zielvereinbarungen, Düsseldorf 1998

Büge, H./Nuber. W.: Mitarbeitergespräch als Personalführungsinstrument, in: Engländer, Walter (Hg.): Leistungsbeurteilung und Zielvereinbarung – Erfahrungen aus der Praxis, Köln 1994: 102–110

Bullinger, H.-J.: Erfolgsfaktor Mitarbeiter – Motivation, Kreativität, Innovation, Stuttgart 1996: 134 ff [Abschnitt: Führung zur Verhaltensänderung – Zielvereinbarungsgespräche und Feedback durch Mitarbeitergespräche]

Bullinger, H.-J.: Target-Management – Unternehmen zielorientiert und ergebnisorientiert führen, Frankfurt am Main 1997

Bungrad, W./Kohnke, O.: Zielvereinbarungen erfolgreich umsetzen, Wiesbaden 2000

Demmer, Ch.: Mitarbeitergespräche erfolgreich führen, Landsberg a.L. 1998

Drucker, P. F.: Die Praxis des Managements, Düsseldorf 1956/New York 1954

Elster, J.: Rational Choice, Frankfurt am Main 1986

Engländer, W. (Hg.): Leistungsbeurteilung und Zielvereinbarung – Erfahrungen aus der Praxis, Köln 1996

European Foundation for Quality Management (EFQM) (Hg.): Der Europäische Qualitätspreis – Fallstudie Simon Valves, Brüssel 1996

Faix, W./Laier, A.: Soziale Kompetenz, Wiesbaden 1991

Fedrowitz, J., u.a.: Hochschulen und Zielvereinbarungen – Neue Perspektiven der Autonomie. Vertrauen, verhandeln, vereinbaren, Gütersloh 1999

Ferguson, I. R. G.: Management by Objectives in Deutschland, Fallstudien, Frankfurt am Main 1973

Fiedler-Winter, R.: Innovative Mitarbeiterbeteiligung – Der Königsweg für die Wirtschaft, Landsberg a.L. 1998

Floto, E.: Die neue Rolle des Meisters im schlanken Unternehmen, Abschnitt Zielvereinbarungen, Eschborn 1995: 54 ff

Freimuth, J./Kiefer, B.-U. (Hg.): Geschäftsbericht von unten – Konzepte für Mitarbeiterbefragungen, Göttingen 1995

Gebert, D.: Führung im MBO-Prozeß, in: Kieser, A. (Hg.): Handwörterbuch der Führung, Stuttgart 1995: 426–436

Goleman, D.: Emotionale Kompetenz, Wien 1996

Guest, D. E.: Zielsetzungsmethoden (Goal Setting); in Greif, S./Holling, H./Nicholson, N. (Hg.): Arbeits- und Organisationspsychologie – Internationales Handbuch in Schlüsselbegriffen München 1989: 467–472

Heller, S.: Handbuch der Unternehmenskommunikation, Bruckmann Verlag 1998
Hey, A. H./Pietruschka, S.: Führung durch Ziele bei Gruppenarbeit, in: Angew. Arbeitswiss., Heft 155/1998: 13–29
Hinterhuber, H.H.: Strategische Unternehmensführung I+II, Berlin 1992
Hlawaty, P./Hlawaty, A.: Aushandlung und Implementierung von Zielvereinbarungssystemen, in: Führungshandbuch Gruppenarbeit im Fertigungsbetrieb, Stadtbergen 1998: 36 ff
Hoffman, W.: Variable Vergütung und Führen durch Zielvereinbarung bei der Schmalbach-Lubeca AG, Präsentationsunterlagen, 4. Personalkonferenz der Martin-Luther-Universität Halle-Wittenberg, Halle 1997
Hornstein, E. v./Hutwelker, R.: Ziele vereinbaren – Leistungen bewerten – Projektabwicklung ohne Reibungsverluste, mit zahlreichen Fallstudien und Beispielen aus langjähriger Praxis, München 1997
Humble, J.: Die Praxis des Management By Objectives, München 1972
Humble, J.: MBO-Fibel – Grundsätze des Management by Objectives, Frankfurt am Main 1973
Humle, S.: Schwierige Mitarbeitergespräche erfolgreich führen, Bundesanzeiger 1998
Innerhofer, Ch., u.a.: Leadership Coaching – Führen durch Analyse, Zielvereinbarung und Feedback, Neuwied 1999
Jetter, W.: Performance Management, Stuttgart 2000
Kaplan, R./Norton, D.: The Balanced Scorecard – Strategien erfolgreich umsetzen, Stuttgart 1997
Keller, P.: Der innerbetriebliche Zielvereinbarungsdialog als ergebnisorientiertes Führungsinstrument, Münster 1997
Kempe, H./Kramer, R.: Tips für Mitarbeitergespräche, Bergisch-Gladbach 1997
Klöfer, F.: Mitarbeiterkommunikation, Mainz 1996
Kommunale Gemeinschaftsstelle (KGSt): Kontraktmanagement – Steuerung über Zielvereinbarungen, in: KGST, Heft 4/1998
Korndörfer, W.: Unternehmensführungslehre, Wiesbaden 1976
Krieg, H. J./Drebes, J.: Führen durch Ziele – besondere Umsetzungsaspekte der Leistungsvereinbarungen, in: Personalführung, Heft 29/1996: 54–54–60
Latham, G. P./Locke, E. A.: Zielsetzung als Führungsaufgabe; in: Kieser, A. u. a. (Hg.), Handwörterbuch der Führung, Stuttgart 1995
Latham, G. P./Locke, E. A.: Self-Regulation through Goal Setting. Organizational Behavior and Human Decision Processes, 50/1991: 212–247
Locke, E. A.:/Latham, G. P.: A theory of goal setting and task performance, Englewood Cliffs, New Jersey, 1990
Lössl, E.: Ergebnisse der Zielsetzungsverfahren (goal setting) – Literaturzusammenfassung, Psychologie und Praxis, in: Zeitschrift für Arbeits- u. Organisationspsychologie, 27/1983: 126–135
Macharzina, K.: Informationspolitik – Unternehmenskommunikation als Instrument erfolgreicher Führung, o.O. 1990
Manych, A.: Untersuchung zur Vorteilhaftigkeit des Management by Objectives für das Krankenhaus, Frankfurt am Main 1987
Maro, F.: Mitarbeiter sind so verletzlich, Düsseldorf 1997
Meier, R.: Führen mit Zielen – fördern, fordern, motivieren, Berlin 1995

Mentzel, W./Grotzfeld, S./Dürr, Ch.: Mitarbeitergespräche – Mitarbeiter motivieren, richtig beurteilen und effektiv einsetzen, Planegg 1998
Neuberger, O.: Das Mitarbeitergespräch, Leonberg 1998
Neumann, R.: Target-Talking oder Das erfolgreiche Mitarbeitergespräch, Tonbandkassette, Zürich 1997
Odiorne, G.: Management mit Zielvorgabe – Management By Objectives, München 1973
Oeckel, F./Sommerfeld, M./Christlhuber, M./Waschkau, H. (Hg.): Zielvereinbarungen, Broschüre der IG Metall, München 1997
Ruttkowski, N.: Auswirkungen von Zielvereinbarungen auf die Arbeitssicherheit am Beispiel des Bergbaus, Bochum 1998
Sabel, H.: Sprechen Sie mit Ihren Mitarbeitern – Mitarbeitergespräche erfolgreich führen, Würzburg 1999
Sauer, A.: Betriebskultur – Führen im Dialog, o.O. 1989
Sauler, S.: Führen durch Kommunikation – Gespräche mit Mitarbeiterinnen und Mitarbeitern, Weinheim 1993
Schau, M.: Corporate Identity durch die Einbeziehung von Zielvereinbarungen im Rahmen der Personalentwicklung, Frankfurt am Main 1998
Schreurs, M.: Mitarbeitergespräche – Führungsinstrument der Zukunft, Rationalisierungs- und Innovationszentrum der Dt. Wirtschaft 1998
Schwegler, L.: Führen mit Zielen – arbeits-, tarif-, betriebsverfassungsrechtliche Anforderungen; in: Dokumentation einer Informationsveranstaltung des Gesamtbetriebsrates der Deutschen Telekom AG am 22.5.1997, Bonn 1997: 58 ff
Siegert, W.: Ziele – Wegweiser zum Erfolg, Renningen 1999
Sprenger, R.: Das Prinzip Selbstverantwortung – Wege zur Motivation, Frankfurt am Main 1995
Staehle, W.: Management – Eine verhaltenswissenschaftliche Perspektive, Abschnitt Zielvereinbarungen, München 1990: 786 ff
Stockhausen, L.: Führen mit Zielen und Leistungsanreizen. Zielvereinbarungen richtig einsetzen, Neuwied 2000
Stroebe, R.: Führungsstile – Management by Objectives und situatives Führen, Heidelberg 1996
Svoboda, M.: Erfolg durch Zielvereinbarung; in: Personalwirtschaft, Heft 12/1997: 35–41
Tondorf, K.: Zielvereinbarungen – Die Basis von Beurteilung und Leistungsvergütung, in: Arbeitsrecht im Betrieb, Heft 6/1998: 322–327
Verband der Automobilindustrie (VDA) Qualitätsmanagement – Systemaudit – Grundlage DIN EN ISO 9001 und DIN EN ISO 9004–1, Abschnitte Qualitätssicherung, Zielvereinbarungen und Mitarbeitergespräche, Frankfurt am Main 1996
Verband Deutscher Maschinenbau-Anstalten (VDMA): Zielvereinbarung und Mitarbeitergespräch, VDMA-Reihe Heft 9, Frankfurt am Main 1995
Verband für Arbeitsorganisation und Betriebsorganisation REFA e. V. (Hg.): Den Erfolg vereinbaren – Führen mit Zielvereinbarungen, Hauser 1995
von Hornstein, E.: Ziele vereinbaren, Leistungen bewerten, München 1998
Wahren, K.: Zwischenmenschliche Kommunikation und Interaktion im Unternehmen, Berlin 1987
Wahren, K.: Ziele vereinbaren mit Mitarbeitern und Gruppen, Eschborn 1999

Wildemann, H.: Flächendeckende Zielvereinbarungen in Unternehmen, München 1997
Zeep-Metzger, G./Ederle, B.: Teilnehmerunterlagen Mitarbeitergespräche – Führen und Verantworten, Stuttgart 1998

Psychologische Grundlagen für eine Führung mit Zielvereinbarungsgesprächen

Sabine Pietruschka

> *»Was das Unternehmen braucht, ist ein Grundgesetz für das Management,*
> *das der Initiative und dem Verantwortungsbewußtsein des Einzelnen*
> *den erforderlichen Spielraum gewährt,*
> *gleichzeitig aber die einheitliche Ausrichtung aller Gedanken*
> *und Tätigkeiten ermöglicht,*
> *eine wirkliche Zusammenarbeit begründet und die Einzelziele*
> *dem Wohl des Ganzen unterordnet.*
> *Der einzige Grundsatz, mit dessen Hilfe dieses Ziel sich erreichen läßt,*
> *ist ein Management durch Ziele und Selbstkontrolle.«*
> *Drucker 1956: 170*

1. Gründe für eine Führung mit Zielen

Aufgrund der starken Veränderungen in den Organisationsstrukturen vieler Unternehmen und ihrer zunehmenden Dezentralisierung brauchen Unternehmen ein neues Konzept hinsichtlich Führung und Informationsfluß, damit die Aktivitäten der verschiedenen Bereiche und Ebenen optimal koordiniert werden können. Zielvereinbarungsgespräche werden heute als Unternehmensführungskonzept weiterentwickelt und bis auf die operative Ebene flächendeckend eingeführt. Die sich daraus ergebende Erleichterung der Koordination und Integration aller Organisationseinheiten stellt den organisatorischen Aspekt von Zielvereinbarungsgesprächen dar.

Der psychologische Aspekt ist, daß Ziele dazu dienen sollen, die Mitarbeiter zu motivieren. Gerade auch den Mitarbeitern der operativen Ebene soll durch Ziele eine Orientierung zur Selbstverantwortung gegeben werden. Der Weg zum Ziel wird ihnen weitgehend freigestellt, um unternehmerisches Handeln zu ermöglichen und die Potentiale der Mitarbeiter dadurch besser auszuschöpfen. Durch die unternehmerische Ausrichtung der Führung auch in Subsystemen, durch die Mitwirkung der Geführten bei der Zielvereinbarung und ihre hohe Selbständigkeit bei der Zielumsetzung, sollen die Führungskräfte von operativen Entscheidungen entlastet werden. Außerdem verspricht man sich eine intensivere Kommunikation zwischen den Mitarbeitern, aber auch zwischen Mitarbeitern und Vorgesetzten, so daß durch intensivere soziale Kontakte motivierendere Arbeitsbedingungen entstehen können. Desweiteren führt die Partizipation der Mitarbeiter an der Zielsetzung einerseits zu einem besseren Verständnis ihrer Tätigkeit, andererseits empfinden die Mitarbeiter ein höheres Commitment gegenüber Zielen, an denen sie selbst mitgewirkt haben.

In diesem Beitrag sollen zunächst die psychologisch-motivationalen Grundlagen von Zielvereinbarungen anhand der Goal-Setting-Theorie von Locke & Latham (1990) dargestellt werden. Hieraus läßt sich ableiten, wie Zielvereinbarungsgespräche sinnvoll gestaltet werden können.

2. Implikationen der Goal-Setting-Theorie für die Ausgestaltung von Zielvereinbarungen

2.1 Grundlagen der Goal-Setting-Theorie

Seit nunmehr über 30 Jahren befaßt sich die in den USA entstandene Theorie der Arbeitsmotivation, Goal-Setting-Theorie genannt, mit der Beziehung zwischen Zielen und Handeln bzw. Leistung und den zahlreichen Faktoren, die diese Beziehung moderieren. Sie macht Aussagen dazu, wie Ziele beschaffen sein müssen, um zu Motivation und Leistung zu führen und untersucht kognitive Faktoren wie Feedback, Commitment, Partizipation und Belohnung, die sich auf den Erfolg von Zielen auswirken (Locke 1968; Locke & Latham 1990).

Die Theorie folgt zwei Entwicklungslinien: der experimentellen Psychologie und der Managementtheorie. Ihr Ziel ist es, zu erklären, warum manche Menschen bei gleicher Fähigkeit eine höhere Leistung zeigen als andere und wie deren stärkere Motivation zustande kommt. Ausgehend von der Prämisse, daß Ziele die unmittelbaren Regulatoren menschlichen Handelns sind, beschäftigt sie sich mit leistungsorientierten Handlungen in bezug auf Arbeitsaufgaben.

1990 stellen die beiden Hauptvertreter der Theorie, Edwin A. Locke und Gary P. Latham, in der Zusammenfassung bisheriger Arbeiten fest, daß die positive Wirkung von Zielen auf die Leistung bei 88 verschiedenen Arten von Aufgaben untersucht wurde. Hierzu gehörten rein motorische Aufgaben (z. B. Springen, Gewichtheben, Jonglieren), Wahrnehmungsaufgaben, Lernaufgaben, aber auch zahlreiche Aufgaben aus dem Arbeitskontext, wie z. B. Autofahren, Nähen, Holzfällen, Kohleabbau, Dateneingabe, Verkauf, Montage- und Produktionsarbeiten, Wartungsarbeiten, Managementaufgaben, bis hin zu theoretischen Arbeiten und Aufgaben in der Forschung und Entwicklung.

Von knapp 400 Studien fanden ca. 60% im Labor statt, immerhin knapp 40% sind Feldstudien. Untersucht wurde die Theorie an insgesamt fast 40.000 Frauen und Männern unterschiedlicher Nationalitäten, Bildungsniveaus, Berufs- und Altersgruppen, wobei festgestellt werden konnte, daß die Ergebnisse auch diesbezüglich stark generalisierbar sind (Locke & Latham 1990).

Als Leistungskriterien wurden, in Abhängigkeit der Ziele, ganz unterschiedliche Maße verwendet. Sie waren meist objektiv (z. B. Zeit, Output, Kosten). Es wurden aber auch Rangfolgen aus Leistungs- und Verhaltensbeurteilungen verwendet. Die Zeiträume für die Erfüllung der Ziele variierten zwischen einer Minute und drei Jahren.

Die Theorie macht vier Mechanismen dafür verantwortlich, daß Ziele das Leistungshandeln positiv beeinflussen:

- sie geben der Handlung eine Richtung,
- lenken die Aufmerksamkeit auf handlungsrelevante Informationen,
- führen bei höheren Zielen zu mehr Anstrengung und Ausdauer
- und wirken zudem indirekt, indem sie zur Entwicklung von aufgabenspezifischen Strategien und Plänen beitragen (Kleinbeck 1991).

In über 90% der Studien hat die Goal-Setting-Theorie empirische Unterstützung erfahren. Dies entspricht einer empirischen Bestätigung, wie sie bislang kaum eine psychologische Theorie erreicht hat. Neben der hohen wissenschaftlichen Gültigkeit läßt sich die Goal-Setting-Theorie auch in der Anwendung in ein praktikables Motivations- und Führungsinstrument umsetzen (Locke & Latham 1984; Guzzo, Jette & Katzell 1985). Im folgenden sollen daher die einzelnen Aspekte der Ausgestaltung und des Setzens von Zielen näher betrachtet werden.

»I'll do my very best, Miss Sophie!«
Freddie Frinton in der Silvesterkomödie
»Dinner for one«.

2.2 Zielschwierigkeit und Zielspezifität

Die Goal-Setting-Theorie geht davon aus, daß schwierige Ziele eine größere Wirkung auf Motivation und Leistung haben als leichte oder mittelschwere Ziele. Die Beziehung zwischen Zielschwierigkeit und Leistung hat sich in zahlreichen Studien und Metaanalysen als positiv linear erwiesen. Die Gerade steigt an bis zu dem Punkt, an dem Menschen bei sehr hoher Zielschwierigkeit an die Grenzen ihrer Fähigkeiten stoßen und gilt nur für den Fall, daß die Ziele auch akzeptiert wurden (Tubbs 1986; Locke & Latham 1990).

Obwohl durch schwierige Ziele teilweise Leistungsverbesserungen von über 250% erreicht wurden, kann man im Durchschnitt von einer Leistungsverbesserung von ca. 10–16% ausgehen, die im organisatorischen Kontext erheblich ist. Erklärt wird diese Leistungssteigerung damit, daß schwierige Ziele zu mehr Anstrengung und Durchhaltewillen führen als einfache Ziele und daß sie Individuen motivieren, geeignete Strategien für die Bewältigung der Aufgaben zu suchen oder zu entwickeln. Leider konnte man im Rahmen der Goal-Setting-Theorie nur inkonsistente Befunde zur absoluten Höhe der zu setzenden Ziele erheben. Sie hängt wohl von zu vielen Leistungs- und Persönlichkeitsvariablen ab, als daß diese objektiv bestimmbar wären.

Eine zweite Hauptaussage der Goal-Setting-Theorie ist, daß spezifische, d. h. mit einem bestimmten Leistungsstandard und einem Erfüllungszeitraum versehene Ziele zu mehr Leistung führen als keine Ziele oder ›do your best‹-Ziele, d. h. Aufgaben, bei denen die Probanden lediglich dazu aufgefordert wurden, ihr Bestes zu geben. Hierbei muß eingeräumt werden, daß in den wenigsten Untersuchungen tatsächlich keine Ziele gesetzt wurden. Wußte eine Person buchstäblich nicht, was sie tun sollte, so tat sie auch nichts. So impliziert die ›no goal‹-Bedingung vor allem unter Laborbedingungen, daß die Person versucht, ihr Bestes zu geben. Im Endeffekt erscheint es also sinnvoll, spezifische Ziele mit ›do your best‹-Zielen zu vergleichen. In einer Meta-Analyse von Locke et al. (1981) zeigten sich bei 51 von 53 oder 96% der Studien signifikante Effekte zugunsten spezifischer Ziele.

Die Autoren erklären die positivere Wirkung spezifischer Ziele auf die Leistung damit, daß Personen unter der ›do your best‹-Bedingung eine große Bandbreite an Leistung so interpretieren können, als hätten sie ihr Bestes gegeben. Bei spezifischen, harten Zielen hingegen liegt keine Zweideutigkeit bei der Bewertung der Leistung vor. Nur das Erreichen eines bestimmten Leistungsstandards kann hier als Erfolg interpretiert werden (Locke & Latham 1990).

Außerdem initiieren spezifische Ziele die Planung und die Entwicklung von Strategien zur Zielerreichung, was besonders bei komplexen Aufgaben wichtig ist. Ein Problem bei der Spezifizierung der Ziele besteht allerdings darin, daß oft Vorgehensweisen zur Zielerreichung festgeschrieben werden, die keine Ziele mehr sind, sondern Wegcharakter aufweisen. Die Unterscheidung zwischen

- Zielen
- und Strategien,
- Taktiken
- und Aktionsplänen

ist aber sehr wichtig zur Aufrechterhaltung und Förderung der Selbstregulation der Mitarbeiter, da sonst der kognitive Suchraum bei der Entwicklung von Lösungen eingeengt und damit die Leistung stark beeinträchtigt werden kann (Earley, Connolly & Ekegren 1989).

Zusammenfassend läßt sich also sagen, daß hohe, spezifische Ziele die höchste Leistung nach sich ziehen. Es muß allerdings darauf geachtet werden, daß die Fähigkeit zur Leistung vorhanden ist, daß eine angemessene Strategie zur Bewältigung der Aufgabe vorliegt und daß das Ziel akzeptiert wurde.

Für die Führung von Mitarbeitern durch Ziele heißt dies nun, daß Vorgesetzte bestrebt sein sollten, anspruchsvolle, aber nicht zu hohe Ziele zu setzen. Sie müssen versuchen, die subjektiv empfundenen Leistungsgrenzen der Mitarbeiter zu erkennen und ihre Leistungsfähigkeit möglichst zutreffend zu diagnostizieren. Diese Einschätzung wird vermutlich im Laufe der Zeit, über viele Zielsetzungszyklen hinweg, an Genauigkeit gewinnen. Sind die Ziele zu hoch, wird ein Versagen vorprogrammiert und Frustrationen hervorgerufen, die einer Führung durch Zielvereinbarung mit Sicherheit abträglich sein werden.

Andererseits sollten diese hohen Ziele spezifisch bzw. klar operationalisiert sein. Dies ist dann der Fall, wenn Zielinhalt, Zielausmaß und zeitlicher Bezug bestimmt sind. Beispielsweise könnte ein solches Ziel lauten: »Verringern Sie die Ausschußrate in den nächsten sechs Monaten um 5%.« Ein Ziel dieser Art erfüllt die Forderung der Goal-Setting-Theorie und ist gleichzeitig eine brauchbare Basis für eine spätere Beurteilung der Leistung. Ziele wie »Produzieren Sie mehr Qualität.« sind demgegenüber weit weniger geeignet, da sie ein ›do your best‹ implizieren und damit in der Evaluation einen zu großen Spielraum lassen. Bei mehreren Zielen erscheint es außerdem sinnvoll, die Ziele mit unterschiedlichen Prioritäten zu versehen, um die Aufmerksamkeit zunächst auf die wichtigeren Ziele zu lenken und damit eine bessere Orientierung zu geben (Gebert 1995).

Zusätzlich zur Zielschwierigkeit und der Zielspezifität beschäftigt sich die Goal-Setting-Theorie mit weiteren wichtigen Variablen, die die Wirkung von Zielen beeinflussen, nämlich der Partizipation der Probanden bzw. der Mitarbeiter bei der Festlegung der Ziele, dem Feedback, d. h. dem Wissen über den Stand der Zielerreichung, und der Belohnung der Zielerreichung. Diese Variablen sollen nachfolgend diskutiert werden.

2.3 Partizipation: Mitarbeiterorientierung und Mitarbeiterbeteiligung als Kernelement der Arbeitsorganisation

Die Goal-Setting-Theorie vergleicht zwei grundsätzliche Möglichkeiten, Ziele festzulegen. Man kann Ziele einer Person oder Gruppe vorschreiben (autoritäre Variante) oder gemeinsam zu einem Konsens über die Ziele kommen (partizipative Variante). Bisher waren wir stillschweigend von einer Vereinbarung der Ziele ausgegangen. Dieser Aspekt soll hier nun aus Sicht der Goal-Setting-Theorie betrachtet werden.

Da das Thema Partizipation im organisatorischen Kontext eine große Rolle spielt und beispielsweise in der humanistischen Organisationstheorie oder der Organisationsentwicklung ein Kernelement darstellt, verwundert es nicht, daß Partizipation im Rahmen der Goal-Setting-Theorie eine viel untersuchte Variable darstellt. Gleichzeitig handelt es sich jedoch um ein in der Goal-Setting-Literatur schon lange kontrovers diskutiertes Thema (Latham & Locke 1991).

Während einige frühe Studien keinen signifikanten Effekt der Partizipation auf die Leistung zeigten, konnten in späteren Studien positive Effekte der partizipativen Zielvereinbarung gegenüber der autoritären Zielvorgabe gefunden werden. Die Mehrzahl der Untersuchungen erbrachte jedoch keine signifikanten Unterschiede zwischen Zielvorgabe und Zielvereinbarung (Tubbs 1986).

In einigen Untersuchungen zeigte sich jedoch, daß unter der partizipativen Bedingung höhere Ziele gesetzt wurden als unter der autoritären Bedingung. Dies hatte wohl die höhere Leistung bei Partizipation hervorgerufen. Studien, in denen die Zielschwierigkeit daraufhin kontrolliert wurde, konnten die Frage, ob Zielvereinbarung oder Zielvorgabe ein höheres Commitment und eine höhere Leistung erbrachten, jedoch auch nicht lösen, da auch hier die Ergebnisse inkonsistent waren. Weitere intervenierende Variablen, die untersucht wurden, waren das unterstützende Verhalten des Vorgesetzten, das teilweise zu höherer Leistung bei vorgegebenen Zielen führte, sowie der Austausch von zur Aufgabenerfüllung notwendigen Informationen, der wiederum bei Zielvereinbarung zu höherer Leistung führen konnte (Locke & Latham 1990).

Der Streit um die Wirkung partizipativer Zielfestlegung spaltete die Goal-Setting-Forscher schließlich in zwei Lager. Während die Gruppe um Latham davon ausging, daß Zielvereinbarung und Zielvorgabe gleich effektiv sind, fanden Erez und ihre Kollegen positivere Ergebnisse unter der partizipativen Bedingung und begründeten dies damit, daß ein Ziel leichter akzeptiert würde, wenn es nicht als von außen vorgegeben wahrgenommen werde (Erez & Kanfer 1983).

Nachdem ein Vergleich der Untersuchungsdesigns beider Gruppen zahlreiche Unterschiede ergeben hatte, entschieden sich die Forscher, gemeinsam vier Experimente durchzuführen, die die Drittvariablen kontrollieren sollten. Sie ergaben, daß die unterschiedlichen Ergebnisse wahrscheinlich durch Unterschiede in der Art der Zielvorgabe bedingt waren. Wurden die vorgegebenen Ziele wie in Lathams vorangehenden Untersuchungen begründet (*tell and sell condition*), so war die Leistung genauso hoch wie bei Zielvereinbarung. Wurden die Ziele jedoch kurz und ohne jegliche Begründung vorgegeben (*tell condition*), wie dies in Erez' früheren Studien der Fall gewesen war, so zeigten sich unter der erstgenannten, partizipativen Bedingung die besseren Ergebnisse (Latham, Erez & Locke 1988).

In einem Resümee zum Thema Partizipation kommen Locke und Latham zu dem Schluß, daß bei konstanter Zielschwierigkeit die motivationalen Effekte vorgegebener Ziele genau so stark seien wie die Effekte partizipativ vereinbarter Ziele (Locke & Latham 1990).

Für die Führung von Mitarbeitern läßt sich damit noch nicht ableiten, ob ihnen die Ziele vorgegeben werden oder mit ihnen vereinbart werden sollten. Die Goal-Setting-Theorie konnte grundsätzlich zwar keine motivationale Überlegenheit einer Partizipation bei der Zielfestlegung nachweisen, um diese Frage jedoch speziell für den Unternehmenskontext zu entscheiden, wäre es letztlich notwendig, die oben geschilderten Vergleichsstudien in Betrieben durchzuführen. Aber auch ohne Studien dieser Art ist es möglich, wesentliche Argumente für eine partizipative Vorgehensweise zu finden.

Hält man sich nämlich die Grundphilosophie heutiger Managementkonzepte vor Augen, so erscheint Partizipation und Mitarbeiterorientierung als ein Kernelement der Arbeitsorganisation. Die Mitarbeiter werden an zahlreichen arbeitsbezogenen Entscheidungen beteiligt, sie handeln eigenverantwortlich, sie koordinieren, planen und organisieren ihre Arbeit zur Erfüllung komplexer, ganzheitlicher Aufgaben. Erschiene es da nicht widersinnig und kontraproduktiv, ihnen die Ziele in autoritärer Form vorzugeben?

Daß die Ziele zumindest begründet werden sollten, bestätigt wie gesehen auch die Goal-Setting-Theorie. Sinnvoller erscheint es jedoch, die Ziele mit den Mitarbeitern zu diskutieren und sie damit bei der Vereinbarung der Ziele mit einzubeziehen. Hier wird auch deutlich, daß bisher die Pole eines Kontinuums miteinander verglichen wurden, das von stark autoritärer Zielvorgabe bis hin zur Setzung eigener Ziele reicht. Sowohl die Vorgabe von Zielen (*tell and sell* vs. *tell*) als auch die Partizipation bei der Zielfestlegung kann im organisatorischen Kontext in unterschiedlicher Weise erfolgen:

- Vorgesetzter gibt Ziele vor.
- Vorgesetzter gibt Ziele vor, Mitarbeiter kann Stellung nehmen.
- Vorgesetzter und Mitarbeiter entwerfen Ziele gemeinsam.
- Vorgesetzter und Mitarbeiter formulieren unabhängig voneinander Ziele und stimmen sie dann ab.

Auch hier sind wiederum Zwischen- und Mischformen denkbar. Bei einer Diskussion über die Ziele zwischen Vorgesetztem und Mitarbeiter können Kenntnisse, Erfahrungen und Fertigkeiten des Mitarbeiters berücksichtigt werden. Eine ernsthafte Auseinandersetzung über das »Machbare«, bei der Konflikte offen angesprochen werden, führt zu einem Konsens, der für die Zielakzeptanz und die Identifikation mit den Zielen wichtig ist.

Ein weiterer Aspekt schließlich ist entscheidend: Bisher wurde nur der motivationale Effekt der Partizipation betrachtet. Locke und Latham räumen jedoch einen zweiten

Effekt ein, der durch Partizipation hervorgerufen werden könnte, denn Partizipation leistet einen wichtigen Beitrag zur Klärung der Ziele selbst. Die Mitarbeiter erhalten wichtige Informationen, in welche Richtung ihre Anstrengungen gehen sollen und welche Erwartungen an sie gestellt werden. Partizipative Zielfestlegung in Form von Zielvereinbarungsgesprächen kann sogar zur gemeinsamen Entwicklung effektiver Strategien und Aktionspläne führen, die für die Aufgabenbewältigung notwendig sind (Gebert 1995). Daß dies einen positiven Effekt auf das Selbstbewußtsein, die Motivation und die Leistung bei komplexeren Aufgaben hat, konnte in Studien nachgewiesen werden (Locke et al. 1981).

Letztlich wird die Frage also nicht lauten: »Partizipation ja oder nein?«, sondern es muß vielmehr entschieden werden, wie stark die Mitarbeiter bei der Zielvereinbarung beteiligt werden. Diese Entscheidung hängt von den organisatorischen Rahmenbedingungen, der Unternehmenskultur, dem Führungsstil und vielen weiteren Faktoren ab, so daß eine eindeutige Aussage hier nicht getroffen werden kann. Grundsätzlich erscheint es jedoch sehr sinnvoll, (Unternehmens-)Ziele in partizipativer Weise mit den Mitarbeitern festzulegen. Je mehr Verantwortung die Mitarbeiter übernehmen, je autonomer sie bei der Erfüllung ihrer Aufgaben handeln, desto stärker erscheint es notwendig, sie auch bei der Festlegung ihrer Ziele mit einzubeziehen, um deren Akzeptanz zu sichern.

2.4 Feedback

Ein weiterer Gegenstand zahlreicher Untersuchungen im Rahmen der Goal-Setting-Theorie ist die Frage, welche Rolle dem Feedback über die gezeigte Leistung zukommt und ob es das Funktionieren der Zielvereinbarungen beeinflußt. Die hierzu relevanten Studien lassen sich in das in folgender Tabelle dargestellte Vierfelderschema einordnen:

	Feedback ja	Feedback nein
spezifische, harte Ziele	1	2
keine Ziele oder ›do your best‹-Ziele	3	4

Tab. 1: Vierfelderschema zur Analyse von Zielsetzungs- und Feedbackstudien

Bei der Mehrzahl bisheriger Untersuchungen zeigte sich, daß Zielsetzung mit Feedback über die Zielerreichung (Zelle 1) einen wesentlich größeren Effekt auf die Leistung hatte als Feedback allein (Zelle 3) oder Zielsetzung allein (Zelle 2) (Locke et al. 1981). Locke und Latham wenden sich entschieden gegen Studien, die positive Effekte von Feedback ohne Zielsetzung gefunden haben: »Wie kann die Vergangenheit die Zukunft beeinflussen? Feedback führt zu gar nichts, wenn die Empfänger nicht etwas damit tun, nämlich sich dazu zu entschließen, ihre Leistung beim nächsten Mal zu verbessern.« (Locke & Latham 1990: 187).

Der Effekt von Feedback hängt also von nachfolgenden psychologischen Prozessen ab, von denen einer das Setzen neuer Ziele für die Zukunft ist. Diese erneute Zielsetzung konnte in den meisten Studien jedoch nicht kontrolliert werden, so daß es sich eigentlich um Feedback mit und nicht ohne Zielsetzung handelte, was den positiven Effekt in diesen Studien erklärt. Wenn das Feedback so gegeben wurde, daß es nicht zur Setzung von Zielen genutzt werden konnte (z. B. indem man die Länge von Arbeitsperioden variierte, so daß die Leistungen unterschiedlicher Perioden nicht miteinander verglichen werden konnten), zeigten sich keine motivationalen Effekte. Feedback motiviert also durch nachfolgende Zielsetzung (Latham & Locke 1991).

Es sollte also immer ein Feedback über die Zielerreichung erfolgen, das wiederum dazu führt, daß neue Ziele gesetzt werden (Locke & Latham 1990). In Organisationen führt Feedback außerdem dazu, daß Menschen ableiten, ob ihre Leistung belohnt oder bestraft wird.

Das Feedback sollte möglichst spezifisch sein, um geeignete Informationen zur Verbesserung der Leistung zur Verfügung zu stellen, und es sollte den Mitarbeitern die Möglichkeit gegeben werden, möglichst kontinuierlich ihren Leistungsstand zu überprüfen. Um den Effekt des Feedback zu nutzen, sollten bei qualitativen Zielen, die nur über ein Beurteilungsverfahren erfaßbar sind, die Zielvereinbarungszyklen auch nicht zu lang gewählt werden. Die Sicherstellung von Feedback stellt damit eine wichtige Führungsaufgabe dar (Gebert 1995).

2.5 Belohnung

Die leistungssteigernde Wirkung von Geldanreizen wird unter anderem beeinflußt durch den sozialen Vergleich mit anderen, durch bisherige Lernprozesse und Erfahrungen und durch den Wert, der einer Gratifikation beigemessen wird. Es gibt drei Möglichkeiten, auf welche Weise Belohnung die Wirkung von Zielen beeinflussen kann:

1. Geld – oder auch andere Anreize – könnten das Ziel- oder Absichtsniveau der betreffenden Person beeinflussen. So zeigten Studien, daß die Belohnung mit der Leistung nicht zusammenhing, wenn das Ziel- und Absichtsniveau kontrolliert wurde. Bei anderen hingegen waren Belohnung und Zielhöhe voneinander unabhängig.
2. Eine zweite Möglichkeit besteht darin, daß Anreize dazu führen, daß mehr spontane, selbstgewählte Ziele gesetzt werden. Auch hierzu gab es einige wenige positive Befunde (Locke et al. 1981).
3. Die dritte Möglichkeit ist, daß Belohnungen den Grad des Ziel-Commitment beeinflussen, d. h. daß Geld zu einer höheren Bereitschaft führt, sich anzustrengen, um ein Ziel zu erreichen. Die Zielerreichung bekommt damit in der Terminologie der Erwartungs-Wert-Theorien eine höhere Valenz (vgl. Vroom 1964).

Diese letzte Interpretation hat bisher die stärkste empirische Unterstützung erfahren und wird daher von den Vertretern der Goal-Setting-Theorie bevorzugt.

Der Grad des Commitment hängt dabei von der Höhe des gebotenen Anreizes ab. Ist er zu gering, verfehlt er seine Wirkung. Eine Belohnung sollte jedoch nicht nur dann gewährt werden, wenn das Ziel zu 100% erreicht ist, sondern so gestaffelt sein, daß auch geringere Ausprägungen der Zielerreichung proportional zur Zielerreichung belohnt werden, da die Motivationswirkung der Ziele stark beeinträchtigt wird, wenn man im Extremfall für ein zu 99% erreichtes Ziel am Ende nichts bekommt. Es sollte also eher die Leistung als der Erfolg als solcher belohnt werden. Bei der Kombination von Zielen mit Belohnungen können sich Leistungssteigerungen von über 40% ergeben (Locke et al. 1981; Locke & Latham 1984).

Die Goal-Setting-Theorie spricht sich damit dafür aus, die Zielerreichung zu belohnen. Es erscheint vorteilhaft, die Zielerreichung mit Anreizen zu koppeln, um ein höheres Ziel-Commitment zu erreichen.

Zudem sollten die Mitarbeiter kontinuierlich und in kürzeren Zeiträumen Feedback von der Führungskraft über die Zielerreichung erhalten, damit sie ihr Handeln noch rechtzeitig korrigieren können. Ebenso müssen die Mitarbeiter ein Feedback an die Führungskräfte zurückgeben, wie der Stand der Dinge ist.

3. Vorteile durch ein Führen mit Zielen

Die beiden hauptsächlichen Funktionen eines Führens mit Zielen sind also einerseits eine Erleichterung der Koordination und Integration aller Organisationseinheiten, andererseits sollen sie dazu dienen, die Mitarbeiter zu motivieren. Heute soll gerade auch den Mitarbeitern der ausführenden Ebene durch Ziele eine Orientierung gegeben werden. Der Weg zum Ziel wird ihnen weitgehend freigestellt, um unternehmerisches Handeln zu ermöglichen und die Potentiale der Mitarbeiter dadurch besser auszuschöpfen (Gebert 1995).

Durch die unternehmerische Ausrichtung der Führung auch in Subsystemen, durch die Mitwirkung der Geführten bei der Zielvereinbarung und ihre hohe Selbständigkeit bei der Zielumsetzung, sollen die Führungskräfte von operativen Entscheidungen entlastet werden. Außerdem verspricht man sich eine intensivere Kommunikation zwischen den Mitarbeitern, aber auch zwischen Mitarbeitern und Vorgesetzten, so daß durch intensivere soziale Kontakte motivierendere Arbeitsbedingungen entstehen können.

Die Partizipation der Mitarbeiter an der Zielsetzung führt diese einerseits zu einem besseren Verständnis ihrer Tätigkeit, andererseits empfinden die Mitarbeiter ein höheres Commitment gegenüber Zielen, an denen sie selbst mitgewirkt haben. Des weiteren lassen sich Zielvereinbarungen als Basis für eine leistungsorientierte Personalbeurteilung und Entlohnung verwenden, womit die nachteiligen Effekte merkmalsorientierter Beurteilungsverfahren vermieden werden können (Mungenast 1990).

Durch die Implementierung einer Führung durch Zielvereinbarungsgespräche erhoffen sich Unternehmen also eine Reihe von Vorteilen. Diese können jedoch nur realisiert werden, wenn die Anforderungen, die dieses Führungsinstrument an die Organisation und die Mitarbeiter stellt, erfüllt werden. Ist dies nicht der Fall, muß auch mit nachteiligen Effekten gerechnet werden.

4. Anforderungen an die Organisation

Die Durchführung von Zielvereinbarungsgesprächen stellt neue Anforderungen an Vorgesetzte und Mitarbeiter. Führungskräfte müssen lernen, Ziele mit ihren Mitarbeitern gemeinsam zu formulieren und zu operationalisieren. Dies setzt zum einen kommunikative Fähigkeiten voraus, zum anderen müssen die Vorgesetzten in der Lage sein, wirkliche Ziele, die einen höheren Abstraktions- und Komplexitätsgrad als bloße Aufgaben besitzen, zu formulieren, ohne gleichzeitig die Mittel zur Zielerreichung vorzuschreiben. Und schließlich müssen die Vorgesetzten bereit sein, die Verantwortung für die Resultate der ihnen unterstellten Mitarbeiter zu übernehmen. Auch auf Mitarbeiterseite sind erweiterte Qualifikationen erforderlich, um überhaupt bei der Zielvereinbarung und -überprüfung mitwirken zu können und um effiziente Wege zur Zielerreichung zu finden (vgl. Gebert 1995; Pietruschka & Hey 1999; Pietruschka/Dörflinger/Hey 2000).

Zielvereinbarungsgespräche zu führen kostet auch relativ viel Zeit. Diese ist aber notwendig, denn ohne einen Konsens über die Ziele wird keine persönliche Verantwortungsübernahme stattfinden. Außerdem sind Vorgesetzten und Mitarbeitern geeignete Instrumente zur Zieldefinition und -evaluation sowohl quantitativer als auch qualitativer – und damit schwerer operationalisierbarer – Ziele zur Verfügung zu stellen.

Wie bei allen umfassenden Interventionen in Organisationen kommt auch die Implementation von Zielvereinbarungen nicht ohne das Commitment des Top-Management aus. In einer Metaanalyse von Rodgers & Hunter (1991) betrugen die erzielten Produktivitätssteigerungen durchschnittlich 56% bei hoher Unterstützung durch die oberen Führungsebenen, bei geringem Commitment hingegen nur 6%.

Der Erfolg von Zielvereinbarungen hängt also von einer adäquaten Qualifizierung und den geeigneten organisationalen Instrumenten ab (vgl. Hey/Jöns/Pietruschka 1997).

Das Konzept, über Ziele zu kommunizieren und diese zu vereinbaren ist nicht nur – wie die theoretische Fundierung zeigt – sinnvoll, sondern oft auch betrieblich dringend notwendig – auch, wenn der Erfolg von der Realisierung in der Praxis abhängt.

Literatur

Drucker, P. F.: Praxis des Management. Düsseldorf 1956
Earley, P. C./Connolly, T./Ekegren, G.: Goals, strategy development, and task performance: Some limits on the efficacy of goal setting, in: Journal of Applied Psychology, 74(1), 1989: 24–33
Erez, M./Kanfer, F. H.: The role of goal acceptance in goal setting and task performance, in: Academy of Management Review, 3, 1983: 454–463
Gebert, D.: Führung im MbO-Prozeß, in: A. Kieser, G. Reber/R. Wunderer (Hg.), Handwörterbuch der Führung, Stuttgart 1995: 426–436
Guzzo, R. A./Jette, R. D./Katzell, R. A.: The effects of psychologically based intervention programs on worker productivity: A meta-analysis, in: Personnel Psychology, 38(2), 1985: 275–291

Hey, A. H./Jöns, J./Pietruschka, S.: Unterstützung selbstregulierter Gruppenarbeit – Entwicklung eines Modells, in: Mannheimer Beiträge zur Wirtschafts- und Organisationspsychologie, 14 (2), 1997: 2–10

Kleinbeck, U.: Die Wirkung von Zielsetzungen auf die Leistung, in: H. Schuler (Hg.), Beurteilung und Förderung beruflicher Leistung, Stuttgart 1991: 41–56

Latham, G. P./Erez, M./Locke, E. A.: Resolving scientific disputes by the joint design of crucial experiments by the antagonists: application to the Erez-Latham dispute regarding participation in goal setting, in: Journal of Applied Psychology, 73(4), 1988: 753–772

Latham, G. P./Locke, E. A.: Self-regulation through goal setting, in: Organizational behavior and human decision processes, 50, 1991: 212–247

Locke, E. A.: Toward a theory of task motivation and incentives, in: Organizational behavior and human performance, 3, 1986: 157–189

Locke, E. A./Shaw, K. N./Saari, L. M./Latham, G. P.: Goal setting and task performance: 1969–1980, in: Psychological Bulletin, 91(1), 1981: 125–152

Locke, E. A./Latham, G. P.: Goal setting – a motivational technique that works! Englewood Cliffs, New Jersey 1984

Locke, E. A./Latham, G. P.: A theory of goal setting and task performance. Englewood Cliffs, New Jersey 1990

Mungenast, M.: Grenzen merkmalsorientierter Einstufungsverfahren und ihre mögliche Überwindung durch zielorientierte Leistungsbeurteilungsverfahren. München 1990

Pietruschka, S./Dörflinger, E./Hey, A. H.: Gruppenarbeit und Führung, in: Zeitschrift für Unternehmensentwicklung und Industrial Engineering, 49 (1), 2000: 28–33

Pietruschka, S. /Hey, A. H.: Qualifizierung bei Gruppenarbeit in Industrieunternehmen, in: Personal, 51 (7), 1999: 350–355

Rodgers, R./Hunter, J. E.: Impact of management by objectives on organizational productivity, in: Journal of Applied Psychology, 76(2), 1991: 322–335

Tubbs, M. E.: Goal setting: A meta-analytic examination of the empirical evidence. Journal of Applied Psychology, 71(3), 1986: 474–483

Vroom, V. H.: Work and motivation. New York 1964

Wunderer, R.: Delegative Führung, in: A. Kieser, G. Reber/R. Wunderer (Hg.), Handwörterbuch der Führung, Stuttgart 1995: 227–240

Umsetzungsorientierter Kontinuierlicher Verbesserungsprozeß (KVP) durch Zielvereinbarungsgespräche

Walter Harsch

In den vergangenen Jahren wird in Industrieunternehmen (und in gleicher Weise in anderen Organisationen) zunehmend über Sinn, Nutzen und Ausführbarkeit von Zielvereinbarungen diskutiert. Wesentlicher Auslöser dieser Entwicklung war und ist die Suche nach Wegen, Leistungsziele der Organisationsleitung stärker in den Blickpunkt von Führungskräften und Mitarbeitern zu rücken. Ebenso werden Bemühungen unternommen, die Mitarbeiter im Rahmen des Kontinuierlichen Verbesserungsprozesses (KVP) in die Optimierung von Arbeitsabläufen einzubinden. Dadurch sollen sowohl Ideen und Lösungsvorschläge der Mitarbeiter erfaßt als auch die Akzeptanz für die Umsetzung von Maßnahmen erhöht werden.

1. Ausgangslage

Unter Zielvereinbarung wird in diesem Zusammenhang das einvernehmliche Vereinbaren von Leistungen zwischen Führungskräften und Mitarbeitern (bzw. auch Geschäftsleitung und Führungskräften) verstanden. Dabei sind im Regelfall von beiden Seiten Vorschläge und Ideen über Ziele und über Wege zur Zielerreichung zu formulieren und im Zielvereinbarungsgespräch zu diskutieren. Das Ergebnis von Zielvereinbarungsgesprächen sind meßbare, beidseitig akzeptierte und terminlich festgelegte Leistungen einer oder beider beteiligten Partner. Zielvereinbarungsgespräche tragen maßgeblich dazu bei, das unternehmerische Denken und Handeln der Mitarbeiter zu fördern und auf die »richtigen« Ziele auszurichten.

Führen durch Zielvereinbarungen kann somit die ergebnisorientierte Planung und Steuerung von Unternehmensprozessen maßgeblich unterstützen. Folgende Punkte stehen dabei im Vordergrund:

- Aufgaben planen
- Bereiche entwickeln
- Leistungsprozesse steuern
- Leistung bewerten
- Mitarbeiter fördern.

Da die Zielerreichung nicht nur von den Führungskräften abhängt, sondern ganz wesentlich von der Akzeptanz und dem Engagement aller beteiligten Mitarbeiter, machen Zielvereinbarungsgespräche vor allem dann Sinn, wenn sie durchgängig im ganzen Unternehmen praktiziert werden. Das heißt, daß alle Mitarbeiter der gesamten unternehmerischen Prozeßkette gefordert werden, Initiative und Verantwortung zu übernehmen. Somit ergeben sich wesentliche Überschneidungen mit den Grundgedanken des Kontinuierlichen Verbesserungsprozesses.

Demgegenüber ist, wie oben bereits aufgeführt, das Ziel des KVP die ständige Verbesserung aller betrieblichen Abläufe und Zustände im eigenen, direkt beeinflußbaren Handlungsbereich.

- Durch den KVP werden die Fähigkeiten und das Know-how der Mitarbeiter erschlossen.
- KVP ist eine verinnerlichte Denk- und Handlungsweise aller Führungskräfte und eines jeden Mitarbeiters.
- KVP macht die stetige Verbesserung der Arbeitsbereiche zum festen Bestandteil der Arbeitsaufgabe aller Mitarbeiter.

2. Kontinuierlicher Verbesserungsprozeß mit Zielvereinbarungen

Der KVP kann in 6 Schritte untergliedert werden:

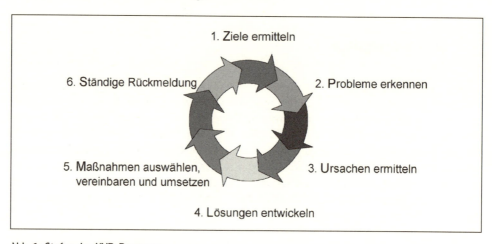

Abb. 1: Stufen des KVP-Prozesses

Zunächst müssen die übergeordneten Ziele festgelegt werden, z. B. Kostenziele, Terminziele, Qualitätsziele (Schritt 1). Dies geschieht im hier betrachteten Zusammenhang meist in Form von Top-down-Vorgaben durch die Unternehmensleitung bzw. durch die für den jeweiligen Bereich zuständigen Führungskräfte. Nur in Ausnahmefällen können im Sinne einer Bottom-up-Rückmeldung wesentliche Korrekturen erfolgen.

In Schritt 2 gilt es, die Probleme, die der Zielerreichung entgegenstehen, ausfindig zu machen, z. B. zeitaufwendige Arbeitsabläufe, häufige Maschinenstörungen, fehlende Mitarbeiterqualifikationen. Im Anschluß daran werden die Ursachen dieser Probleme ermittelt (Schritt 3) und in Schritt 4 konkrete Lösungsvorschläge entwickelt und bewertet. Nun werden in einem Zielvereinbarungsgespräch Verbesserungsmaßnahmen festgelegt, Umsetzungsverantwortliche und Termine bestimmt, danach werden Maßnahmen umgesetzt (Schritt 5). Der Erfolg der Umsetzung wird durch ständige Rückmeldung dargestellt (Schritt 6). In allen Schritten sind die beteiligten Mitarbeiter gefordert, ihre Kenntnisse und Erfahrungen einzubringen. Zeigt es sich, daß die realisierten Maßnahmen nicht zur Zielerfüllung führen, müssen weitere Lösungen entwickelt und umgesetzt werden.

3. Das Vereinbaren von Zielen im Kontinuierlichen Verbesserungsprozeß

Voraussetzung für das Funktionieren des KVP ist, daß nach jeder Stufe zwischen allen Beteiligten ein Konsens erzielt und im Sinne einer Zielvereinbarung festgehalten wird. Wichtige Vereinbarungsinhalte sind hierbei u. a. die definierten Ziele, die geplanten Aktivitäten, einzusetzende Mittel zur Zielerreichung, nachvollziehbare Kenngrößen zur Prozeßsteuerung sowie Fristenpläne und Erfolgskontrollen für die Prozeßüberwachung. Eine formale Zielvereinbarung als Beginn der Maßnahmenumsetzung ist in Stufe 5 abzuschließen.

Die jeweilige Form der Vereinbarung sollte auf den Einzelfall zugeschnitten sein. Manchmal wird es ausreichen, eine mündliche Absprache zu treffen, in anderen Fällen kann ein Flipchart- oder Pinwand-Protokoll aus einer Arbeitssitzung genügen oder es wird ein formales Vereinbarungsprotokoll erstellt.

Der Zielvereinbarung geht ein Diskussions- und Abstimmungsprozeß voraus. Damit Mißverständnisse ausgeschlossen werden und eine Einigung erzielt wird, ist Voraussetzung, daß zwischen den beteiligten Parteien Ziele, Wünsche, Vorstellungen, Vorbehalte u. a. ausreichend besprochen werden. In diesem Zusammenhang gilt:

- Gedacht ist nicht gesagt
- Gesagt ist nicht gehört
- Gehört ist nicht verstanden
- Verstanden ist nicht einverstanden.

Es ist von größter Bedeutung, daß beide Partner mit dem Ergebnis des Zielvereinbarungsgesprächs einverstanden sind (winner-winner-Situation). Dies schließt aus, daß eine der beiden beteiligten Parteien Ziele oder Vorgehensweisen akzeptiert, die ihr z. B. als nicht erreichbar erscheinen oder die insgeheim nachdrücklich abgelehnt werden. Ein solches »Zieldiktat« vermindert die Akzeptanz des »benachteiligten« Partners und damit das Engagement zur Leistungserbringung. Als Folge ergibt sich dann häufig, so zeigt die Erfahrung, daß nicht der Wille zur Zielerreichung im Vordergrund der Arbeitsbemühungen steht, sondern das Finden von Argumenten, weshalb das Ziel trotz vermeintlicher Anstrengungen nicht erreicht werden kann («Rechtfertigungsdenken«).

Sind derartige Widerstände zu erkennen, so müssen Zielvorgaben ggf. mit höheren Ebenen nochmals diskutiert und ggf. korrigiert oder in erreichbar erscheinende Teilziele zerlegt werden.

An dieser Stelle sei noch auf eine Besonderheit des hier dargestellten Sachverhaltes hingewiesen. Bei »klassischen« Zielvereinbarungsgesprächen mit Führungskräften werden üblicherweise Projekte oder Aufgaben festgelegt, die z. B. im kommenden Jahr bearbeitet werden sollen sowie die angestrebten Ergebnisse. In derartigen Zielvereinbarungsgesprächen bestehen für beide Partner meist beträchtliche Freiräume, eigene Zielvorstellungen einzubringen. Demgegenüber werden Leistungsziele im Zusammenhang mit dem KVP im Regelfall »von oben« vorgegeben, z. B. Kosten-, Qualitäts- oder Terminziele. In derartigen Punkten kann es in den meisten Fällen zu keiner wesentlichen Abweichung kommen, da die Ziele z. B. aufgrund der bestehenden Marktsituation auf jeden Fall erreicht werden müssen. Allerdings gibt es fast immer eine breite Palette von Ansatzpunkten und Wegen, die zur Zielerreichung führen. Hier können die Mitarbeiter ihre speziellen Kenntnisse und Erfahrungen aus der täglichen Praxis einbringen. In diesem Punkt ist eine zielorientierte Diskussion über den einzuschlagenden Weg und die tatsächlich durchzuführenden Maßnahmen notwendig. Die Maßnahmen, verbunden mit weiteren Angaben wie Termine, Kosten, Einsparungen u. a., können dann, wie oben beschrieben, zu einer formalen Zielvereinbarung führen. Die Aufgabe der Führungskräfte besteht anschließend darin, alles Notwendige zu tun, um die Mitarbeiter zu befähigen, die Ziele zu erreichen.

4. Erhöhung der Mitarbeitermotivation zur Leistungserbringung

Zu einer dauerhaften Motivation der beteiligten Mitarbeiter und damit zu hohen Leistungen trägt insbesondere eine umfassende Einbindung in alle Stufen des KVP bei. Zusätzlich sollten die Mitarbeiter in Abhängigkeit ihrer beruflichen und persönlichen Erfahrungen, ihrer Selbständigkeit und ihrer Persönlichkeit von Anfang an Verantwortung für den Arbeitsfortschritt tragen. Hierdurch kann sowohl das Engagement der Mitarbeiter als auch deren Einsicht zur Durchführung notwendiger Aktivitäten gesteigert werden. Dies kann beispielsweise durch eine Mitwirkung bei der Datenermittlung, der Bewertung und Auswahl durchzuführender Maßnahmen sowie bei der Terminplanung geschehen, durch den Einsatz von Kreativitätstechniken und durch die persönliche Verantwortung für Arbeitspakete.

Um Verantwortung übernehmen zu können, müssen die Mitarbeiter über Kompetenzen verfügen, innerhalb bestimmter, wenngleich teilweise auch enger Grenzen selbständig Entscheidungen zu treffen und Aktivitäten zu veranlassen oder durchzuführen. In vielen Fällen wird es in diesem Zusammenhang notwendig sein, die Aufgabengebiete und Kompetenzen betrieblicher Fachabteilungen wie Arbeitswirtschaft und Planung kritisch zu betrachten und ggf. anzupassen.

Ein wichtiges Instrument zur Förderung der Mitarbeitermotivation ist die KVP-Infowand. Sie liefert eine umfassende Übersicht und schnelle Rückmeldung über die laufenden und vorgesehenen Aktivitäten sowie über die angestrebten und erzielten Ergebnisse und ist somit das zentrale Steuerungsinstrument des KVP.

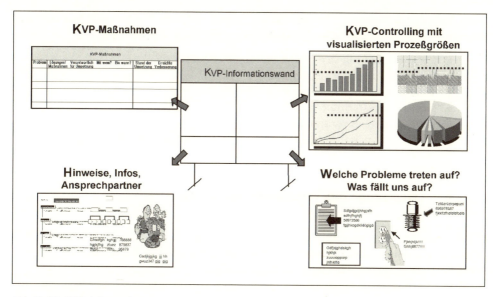

Abb. 2: Die KVP-Infowand

Eine Infowand sollte in allen Bereichen, für jedes am KVP beteiligte Team installiert und von den beteiligten Mitarbeitern eigenverantwortlich und ständig aktualisiert werden. Wichtige Controllingdaten (z. B. Stückzahlen, Qualitätsdaten, Termintreue, Kennzahlen zur Mitarbeiterproduktivität, Nutzungsgrade) sollten in Diagrammen tagesaktuell dargestellt werden, vereinbarte Zielwerte sind ebenfalls einzutragen. Der Erfolg der laufenden Optimierungsaktivitäten sowie Ansatzpunkte für weitere Verbesserungsmaßnahmen werden damit für alle Beteiligten leicht erkennbar.

Die Infowand sollte am Rande des Arbeitsbereiches der Teams plaziert werden, damit die Mitarbeiter immer wieder angeregt werden, die Informationen einzusehen und zu überdenken. Darüber hinaus sollte der Standort so gewählt sein, daß sowohl Führungskräfte als auch Mitarbeiter aus anderen Bereichen »beim Vorbeigehen« die Aktivitäten und Leistungen des betreffenden Teams wahrnehmen können. Dies fördert sowohl den Erfahrungsaustausch als auch das Erfolgserlebnis des KVP-Teams und kann zu neuen Aktivitäten anspornen.

5. Festlegung formaler Rahmenbedingungen

Zur Durchführung von KVP ist es notwendig, eine entsprechende Betriebsvereinbarung abzuschließen. Aufgrund positiver Erfahrungen wird vorgeschlagen, in einer derartigen Vereinbarung nur wesentliche Rahmenbedingungen im Sinne von Mindest-Standards (Muß-Forderungen) festzulegen. Ganz bewußt sollten Freiräume geschaffen werden, damit in verschiedenen Situationen (z. B. bei unterschiedlichen Mitarbeitern, Aufgabenstellungen, Dringlichkeiten) jeweils optimale Vorgehensweisen verfolgt werden können. Mindeststandards können u. a. folgende Punkte sein:

- Ziele müssen mit den Vorgesetzten abgestimmt sein
- meßbare Ziele vereinbaren
- Datenermittlung als Grundlage verwenden
- Realisierungstermine festlegen
- Teamsitzungen vergüten
- Einmalprämien für budgetwirksame Zielerreichung auszahlen.

6. Werkzeuge zum Vereinbaren von Zielen

Nachfolgend werden als Anregung einige Möglichkeiten aus dem Repertoire des Projektmanagements und der Moderationstechniken aufgezeigt, die beim KVP das Abschließen von Zielvereinbarungen fördern können.

Beispielsweise kann zunächst eine Sammlung von Problemen und »Ärgernissen«, die im eigenen Arbeitsbereich auftreten, als Brainstorming oder mit der Kärtchenmethode im Team durchgeführt werden. Anschließend können die festgestellten Probleme nach verschiedenen Kriterien bewertet und dann nach Prioritäten geordnet werden.

Erkannte Probleme	Kriterium 1: Kostenrelevanz	Kriterium 2: Dringlichkeit	Kriterium 3: Interesse	Kriterium 4: ...
Qualitätsfehler an Band 2 in der Montage	•••••	••••	••••	
Transportwege für Einbauteile aus Halle 3	•••		••	
Sauberkeit an Montageband	•			
Stillstandszeiten durch Maschinenstörungen	•••		•••••	
Fehlerquoten an den Gehäusedeckeln	••	•	• ••	
...				

Gewichtung mit Klebepunkten durch Teammitglieder

Abb. 3: Bewertung der ermittelten Probleme im Team

Das Ergebnis einer derartigen Bewertung fördert die Transparenz und damit auch die schnelle und einvernehmliche Einigung der Beteiligten auf die zu bearbeitenden Problemfelder.

In ähnlicher Weise kann die Auswahl von umzusetzenden Lösungsvorschlägen durchgeführt werden.

Lösungs-alternativen für Problem XY	Womit sparen wir am meisten Geld?	Was ist unmittelbar realisierbar?	Welche Lösung bringt die höchste Qualität (Prozess-sicherheit)	Welche Lösung wäre mir am sympatisch-sten?	...
Lösung A	••• ••	•••• •	••• ••	• •	
Lösung B	•• •	•••• •			
Lösung C	••• •••	•• •		••• ••	
Lösung D		•		•	
...					

Punktbewertung durch Teammitglieder

Abb. 4: Auswahl von Lösungsvorschlägen

KVP-Maßnahmen

Problem	Lösungen/ Maßnahmen	Verantwortlich für Umsetzung	Mit wem?	Bis wann?	Stand der Umsetzung	Erreichte Verbesserung
Teile-zuführung Stanze IV	Führungs-schienen anbringen	E. Müller	D. Schulze (Instand-haltung)	31.10.	◐	Nutzungsgrad + 6 %
Schicht-einteilung	Plantafel an Infowand	U. Cremers	K. Carstens	sofort	●	Planung und Übersicht O.K.
...						
...						

Legende: Umsetzung noch nicht begonnen ○ ⟺ ● Umsetzung abgeschlossen

Abb. 5: Maßnahmenprotokoll für Zielvereinbarungen

Auch hierbei können die Bewertungskriterien für die entwickelten Lösungen fallbezogen festgelegt werden und zu einer raschen, einvernehmlichen Abstimmung über die weitere Vorgehensweise führen.

Die formale Vereinbarung von Zielen kann durch ein Maßnahmenprotokoll unterstützt werden, das im Verlauf von Teamsitzungen erstellt wird. Ein Beispiel für eine derartige Unterlage zeigt Abbildung 5.

Eine derartige Übersicht über das laufende Geschehen sollte auf der KVP-Infowand angebracht sein und sowohl die Verantwortung einzelner Mitarbeiter und Bereiche für vereinbarte Ziele dokumentieren als auch Erfolgserlebnisse für erbrachte Leistungen vermitteln.

7. Resümee

Die beispielhaft aufgeführten Vorgehensweisen und Instrumente zum Vereinbaren von Zielen sind wichtige Elemente von Kontinuierlichen Verbesserungsprozessen. Sie tragen maßgeblich dazu bei, Verbesserungsprozesse zu strukturieren, transparent zu gestalten sowie ziel- und ergebnisorientiert zu arbeiten. Darüber hinaus fördern die beschriebenen Maßnahmen die Motivation aller Beteiligten durch verschiedene Faktoren wie

- anspruchsvolle Aufgabenstellung,
- Übernahme von Verantwortung,
- ständige Rückmeldung,
- Erfolgserlebnisse,
- Anerkennung,
- Kompetenzen.

Anzumerken bleibt, daß zur Einführung des KVP noch weitere Gestaltungsparameter kritisch betrachtet und ggf. angepaßt werden müssen, z. B. das Entgeltsystem der Mitarbeiter, die Art der Führung durch die Vorgesetzten oder die Informationspolitik des Unternehmens. Alle diese Aspekte sind unter dem Blickwinkel des »zielorientierten Miteinanders« zu gestalten. Zahlreiche betriebliche Erfahrungen mit den beschriebenen Vorgehensweisen machen deutlich: die konsequente Umsetzung von Kontinuierlichen Verbesserungsprozessen in Verbindung mit Zielvereinbarungen steigert in vielfältiger Weise die unternehmerische Leistung und ist somit ein ganz wesentliches Element für einen langfristigen und stabilen Unternehmenserfolg.

Literatur

Harsch, W.: Das Vereinbaren von Leistungsstandards – Anwendungsbeispiel einer neuen Zeitwirtschaft in der Mercedes-Benz AG, in: REFA – Verband f. Arbeitsstudien und Betriebsorganisation (Hg.): Den Erfolg vereinbaren – Führen mit Zielvereinbarungen. München, Wien 1995: 375–383

Heß, M.: TQM/Das Kaizen-Praxishandbuch – Qualitätszirkel und verwandte Gruppen im Total Quality Management, Köln 1994

Sprenger, R.: Mythos Motivation – Wege aus einer Sackgasse, Frankfurt am Main/New York 1997

Durch Zielvereinbarungen im Dialog zur Lernenden Organisation – Kulturveränderung in bürokratischen Organisationen am Beispiel von Modellversuchen bei der Kommunalverwaltung Dortmund

Christin Berger

> »Ich kann freilich nicht sagen, ob es besser werden wird,
> wenn es anders wird;
> aber so viel kann ich sagen,
> es muß anders werden, wenn es gut werden soll.«
> *Lichtenberg*

1. »Organisationskultur« – ein erfolgversprechender Veränderungsansatz?

»Noch um 1980 hätte in der Wirtschaftspraxis jedermann einen scharfen Trennstrich zum kulturellen Bereich gezogen. ›Kultur‹ wurde mit Kunst, Spiel, Unterhaltung, mit Freizeit und Emotion assoziiert, deutlich unbelastet von den ›Zwängen des Erwerbslebens‹, wie sie im Betrieb herrschen, wo Sachkenntnis, Leistung und Ratio gefordert sind.« (vgl. Dülfer 1991: 2 ff). Der Begriff »Kultur« leitet sich ab von »colere« (lat.) und bedeutet das aktive Tätigsein, formendes gestaltendes Handeln zur Pflege und zum Gedeihenlassen sowie das Ergebnis dessen. »Kultur« ist herzuleiten ursprünglich aus dem Bereich des Ackerbaus (Urbarmachung, Veredelung) und war im Deutschland des ausgehenden 18. Jahrhunderts für den Bereich der Künste und Wissenschaften (Veredelung der Geistes- und Leibeskräfte; Pflege) reserviert (vgl. König/Haßelmann 1997: 17). Allerdings wurden danach der Begriff und das Phänomen der »Kultur« aufgegriffen, um den Kultureinfluss auf wirtschaftliches Arbeits- und Führungsverhalten zu betrachten: Nach dem »Makroblick« der interkulturellen Vergleichsstudien (Richman/Farmer; Ouchi; Pascale/Athos) zwischen japanischen und amerikanischen Unternehmen zur Erhellung unterschiedlicher Business-Methoden richtete Schein einen »Mikroblick« auf Kultur als Element einzelner Sozialgebilde.

Was hat »Kultur« mit »Lernender Organisation« und diese wiederum mit »Führen im Zielvereinbarungsdialog« zu tun? Die Brücke führt von der Annahme, dass die Organisationsmitglieder, also auch die Beschäftigten einer Kommunalverwaltung, aus der

»Kultur« ihre Wertvorstellungen, ihre inneren Haltungen und schließlich ihr Handeln legitimieren und »ableiten«, über das Konstrukt der »Lernenden Organisation«, in der Haltungen wie Neugier, Verstehen-wollen und Fehler-machen-dürfen gefordert sind und sogar gefördert werden – wir haben richtig verstanden: auch Fehler werden in einem gewissen Sinne gefördert, d. h. es wird daraus lernbar gemacht: Wer sich verändern will, muss Fehler einkalkulieren.

Schließlich kommen wir zu dem Prozess des »Führens im Zielvereinbarungsdialog«, in dem genau diese Haltungen und die damit verbundenen Fähigkeiten gelernt, gefordert und unterstützt werden können.

Zunächst zum Ausgangspunkt der Betrachtung: zum Konzept der Organisationskultur.

Das Konzept ist relevant, wenn es um das *Verstehen* von beobachtbaren und erlebbaren Phänomenen in Organisationen geht. Beim Verstehen geht es darum, Bedeutungen zu erfassen. Je nachdem wie wir den anderen verstehen, werden wir handeln (vgl. König/Zedler 1983: 76, 86). Nach Schein wird sich der Begriff der »Kultur« als »besonders konstruktiv erweisen, wenn er einen Beitrag zum besseren Verständnis der verborgenen und komplexen Aspekte des Lebens in einem Unternehmen leistet« (1995: 18 sowie 1991: 24). Zu diesen Phänomenen gehören z. B. auch das Scheitern von Veränderungsabsichten, das Beibehalten von offensichtlich beengenden Rahmenbedingungen oder auch das Rechtfertigen zuvor beklagter Zustände. Eine ergebnisorientierte Steuerung in der Verwaltung mit eingeführten betriebswirtschaftlichen Instrumenten wie Kosten-/Leistungsrechnung und Controlling anzugehen, reicht offensichtlich nach den Erfahrungen der Reformprozesse in Kommunen nicht aus, Verhalten, Denkweisen und Haltungen gegenüber internen und externen »Kunden« zu verändern. »Eine Reform von Unternehmens- und Verwaltungsstrukturen muss am Kern der Organisation ansetzen. Und dieser Kern ist die in Leitlinien, Leitbildern und Visionen niedergelegte Identität der betreffenden Institution. Das, was die Beschäftigten von ihrem Unternehmen oder ihrer Verwaltung denken und über es oder sie fühlen, das ist der Kern der Unternehmenskultur« (vgl. König/Haßelmann 1997: 18). Und, so prophezeien die Autoren: »Eine Reform der Kultur, die nicht bei diesen Einstellungen, sondern allein beim Logo, den ›Strukturen‹ und der Kostenrechnung ansetzt, wird scheitern.«

Allerdings gibt es in der Unternehmenskultur-Diskussion kontroverse Grundpositionen über die Machbarkeit und die Legitimität von Kultur-Veränderung.

So gibt es Stimmen gegen ein »instrumentalistisch gewendetes Kulturmanagement« (Türk 1988) oder gegen ein Verständnis, in dem die Zerstörung eines schützenswerten Reservates geprobt wird, als »zweifelhafte(r) Versuch, einem System fremde Werte überzustülpen.« (Schreyögg 1991). Neben der moralischen stellt sich in dieser Diskussion auch die Frage nach der faktischen Veränderbarkeit. Während einige Vertreter der Auffassung sind, Kulturen entziehen sich völlig der geplanten Veränderung, so geben einige andere zumindest zu bedenken, dass dies ein schwieriges und langwieriges Unterfangen sei (aaO).

Für die folgenden Ausführungen sei mit Schreyögg angenommen, dass Menschen grundsätzlich »in der Lage sind, sich ihre eigenen Normen und Werte bewusst zu machen, über sie nachzudenken und sie gegebenenfalls gegen andere auszutauschen.« Demnach sind auch die Werte und Normen, die die jeweiligen Kulturen ausmachen, dem menschlichen Einfluss und »im Prinzip dem willentlichen Wandel zugänglich.«

Es erscheint allerdings für die Auseinandersetzung mit diesem Thema insbesondere zur Einschätzung der Wirkungen von Interventionen wichtig, u. a. die angst- und komplexitätsreduzierende, die identitätsbildende und -bewahrende Funktion von Kulturen und ihre mehrdeutige symbolische Konstruktion, die sich einfachen linearen Betrachtungen entziehen, zu bedenken und zu berücksichtigen (vgl. Schreyögg 1991: 210). Schein schlägt eine konzeptionelle Unterscheidung von den drei Kultur-Ebenen *Grundannahmen*, *Werte* und *Artefakte* vor, die miteinander in Wechselbeziehung stehen (1991: 24).

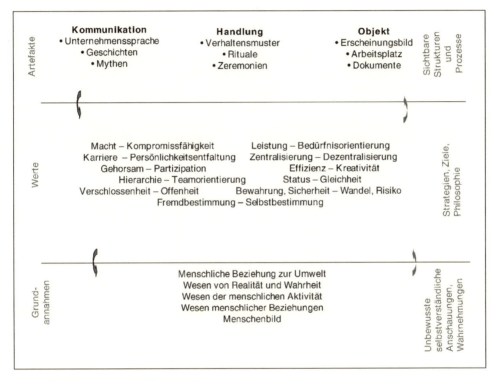

Abb. 1: Kultur-Ebenen nach Schein 1991

Für die Individuen in der Organisation bilden die herrschenden Werte und Normen »das Fundament der Interpretation von Situationen« (Heinen 1997: 120).

> »Wenn ich die Welt mit Ihren Augen sehe und Sie die Welt mit meinen Augen
> sehen, werden wir beide etwas erkennen,
> das wir allein niemals entdeckt hätten.«
> Senge 1996: 302

2. Das Entwicklungsziel der Kulturveränderung: Die Verwaltung auf dem Weg von der Bürokratie zur »Lernenden Organisation«

Im folgenden wird die »Lernende Organisation« als *eine* kulturelle Variante vorgestellt. Hier wird es darum gehen zu zeigen, welche Werte und Haltungen ausschlaggebend sind, um zu lernen. Die Entwicklung in der Kommunalverwaltung hat ihren Ausgangspunkt in der klassischen Bürokratie, die sich durch Prinzipien auszeichnet, die allerdings ziemlich weit von den charakteristischen Merkmalen einer lernenden Organisation entfernt sind. Das »Führen im Zielvereinbarungsdialog« ist in diesem Fall der Weg und das Ziel gleichzeitig, in dem ein solches Führungsverständnis aus der klassischen Bürokratie hinaus in ein Selbstverständnis der »Lernenden Organisation« hinein führen soll. Aber dazu mehr im dritten Abschnitt.

Hier geht es zunächst um die guten Absichten einer bürokratischen Organisation und wesentlichen Elemente einer lernförderlichen Kultur.

Die Grundannahmen, Werte und Artefakte einer öffentlichen Verwaltung sind geprägt vom Grundgedanken der bürokratischen Organisation, dass alles auf ihre Berechenbarkeit fokussiert ist und diese durch den bedingungslosen Gehorsam der Mitglieder hergestellt wird (vgl. Bosetzky/Heinrich 1994: 58). Mit den Prinzipien der bürokratischen Verwaltung nach dem Modell von Max Weber war eine optimale Zweckmäßigkeit der Verwaltung intendiert: eine genau festgelegte Autoritätshierarchie, ein festes System vertikaler Kommunikationslinien (Dienstwege), die eingehalten werden müssen, eine geregelte Arbeitsteilung, die auf Spezialisierung beruht, ein System von Regeln und Richtlinien, das die Rechte und Pflichten aller Organisationsmitglieder festlegt, ein System von genau definierten Verfahrensweisen für die Erfüllung der Aufgaben. Weber wollte damit *Schnelligkeit, Präzision, Regeltreue und Schlagkraft* des Verwaltungshandelns erreichen – Kritiker beklagen *Starrheit, Langsamkeit und Ineffektivität*, sozusagen die zweite Seite derselben Medaille Diese strukturellen »Doppelbödigkeiten« und Modifizierungen dieser Prinzipien – z. B. durch Ergänzung anderer Organisationsformen (wie Projektgruppen) und Etablieren von informellen Beziehungen, durch das Wahrnehmen der Steuerungsdefizite von Vorgesetzten und Erkennen der nur scheinbaren Konfliktfreiheit – kennzeichnen die Organisationswirklichkeit in Verwaltungen (sowie außerhalb öffentlicher Verwaltungen alle »größeren und rational an der Erfüllung bestimmter Aufgaben orientierten Organisationen«). Dennoch bleibt Mayntz folgend das organisatorische Grundmuster der Verwaltung ein bürokratisches (vgl. zu Weber auch Mayntz 1997: 110).

Auf die Entwicklungstendenzen zum Abbau bürokratischer Strukturen – spätestens seit den 70ern – sei an dieser Stelle nicht weiter eingegangen, für die folgenden Ausführungen sei der Typus der Bürokratie zugrundegelegt.

»Die Kombination von hochgradiger Regelbindung, hierarchischer Abhängigkeit und genau umrissenen Zuständigkeiten ist für die oft als zentrale Schwäche bürokratischer Organisation herausgestellte unzureichende Anpassungsfähigkeit und Innovationsschwäche verantwortlich« (vgl. Mayntz 1997: 118). Mit Bosetzky/Heinrich (1994: 59 ff) lassen sich aus den Prinzipien im Hinblick auf die Grundannahmen und Werte dieser bürokratischen Organisationen konsequenterweise u. a. die folgenden Haltungen ableiten: erhöhtes Sicherheitsstreben und hohe Ausprägung der individuellen und kollektiven Regelorientierung, Regelbefolgung, die zur unreflektierten Gewohnheit bis hin zum Bedürfnis wird, die eher »biedere Rechtschaffenheit, aber kein wendiges Zielverfolgen« (vgl. Lauxmann 1971: 13) zur Folge hat, Überbewerten der Äußerungen ranghöherer Mitarbeiter/innen gegenüber rangtieferen Meinungen, Vermeiden oder »Vertuschen« von Fehlern, Vermeiden von Risiken und Unterstellen von größtmöglicher Rollenklarheit.

Die empirisch nachgewiesenen Ausprägungen der »Selbstselektion« (vgl. Mayntz 1991: 160 ff) der Beschäftigten in der öffentlichen Verwaltung sprechen für eine Stabilisierung dieser Haltungen. Wie Mayntz ausführt, wird einen Personentypus, der u. a. wenig Risikofreude besitzt, eher als andere zu Dogmatismus und Rigidität neigt, mit unsicheren und mehrdeutigen Situationen nicht gut fertig wird, allerdings durchaus leistungsorientiert ist, von der beruflichen Karriere mit bürokratischen Merkmalen angezogen.

Die Frage nach dem Scheitern von Reformprozessen führt unmittelbar zu dem Konstrukt des »Lernens«. Nicht nur für öffentliche Verwaltungen, sondern generell gehen Insider davon aus, dass »mittlerweile 75% der Organisationsentwicklungsprozesse gescheitert sind.« So beschreibt zumindest Johannes Hartkemeyer die Situation aus der Organisationsentwicklerszene. Bei der Betrachtung möglicher Ursachen vermutet er, dass »...wir ... leichter unsere Strategien ändern als unser Denken und dadurch Lernen verhindern« (1997: 21).

Um den Erfolg von Veränderungsprozessen zu erhöhen, könnte das Ziel einer Kulturveränderung demnach sein, eine lernförderliche Kultur (weiter) zu entwickeln, also die »Lernende Organisation«. An dieser Stelle seien weder ausführlich das Konzept des Organisationslernens von Chris Argyris (1978) noch der darauf aufbauende Ansatz der »Fünften Disziplin« von Peter M. Senge (1995) vorgestellt und kritisch reflektiert. Vielmehr sollen die nachfolgenden Ausführungen sich an *zwei* Elementen einer »Lernenden Organisation« orientieren, die sich in Anlehnung an beide Wissenschaftler aus dem komplexen Modell herauslösen lassen:

- die wirklich offene *Frage* als Wurzel eines Lernprozesses, die für den Lernenden bedeutet, Unsicherheiten aushalten zu können. Senge spricht davon, dass wir eine »wirkliche Fragekultur brauchen« (1997: 15). Weiterhin
- der *Dialog* als innere Haltung, die unterschiedlichsten Sichtweisen und Weltbilder (auch die eigenen) verstehen zu können und zu wollen und sie als gleichberechtigt nebeneinander zu betrachten (vgl. Mandel 1996: 37).

> »Leben bedeutet, ein Lerner zu sein,
> die Kapazitäten zu erweitern
> und sich zu ändern.«
> Senge 1997: 15

3. »Führen im Zielvereinbarungsdialog« – der Weg und das Ziel im wechselseitigen Führungsprozess

In diesem Kapitel stehen der eigentliche Führungsprozess im Verständnis von »Führen im Zielvereinbarungsdialog« sowie der Einführungsprozess durch die institutionalisierte Personal- und Organisationsentwicklung einer Kommunalverwaltung im Vordergrund. Zunächst werden die herausgehobenen Aspekte des Lernens mit den daraus resultierenden Anforderungen an die personalen Kompetenzen der Beteiligten in der Organisation – sie sind so etwas wie der Dreh- und Angelpunkt auf der Schwelle von der Bürokratie zur »Lernenden Organisation« – und mit den Elementen im Prozess des »Zielvereinbarungsdialogs« in Verbindung gebracht.

Weiterhin wird die Rolle und Arbeit einer integrierten Personal- und Organisationsentwicklung dargestellt, die diesen Entwicklungsprozess in der Kommunalverwaltung unterstützt und begleitet. Schließlich geht es um die konkreten Ansätze und Erfahrungen aus Konzept und Umsetzung in dieser Verwaltung.

3.1 Auf dem Weg zu »Vereinbarungen« – Ansprüche an ein lernförderliches Klima auf inter-personaler wie auf intra-personaler Ebene

Mit einer »Frage-Kultur« genießt nicht nur das Wissen, sondern insbesondere auch das Lernen hohes Prestige. Allerdings sind oft eher Lernverweigerungshaltungen zu beobachten, die Senge daran festmacht, »dass wir unsere Selbstachtung von dem ableiten, was wir wissen, anstatt von dem, was wir lernen, dass wir der Gelegenheit zu lernen eher mit Angst als mit Staunen begegnen, dass wir kritisieren, bevor wir verstehen und daß wir auf Fragmentierung und Analyse beharren trotz zunehmender Vernetztheit.« (vgl. Senge 1997: 21). Oder, wie der Philosoph Gadamer es formuliert: »Wer im Reden nur das Rechthaben sucht und nicht die Einsicht in eine Sache, wird freilich das Fragen für leichter halten als das Antworten.« Aber – »Fragen heißt ins Offene stellen« (1990: 369). Die Offenheit besteht in dem Nichtfestgelegtsein der Antwort. Mit der Frage beginnt auch das Suchen nach Beweggründen, das Hinterfragen von Grundannahmen der eigenen Strategien bzw. die der Organisation. Hier wird eine laufende Routine unterbrochen und gibt uns Gelegenheit, genauer hinzusehen – wenn wir uns darauf einlassen. Sonst verborgene Verfahrensweisen und Einrichtungen offenbaren sich in dem Moment der »Störung«, wobei dies »... dann nicht einfach eine lästige Störung (ist), sondern die Chance des Augenblicks, in dem unser gewohnheitsmäßiges, normales, bequemes In-der-Welt-Sein ins Stocken gerät« (vgl. Winograd/Flores zit. in Hahne 1998: 106).

In der Reflexion werden die vielfach halb- oder unbewussten »mentalen Modelle« betrachtet, die »heimlichen Spielregeln« inter- und intra-personeller Interaktion ent-

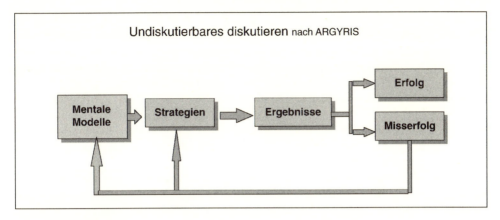

Abb. 2: Mentale Modelle

deckt. Indem bisher Undiskutiertes, oftmals Undiskutierbares diskutierbar wird, wird auch die Möglichkeit zur Veränderung gegeben. Dabei ist es wichtig, Unsicherheiten aushalten zu können. In diesen »Lernschleifen« können wir die Motivationen und Grundannahmen wiedererkennen und danach reaktivieren oder neu einordnen. Veränderung wird so möglich gemacht, Lernen kann erst durch Lernschleifen stattfinden (vgl. Hartkemeyer 1997: 21). Diese Haltungen bewegen sich auf der Ebene der Grundannahmen, die unbewussten und selbstverständlichen Anschauungen und Wahrnehmungen, Gedanken und Gefühle, die Ausgangspunkt für Werte und Handlungen darstellen. Damit wird die Verknüpfung der »Kultur« mit dem »Lernprozess« konkret deutlich.

Was kann »Führen im Zielvereinbarungsdialog« an dieser Stelle in der Organisation bewirken? Obwohl sich das Kind durch eine natürliche Neugier auszeichnet, wird es überwiegend nach erfolgreicher Unterdrückung der wirklich »unschuldigen Frage« (vgl. Senge 1997: 15) in der Sozialisation später erforderlich, in der Organisation neue Verhaltensmodelle zu entwerfen und geeignete Rahmenbedingungen zu schaffen für das Wagnis, »Lerner zu sein« (aaO). In der Situation, z. B. im Führungsprozess verantwortlich »echte« Vereinbarungen miteinander zu treffen, gilt es, die eigenen Anteile der Vereinbarung realitätsnah zu beschreiben und verbindlich zu gestalten. Dies setzt den Prozess des Sich-Fragens und des Reflektierens voraus: Was will ich erreichen? Wieviel will ich dafür geben (an Zeit, Kraft, ...) Wie wichtig ist mir die Sache? Wieviel kann ich realistisch erreichen? Wie kann ich ggf. gegensteuern? Was brauche ich an Unterstützung? Und auch den Vereinbarungspartner zu fragen: Was kann ich an Rückendeckung erwarten? Was erwartest Du von mir? Wie wichtig ist Dir die Sache? Wo stehe ich mit meinen Beiträgen im Gesamtgefüge? Was passiert in der Sache, wenn ich die Vereinbarung doch nicht schaffe? Hier zu fragen bedeutet aber auch, Unsicherheiten über die Sichtweise, Einschätzung und Bewertung des anderen auszuhalten, mit Antworten rechnen zu müssen, die von den erwarteten abweichen könnten.

Neben der »unschuldigen Frage« scheint auch der ernstgemeinte Dialog in der modernen Welt abhanden gekommen zu sein. Die Erfahrungen mit dem Dialog, z. B. in besonderen Gesprächen, die unter bestimmten Rahmenbedingungen ein Eigenleben entwickeln und den Teilnehmern ungeahnte neue Horizonte aufzeigen, sind nach

Senge eher selten und zufällig als das Ergebnis von Systematisierung und Disziplin. Der Dialog zeichnet sich zunächst dadurch aus, dass keiner »gewinnen« will. Vielmehr geht es darum, die Meinungen eines jeden Beteiligten »auszusetzen und zu betrachten«, sie gemeinsam wertzuschätzen und am gemeinsamen Inhalt teilzuhaben. Die Kunst des Zuhörens »mit der Bereitschaft, sich vom Gesagten beeinflussen zu lassen« ist genauso elementar wie die Kunst des Erkundens, »verhüllte Annahmen ... offen zu legen« (Mandel 1996: 37, 39). Die Gesprächsteilnehmer betrachten sich als Partner, die gemeinsam nach tieferer Einsicht und Klarheit streben. »Was einem Dialog am meisten im Weg steht, ist das Festhalten von Annahmen und Meinungen und das Verteidigen derselben« (vgl. Bohm 1996).

Im *Dialog* als innere Haltung werden die verschiedenen Sichtweisen als gleichberechtigt nebeneinander betrachtet: Unsere inneren Interpretationsstrukturen und die Gründe, die uns und andere bewegen, lassen sich gemeinsam im Dialog erkunden.

In einem dem Dialog folgenden Aushandlungsprozess werden beide Verhandlungspartner dazu gebracht, sich auf etwas zu einigen: auf ein Ergebnis, auf ein Ziel, auf Werte etc. Dazu kommen die verschiedenen Sichtweisen zu Wort, ebenso eher »unsichtbar« auch die inneren »Stimmen«, die die Verhandlungen in uns selbst und mit dem Gegenüber über Prioritäten, Verhandlungsdispositionen und Grenzen führen. Im Umgang mit unterschiedlichen inneren und äußeren Sichtweisen wird der Blick für die Beweggründe geschärft, indem nicht Neutralität provoziert wird, sondern Synergien der verschiedenen Motivationen genutzt sein wollen (Schultz von Thun 1998). In der Vereinbarung nutzen wir eine Form des Umgangs miteinander, die Wertschätzung und Commitment unter den Vereinbarungspartnern vermittelt. Das Prinzip der Vereinbarung soll die hierarchische Autorität und Regelorientierung der klassischen Bürokratie-Kultur ablösen und Raum für innovative Lösungen schaffen. In der Verbindlichkeit von Vereinbarungen wird das Bedürfnis nach Orientierung und »Berechenbarkeit« respektiert – ein Rahmen, in dem Experimente gewagt und individuelle Wege riskiert werden können.

Die Erfahrungen in der Kommunalverwaltung wie in anderen Organisationen zeigen, dass Fragen und Dialog nicht so selbstverständlich für alle an der Tagesordnung sind, wie es nach diesen Ausführungen wünschenswert erscheint:

Dazu folgt ein Blick auf die intra-personalen Vorgänge, auf das, was sich in der Auseinandersetzung mit Unterschieden in uns selbst abspielt. In dem Maße, wie wir uns in der Frage und im Dialog auf den Grund gehen, geht es darum, Unsicherheiten auszuhalten und mit Unterschieden umzugehen. Zur Balance der Ich-Identität in der interaktionistischen Tradition von Mead/Goffman sind in Anlehnung an Krappmann die folgenden Kompetenzen von Bedeutung (vgl. Krappmann 1971: 31, 19; 1972: 132 ff):

- **Ambiguitätstoleranz**
  Fähigkeit, Widersprüche wahrzunehmen und mit Mehrdeutigkeiten und widersprüchlichen Erwartungen umzugehen: So geht nach Krappmann autoritäres Verhalten mit mangelnder Ambiguitätstoleranz oft einher, da sich die Person vor abweichenden – und damit für sie bedrohlichen – Meinungen und Mehrdeutigkeiten schützen muss (vgl. Krappmann 1971: 31).

- **Empathie**
Möglichkeit, die Erwartungen von Interaktionspartnern zu antizipieren und die eigene Rolle in einem Interaktionsprozeß zu entwerfen;
- **Rollendistanz**
Normen sind so angeeignet, dass Reflexion und Interpretation ihre situative Anwendung offen lassen. Die Möglichkeit der Reflexion ist die Voraussetzung für die Fähigkeit der Rollendistanz, »in eine Rolle die über sie hinausgehenden Erwartungen aus den verschiedenen Dimensionen der Identitätsbalance einzuführen.« (aaO)

Bei der Gestaltung von (Lern-)Prozessen ist daher auch zu berücksichtigen, inwieweit diese Kompetenzen gegeben sind oder gefördert werden können. Im Verwaltungsalltag erleben wir oft, dass in Vereinbarungssituationen (und auch generell darüber hinaus) Freiräume zur Gestaltung nicht nur willkommen geheißen werden. Die Motivationen, subjektiv Bewährtes nicht aufzugeben oder Angst vor Unsicherheiten zu vermeiden, tun ihre Wirkung. Es ist hilfreich, sie wahrzunehmen und bei der Gestaltung von Veränderungsprozessen zu respektieren.

Insgesamt lässt sich schlussfolgern, dass es Zusammenhänge zwischen der Organisationskultur und den personalen Kompetenzen der beteiligten Individuen gibt, wie auch die Untersuchungen zur Selbstselektion der Beschäftigten in der öffentlichen Verwaltung belegen. Eine offene Fragekultur und das Leben des Dialogs werden durch organisationale Rahmenbedingungen, aber insbesondere auch durch diese personalen Kompetenzen begünstigt oder gehemmt.

Die Bemühungen in einer öffentlichen Verwaltung um eine offene Fragekultur und eine innere Haltung des Dialogs erscheinen nach den bisherigen Aufführungen wie eine beabsichtigte Quadratur des Kreises.

Es wird im nächsten Abschnitt daher dargestellt, wie eine Weiterentwicklung dennoch unterstützt werden kann, welches Verständnis von Personal- und Organisationsentwicklung dabei hilfreich ist und schließlich welche Rolle dabei der Konzeption, den Prozessen der Einführung und der Umsetzung von »Zielvereinbarungsdialogen« zukommt. Ist die Hoffnung berechtigt, dass Führen im Zielvereinbarungsdialog »... eine Institution vor dem Absinken in bürokratische Routine ...(bewahren kann), ein aus der Vergangenheit begründetes Vor-sich-hin-arbeiten ohne persönliches Engagement und Erfolgserlebnis der Mitarbeiter (verhindern kann)«, wie es Reinermann/Reichmann formulieren (1978: 179)?

3.2 Rolle der integrierten Personal- und Organisationsentwicklung

In Anlehnung an das Verständnis von Neuberger stellt die Personalentwicklung die »Vereinigungsmenge von Person-, Team- und Organisations-Entwicklung« (1994: 13) dar. Es lassen sich diese drei Ebenen bezüglich ihrer Ansatzpunkte und Wirkungsfelder (zumindest in diesem theoretischen Konstrukt) unterscheiden.

Jede Maßnahme in der Organisation, soweit sie bestehende Gleichgewichte verändert, ist – gewollt oder nicht – Personalentwicklung und zieht als Veränderung der Bedingungen »Anpassungsreaktionen in allen Systemkomponenten« (den individuell-personalen, den interpersonalen oder interaktionellen, den apersonalen oder organisations- und strukturbezogenen) nach sich.

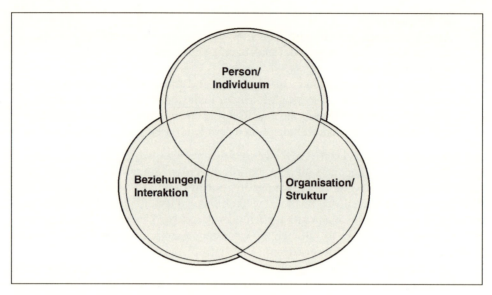

Abb. 3: Personal- und Organisationsentwicklung nach Neuberger

Die Aufgabe der Personalentwicklung sieht Neuberger darin, »...Experimentier- und Risikofreude zu fördern und nicht nachzulassen in dem Bemühen, den unterschiedlichsten Ideen Startchancen zu geben. Nicht rationale oder bürokratische Weg-Ziel-Planung sichert den Erfolg der Personalentwicklung, sondern ›Deregulation‹ im Innenbereich, so dass kreative Talente in experimentellen Projekten Bewährungsfelder finden können, um ihre Überlegenheit unter Beweis zu stellen« (vgl. Neuberger 1994: 53). Damit sind der Weg und das Ziel der integrierten Organisations- und Personalentwicklungsarbeit im Paradigma der »Lernenden Organisation« skizziert.

Um die Herausforderung des Wandels zu unterstützen, ergeben sich für die praktische Entwicklungsarbeit im wesentlichen drei Konsequenzen:

- Die Kultur-Regel, das eigene Gesicht wahren zu müssen und sich zu schützen (vgl. Schein 1995: 7), lässt sich offensichtlich nicht einfach außer Kraft setzen – es gilt, sie aus dieser Perspektive zu respektieren. Dem Bedürfnis der Menschen – in bürokratischen Strukturen in erhöhtem Maße wie gezeigt – nach Stabilität und Kontinuität in bestimmten Lebenssituationen muss in der Praxis Rechnung getragen werden. Dies kann z. B. durch das Schaffen von Strukturen und neuen (Spiel-)Regeln, die ein sicheres, schützendes Umfeld, in dem es sich lohnt, Erfahrungen zu sammeln, und die Handlungssicherheit durch Verlässlichkeit und Vertrauenswürde bieten, also in gewissem Maße »Berechenbarkeit« in Aussicht stellen, erfolgen (z. B. auf der organisationalen Ebene durch Leitlinien zur Führung und Zusammenarbeit, Dienstanweisungen, Dienstvereinbarungen; auf der interaktionalen Ebene durch Zielorientierung und Vereinbarungen wie durch einen »a-priori-Konsens über Bewertungskriterien« bei der Erfolgsmessung zur Zielvereinbarungen; auf der individuellen

- Ebene durch transparente Anforderungen und Handlungsrahmen, durch Ermutigung und Unterstützung). Kunz schreibt Zielen daher eine »sozialdynamische Orientierungsfunktion in der Organisation« zu (1998: 6).
- Gleichzeitig braucht es zur Veränderung Impulse, die verdeutlichen, dass die alten Routinen nicht mehr zielführend sind. *Störungen – bewusst eingebaute Fehler* – sind erforderlich, damit Normen, institutionalisierte Werte und vorausgehende Grundannahmen überhaupt hinterfragt werden. An den Stellen offenbaren sich die sonst verborgenen Verfahrensweisen und Einrichtungen« (vgl. Hahne 1998: 106). So kann Neubergers »Deregulation« verstanden werden, mit dem Ziel, die Experimentier- und Risikofreude zu erhöhen. Aufgabe der integrierten Personalentwicklung ist es daher, Dynamik zu erzeugen (z. B. auf der organisationalen Ebene durch konsequente Informationspolitik, durch partizipative Prozesse, durch die Neuregelung von Entscheidungsfindungsprozessen in diesem Sinne; auf der interaktiven Ebene durch Fragen, Erkunden und Zuhören, durch Feedback und Rückkoppelungen; auf der individuellen Ebene durch Reflexion und Austausch in jeglicher Form).
- Schließlich erscheint es bei Veränderungsabsichten unverzichtbar, den Sinn zu erkennen und Sinnbezug zu ermöglichen. »Die Identität eines sozialen Systems ist allerdings nur so lange gewährleistet, wie der Sinnzusammenhang aller Handlungen im System nachvollziehbar ist« (vgl. Klimecki/Probst/Eberl 1991: 21). So unterstreicht z. B. Kunz (aaO) den Stellenwert von Zielen als sinnstiftende Handlungsmaßstäbe, die Hinweise dazu vermitteln, worauf sich das individuelle Handeln konzentrieren sollte und in welchem Ausmaß es zum Erfolg der Organisation beiträgt. Visionen haben nachweislich in der Wirtschaft gewichtige Erfolge, wie an der Stanford University empirisch nachgewiesen wurde. Danach haben sich alle erfolgreichen Weltfirmen in ihrer Zielperspektive von Visionen leiten lassen (Sony, Coca Cola, American Express, Mercedes Benz, Disney, IBM etc.; vgl. Heimburg 1996: 26). »Wer von Mitarbeitern Leistung will, muss den Sinn ihrer Arbeit erkennbar werden lassen« formulieren Feldner und Berger (1998). Wenn dieser Anspruch an die Führungskompetenz gerichtet ist, so gilt er auch als Anspruch des Sinnzusammenhangs an die Personalentwicklungsarbeit, wenn es um Veränderungen geht (z. B. auf der organisationalen Ebene durch partizipative Strategie- und Zielentwicklung sowie durch »öffentliche« Diskussion über »veränderungsimmanente Dilemmata« (Kühl 1997), auf der interaktionalen Ebene im Führungsprozess durch gemeinsame Reflexion und Vereinbaren des Arbeitsprogramms, auf individueller Ebene durch Selbstreflexion der eigenen Ziele und Arbeitszeiten, Bereitschaft zur »Kurskorrektur«). Zusammenfassend lassen sich die Konsequenzen wie folgt benennen: Stabilität anbieten – Dynamik provozieren – Sinn erfahrbar machen (oder: Bedeutung zuschreiben) lassen.

Damit entstehen in und durch die Personalentwicklung genau die Elemente, die eine Lernende Organisation ausmachen, die eine offene Fragekultur ebenso wie ein Dialogverständnis transportieren.

Eine integrierte Personal- und Organisationsentwicklung, die sich so diesen Ausführungen entsprechend selbst versteht und auch handelt, könnte ein Modell sein – in

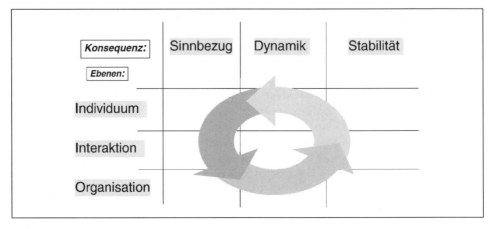

Abb. 4: Konsequenzen für die Personalentwicklung nach Feldner/Berger 1998

ihrer Haltung und Arbeitsweise. Sie wäre dann ggf. die Keimzelle, in der eine lernförderliche Kultur entsteht – in ihrer Wirkung wäre sie stabilitätsfördernd (die machen das so), impulsgebend (da macht's jemand anders als üblich) und visionär (so könnte es sein). In jedem Fall beeinflusst die Personalentwicklung als Institution die Organisationskultur, absichtsvoll wie unabsichtlich.

Nachdem die Fragen nach der Geeignetheit des Kultur-Ansatzes zum Verstehen und Beeinflussen von Organisationsenwicklung erörtert sowie eine handlungsleitende Vorstellung zur Veränderungsrichtung entwickelt und die gestaltende Rolle einer integrierten Personal- und Organisationsentwicklung gekennzeichnet wurden, wird nun skizziert, welche Impulse von dem Führungsprozess im Zielvereinbarungsdialog ausgehen können und inwieweit auf der strategischen wie auf der operativen Ebene »Führen im Zielvereinbarungsdialog« die eher bürokratisch geprägte Kultur einer Kommunalverwaltung berühren und in Richtung einer »lernenden Verwaltung« beeinflussen können. Die Erfahrungen dazu stammen aus der Personalentwicklungsarbeit in der Stadtverwaltung Dortmund.

3.3 Auszüge aus Fallbeispielen aus dem Einführungsprozess der Stadtverwaltung Dortmund

Was ist an »Führen im Zielvereinbarungsdialog« in der Kommunalverwaltung Dortmund kulturverändernd mit einer Entwicklungsrichtung hin zur »lernenden Verwaltung«? Zur Annäherung an diese Sichtweise werden im folgenden Schlaglichter auf wesentliche Elemente

- der Konzeption »Führen im Zielvereinbarungsdialog« sowie
- des Ansatzes zur Einführung in der Stadtverwaltung und
- der Prozesse im Quer- und im Längsschnitt

geworfen.

Mit der *Konzeption »Führen im Zielvereinbarungsdialog«* hat die institutionalisierte Personalentwicklung neben dem »Strukturierten Mitarbeiter(innen)gespräch« und der

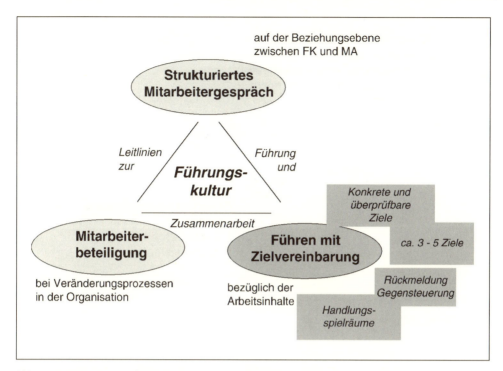

Abb. 5: Vereinbarung und Selbstverantwortung im Führungsprozess

»Dienstvereinbarung zur Mitarbeiter(innen)beteiligung« in der Diskussion mit Beschäftigtenvertretern/-innen und Führungskräften in partizipativen Gremien eine weitere Möglichkeit entwickelt, die geltenden Leitlinien zur Führung und Zusammenarbeit in den prägenden Prinzipien von Selbstverantwortung und Partnerschaftlichkeit umzusetzen.

Die Konzeption umfasst die Beschreibung des wechselseitigen Führungsprozesses als das Forum, in dem Vereinbarungen entstehen, Verbindlichkeit geschaffen und (Gegen-)Steuerung gestaltet werden. Hier entstehen dann die Situationen, in denen Unsicherheiten auszuhalten sind und so eine Weiterentwicklung der entsprechenden Kompetenzen stattfinden kann – »Learning by doing« der höchsten Kategorie.

Im Modell prägt das Verständnis von Führung die Priorität von vertrauensvollen Rückkoppelungen im Sinne von »100%iger Rückmeldung vor 100%iger Zielerreichung«, es prägt die Entwicklung von gemeinsamen Verständnis von Dialog und Vereinbarung und ermöglicht die Vorrangigkeit von Zielerreichung durch (Gegen-)Steuerung vor der Suche nach Schuldigen oder gar Sanktionierung.

Gleichzeitig empfiehlt die Konzeption prozessbegleitende Elemente des Einführungsprozesses in den Organisationseinheiten, um einen verlässlichen Rahmen für individuelle Gestaltung der bedarfsorientierten Prozesse zu geben (siehe Abb. 7).

Der *Einführungsprozess*, der mit einer verwaltungsweiten intensiven Diskussion in partizipativen Gremien und mit den Amtsleitungen 1995 startete, sieht ein erfahrungs- und bedarfsorientiertes Vorgehen vor. In drei Pilotbereichen der Verwaltung wurde

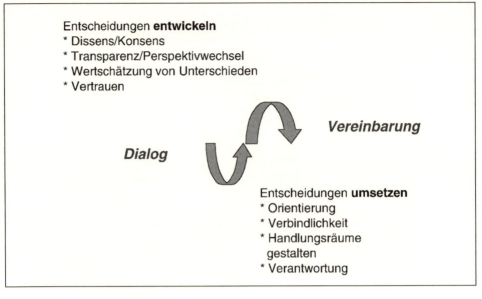

Abb. 6: Dialog und Vereinbarung

das Modell von Führung auf seine Tauglichkeit in den verschiedensten Aufgabenbereichen hin »überprüft«. Auf der Basis von Vereinbarungen wurden mit den interessierten Amtsleitungen jeweils ein individueller Einstieg in den Prozess vereinbart, der sich am Entwicklungsstand im Reformprozess (Abschluß von Verwaltungsvereinbarungen, Belastung durch die Einführung betriebswirtschaftlicher Instrumente), an der eigenen Einschätzung aktueller notwendiger Entwicklungsschritte (Verknüpfung mit Verwaltungsvereinbarung, Leitbildentwicklung, Arbeitsplanung, Einbindung der Mitarbeiter/innen), an den vorhandenen Strukturen (partizipative Gremien, Hierarchie, Veranstaltungsformen) orientierte.

Vor dem Hintergrund der strategischen Ausrichtung der Veränderungsprozesse wurden in »rollierender« Planung – also prozessorientiert – die jeweils weiteren Schritte verabredet, zusätzliche Kompetenzen hinzugezogen und der jeweilige Prozess- und Entwicklungsstand mit den verantwortlichen Amtsleitungen reflektiert. Mit der Einstiegsfrage »Wie wollen Sie die geltenden Leitlinien zur Führung und Zusammenarbeit in Ihrer Organisationseinheit umsetzen?« sollten die vereinbarten Ziele auch durch Zielvereinbarung im Dialog etabliert werden. Bereits im Einführungsprozess wurden weitestgehend gemeinsam Erfolgskriterien, Ressourcen und Rückkoppelungsetappen zwischen der Personalentwicklung und den interessierten Geschäftsbereichen vereinbart (s. Abb. 8).

Die Einführungsprozesse in den Pilotämtern lassen sich im Querschnitt (vergleichend) im Hinblick auf wesentliche kulturfördernde Elemente hin betrachten (s. Abb. 9) und übergreifend sieht ein »Fahrplan« zur Rahmengestaltung der Einführung wie in Abbildung 10 aus.

Abschließend ein Blick in die verschiedenen Prozesse in den Pilotbereichen im Quer- und im Längsschnitt: In einem Amt wurde die Einführung an die Umsetzung der

...zur Begleitung und Steuerung

- Vereinbarungen mit der Führung über Erfolgskriterien und Bewertungsmethoden

- regelmäßige Mitarbeiter(innen)befragungen über einen Zeitraum von zwei Jahren für alle betroffenen Bereiche

- Erfahrungsaustausch unter interessierten und »eingestiegenen« Fachbereichen

- Einbindung in Leitbild-Prozess

- zentrale Entwicklung von Arbeitshilfen (Strukturen, Fragestellungen, ...)

Abb. 7: Flankierende Maßnahmen

ersten Verwaltungsvereinbarung zwischen dem Dezernenten und der Amtsleitung gekoppelt (s. Abb. 11).

In einem zweitägigen Workshop (siehe Anhang) wurden mit den Abteilungsleitungen und der Amtsleitung an »echten« Arbeitsschwerpunkten erarbeitet, wie sinnvoll

...zur Erreichung eines gemeinsamen Verständnisses

- Erstgespräch mit der Dezernats-/Amts-/Abteilungsleitung über Intention und Prozess, Vereinbaren der weiteren Vorgehensweise

- Zielvereinbarungs-Workshops mit Führungskräften und Mitarbeitern/-innen zur Erarbeitung »echter« Zielvereinbarungen, Klärung von Voraussetzungen, Rahmenbedingungen (theoretische und praktische Qualifizierung)

- ggf. Grundseminare

- Begleitung des amtsinternen Prozesses durch Prozessbegleiter/innen, Unterstützung durch Controller

Abb. 8: Einführungselemente

- Prozess- und ergebnisverantwortliche Beteiligte schätzen individuelle Lösungen und lassen sie zu.
- Die Verantwortlichen binden diese Einführungsprozesse in organisationale Strategieentwicklungen und Prozesse ein.
- Die Vorgehensweisen werden auf der Basis von Vereinbarungen geplant und durchgeführt.
- Die Verantwortung bleibt bei der Amtsleitung.
- Alternative oder Sub-Kulturen werden wahrgenommen und weiterentwickelt.
- Reflexion und Evaluation sind Bestandteile der Einführung.
- Die Beteiligten nehmen Zeit- und Handlungsräume in Anspruch, um Wirkungen zuzulassen

Abb. 9: (Lern-)Kulturfördernde Elemente

dazu Beitragszielvereinbarungen abgeschlossen werden können, was an Handlungsräumen dabei weitergegeben wird und welche Rückkoppelungsmechanismen die Vereinbarungspartner finden.

In den Abteilungen und Teams wurden die Vereinbarungsprozesse – deren Verantwortung und Verbindlichkeit schaffender Charakter aus der Beratungsarbeit mit Familien nicht unbekannt ist – in konkrete Handlungen gegossen, fähige Controlling-Instrumente zur Selbststeuerung der Mitarbeiter/innen entwickelt und der Blick über

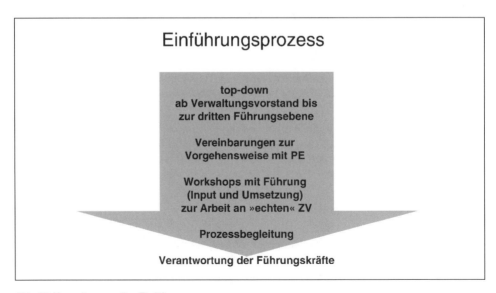

Abb. 10: Verwaltungsweiter Einführungsprozess

> **... zur Einführung**
>
> - Führungskultur – Führen mit Zielvereinbarung – der Dialog
> - Grundidee und Methode des »Management by objectives«
> - Check-Listen zur Zielbildung
> - Entwicklung eines Zielvereinbarungsprozesses (Gegenstrom und Umsetzung), Beschreibung von Handlungsräumen und Rückkoppelungsstrukturen am konkreten Aufgabenschwerpunkt (Beispiel)
> - Unterschied zwischen bisherigen Führungprozessen und der Chancen von Zielvereinbarungen
> - Maßnahmenplanung zur weiteren Einführung (Beteiligung der Mitarbeiter, Zielklausuren, Entwurf-Planung, Reflexion, ...)

Abb. 11: Workshop mit Führungskräften

den Tellerrand weiter etabliert. Zwei Jahre nach den ersten Workshops und der Realisierung in strukturierten Kommunikationsprozessen (Dienstbesprechungen, Arbeitssitzungen, ...) wurde die Wirkung der Zielvereinbarungsgespräche, die inzwischen ein Stück Selbstverständlichkeit im Arbeitsalltag geworden sind, in einem Reflexionsworkshop, unterstützt von einer amtsinternen Prozessbegleiterin und dem Amtscontroller, evaluiert.

In einem anderen Pilotamt wurde das Führen im Zielvereinbarungsdialog als Chance gesehen, die Identifikation der Mitarbeiter mit der eigenen Aufgabe im Gesamtgefüge des Fachamtes bewusst zu machen und zu verankern. In einer Informationsveranstaltung mit den Beschäftigten wurde die Einschätzung der Mitarbeiter/innen und der Führungskräfte zur Geeignetheit, Anwendbarkeit und zum Nutzen der Führungsmethode erarbeitet. Es wurde mit Beginn des Prozesses deutlich, dass »brennendere« Fragen nach internen Konfliktklärungsstrategien und Entwicklung eines Leitbildes des Amtes zunächst erschweren, sich auf das darauf aufbauende Thema »Führen im Zielvereinbarungsdialog« einzulassen. In zahlreichen Workshops mit Prozessbegleitern wurden die Sichtweisen der Beschäftigten erhoben und für erste gemeinsame Arbeitssitzungen zum Einstieg in einen Dialog vorbereitet. Das gewachsene Bewusstsein für Führungsprozesse und die eigenen Anteile daran ermöglichten die Etablierung eines hierarchie- und berufsgruppenübergreifenden Zirkels, der die anstehenden Themen »Zielvereinbarungsdialog« und »Leitbild« voranbringen wird.

Zum Abschluss der Pilotphase in den drei Ämtern wurde der Prozess evaluiert. Dazu haben die begleitenden Prozessbegleiter/innen, die Personalentwicklung und die Amtsleitungen einen Katalog mit Auswertungsfragen entwickelt, der im Anhang dargestellt ist.

Die Dortmunder Verwaltung hat sicher nicht den Anspruch, mit den vorgestellten Strategien, Konzeptionen und Prozessen zu »Führen im Zielvereinbarungsdialog« eine »lernende Verwaltung« zu sein – das wäre schon ein Widerspruch in sich. Vielmehr versucht sie in Ansätzen, aus dem »bequemen In-der-Welt-Sein« auszubrechen und den Beschäftigten Dynamik, Orientierung und Sinnbezug anzubieten, »Vereinbarungen« leben zu können ... dies könnte ein erster Schritt sein.

> *»Es verdrießt die Menschen, daß das Geniale so einfach ist.*
> *Sie vergessen dabei, daß sie noch Mühe genug haben,*
> *es umzusetzen.«*
>
> *Goethe*
> *(zitiert in »Personal Potential« Heft 5/1996: 29)*

Anhang

Leitfragen zur Einführung von Zielvereinbarungen im Dialog

Wozu?	Welchem Zweck dient die Verwaltung, der zu steuernde Teilbereich?
Wer?	Wer genau soll das Ziel erreichen?
Was?	Welcher genau beschriebene Zielzustand, welches genau definierte Ergebnis, welche Qualität soll erreicht werden?
Wieviel?	Wieviel ist zu tun? (Quantität)
Wann?	Welche Zeitpunkte werden für das Ergebnis und für Zwischentermine festgelegt?
Wo?	Wo ist das Ergebnis zu erzielen, wer ist Adressat der Veränderung?
Womit?	Welche personellen, finanziellen, organisatorischen, zeitlichen Ressourcen stehen zur Verfügung?
Wie?	Welche **unverzichtbaren** Rahmenbedingungen sind einzuhalten? Wo liegen die Handlungsspielräume?

Schritte des Zielvereinbarungsprozesses

Leitfragen im Auswertungsgespräch mit der Amtsleitung

- Welche **Erwartungen** an die Methode und an den Einführungsprozeß hatten Sie, als Sie sich zur Pilotphase bereit erklärt haben?
- Was wäre für Sie ein »**Erfolg**« der Maßnahme?
- Woran erkennen Sie, ob und inwieweit die Einführung von ZV als Führungsmethode die **Erreichung Ihrer Ziele** in Ihrem Amt unterstützen konnte/kann?
- Woran erkennen Sie, ob und inwieweit das Ziel »**Kulturveränderung**« mit der Einführung von ZV als Führungsmethode in Ihrem Amt erreicht ist?
- Wenn Sie den bisherigen **Prozess** betrachten, was war ok, was hätte besser laufen können, was müsste als nächstes geschehen?
- Wie – glauben Sie – würden Ihre **Mitarbeiter/innen** diese Punkte sehen?
- **Wie** könnten Sie sich vorstellen, eine Einschätzung Ihrer Mitarbeiter/innen zu dieser Methode zur bisherigen Vorgehensweise und zur bisherigen Wirkung zu erfassen?
- **Wen** würden Sie dazu zu Wort kommen lassen?
- **Was** würden Sie fragen?
- Wie könnte das laufen? In welchem Rahmen, z. B. externer Befrager (Prozessbegleiter/in), Dienstbesprechung, Reflexions-Workshop ...?

- Wie wollen Sie die Ergebnisse der Auswertung **in den weiteren Prozess** einbringen?
- Wie soll der weitere Prozess aus Ihrer Sicht aussehen? Was sollen die **nächsten Schritte** sein?

Leitfragen zur Auswertung in der Begleitgruppe des Amtes

Die nachfolgenden Leitfragen sollen eine Unterstützung für den Auswertungsprozess in Ihrer Abteilung sein. In der Amtsteamsitzung werden die Ergebnisse noch einmal diskutiert und zusammengetragen werden.

- Welche **Erwartungen** an diese Methode gab es zu Beginn der Einführungsphase?
- Sind uns die **Ziele des Jugendamtes** und die **Beiträge unserer Abteilung** zur Erreichung dieser Ziele **bekannt?**
- Woran erkennen wir Veränderungen in unserer Abteilung/im Jugendamt im Rahmen der Zielvereinbarungsgespräche von **1997** und **1998** in der Planung und Erarbeitung der Ziele?
- Woran erkennen wir **Einflüsse** auf unsere Arbeit in ihren Inhalten und Abläufen der Aufgaben sowie die **Auswirkungen** auf unsere »Kunden« (abhängig vom Arbeitsauftrag)?
- War/oder wäre es sinnvoll, auch innerhalb unserer **Abteilung** eigene Vereinbarungen zu Zielen zu treffen?
- Woran erkennen wir, ob die Einführung der **Führungsmethode** Zielvereinbarung im Dialog zur **Kulturveränderung** in unserer Abteilung/in unserem Amt beigetragen hat?
- Woran können wir als Mitarbeiter/innen einen **Erfolg der Methode** »Führen im Zielvereinbarungsdialog« feststellen?
- Wenn Sie den **Einführungs- und Erprobungsprozess** der letzten 18 Monate zurückverfolgen, Was war hilfreich? Was hätte besser laufen können? Was müßte als nächstes geschehen?

Literatur

Berger, C.: Rückgewinnung von Motivation. Veröffentlichtes Redemanuskript zum Vortrag im Forum »Erfolgreiche Gestaltung von Modernisierungsprozessen« der Deutschen Hochschule für Verwaltungswissenschaften Speyer am 23. April 1999
Bosetzky, H./Heinrich, P.: Mensch und Organisation, Köln (5. Aufl.) 1994
  Dokumentation des Workshops am 13. und 15. Januar 1997 »Führen mit Zielvereinbarungen« im Jugendamt der Stadt Dortmund – Chancen und Grenzen einer Führungsmethode, Dortmund 1997
Drosten, S.: Integrierte Personal- und Organisationsentwicklung in der Lernenden Unternehmung. Bielefeld 1996
Dülfer, E.: Organisationskultur: Phänomen – Philosophie – Technologie, in: Dülfer, E. (Hg): Organisationskultur. Stuttgart (2. Auflage) 1991

Feldner, J./Berger, C.: Lernende Organisation als Entwicklungsziel in der Personalentwicklung. Bisher unveröffentlichtes Redemanuskript zum Vortrag in der Reihe »Sprech-Kontakte« der Universität Bochum am 19. Mai 1998
Hahne, A.: Kommunikation in der Organisation. Wiesbaden 1998
Hartkemeyer, J.: Systemisches Lernen statt Lernroutinen, in: Hernsteiner 4/97
Haßelmann, U./König, R.: Führen im Rahmen der Neuen Steuerung. Köln 1997
Heimburg, Y. von: Sieger und Verlierer – Fokussierung entscheidet. Düsseldorf 1996
Klimecki, R./Probst, G./Eberl, P.: Perspektiven eines entwicklungsorientierten Managements. Internet-Dokumenten-Server der Universitätsbibliothek Konstanz 1991
König, E./Zedler, P.: Einführung in die Wissenschaftstheorie. Düsseldorf 1983
König, R.: Die Kommunalverwaltung als lernende Organisation. Bisher unveröffentlichtes Manuskript. 1999
König, R.: Lernende Organisation – was ist das? Unveröffentlichtes Manuskript. 1998
Krappmann, L.: Neuere Rollenkonzepte als Erklärungsmöglichkeit für Sozialisationsprozesse, in: betrifft erziehung 3/71
Krappmann, L.: Soziologische Dimensionen der Identität. Stuttgart 1978
Kühl S.: Widerspruch und Widersinn bei der Umstellung auf dezentrale Organisationsformen – Überlegungen zu einem Paradigmenwechsel in der OE, in: Organisationsentwicklung 4/97
Kunz, G.: Zielvereinbarungen – intentionale Gestaltung der Unternehmensentwicklung, in: Organisationsentwicklung 4/98
Lauxmann, F.: Die kranke Hierarchie – Not und Hoffnung der öffentlichen Verwaltung. Stuttgart 1971
Mandel, C.: Dialogos oder eine Collage über das Team-Lernen, in: Organisationsentwicklung 4/96
Mayntz, R.: Soziologie der öffentlichen Verwaltung. Heidelberg (4. Aufl.) 1997
Neuberger, O.: Personalentwicklung. Stuttgart (2. Aufl.) 1994
Reinermann, H./Reichmann, G.: Verwaltung und Führungskonzepte. Berlin 1978
Schein, E.: Über Dialog, Kultur und Organisationslernen, in: Fatzer, G. (Hg): Organisationsentwicklung und Supervision: Erfolgsfaktoren bei Veränderungsprozessen. Köln 1996
Schein, E.: Unternehmenskultur. Frankfurt 1995
Schein, E.: Wie können Organisationen schneller lernen? in: Organisationsentwicklung 3/95
Schreyögg, G.: Kann und darf man Unternehmenskulturen ändern? in: Dülfer, E. (Hg): Organisationskultur. Stuttgart (2. Aufl.) 1991
Senge, P.: Die fünfte Disziplin. Stuttgart 1995
Senge, P.: Wir müssen »Lernen« neu denken«, in: Hernsteiner 4/97

Praxisberichte über Zielvereinbarungen

Führung nach Zielen – Voraussetzung für den Erfolg der Deutschen Bahn

Jürgen Niemann

1. Erfolg im Verbund

Die zweite Stufe der Bahnreform, die Gründung von drei Transportgesellschaften (DB-Cargo, DBRegio und DBReise&Touristik) und zwei Infrastrukturgesellschaften (DB-Station & Service und DBNetz) unter dem Dach einer Managementholding ist ein unternehmerischer Einschnitt in die Strukturen der Eisenbahn in Deutschland. Sie wird die Voraussetzungen für die Kapitalmarktfähigkeit des Deutsche Bahn Konzerns, eines Dienstleistungsunternehmens mit 30 Mrd. DM Umsatz und 250.000 Beschäftigten (in 1998), schaffen.

Durch die Aufspaltung agiert das Unternehmen marktnäher, es wird flexibler und in seinen Strukturen transparenter. Damit wachsen die unternehmerischen Anforderungen an die einzelne Führungskraft, deren Beitrag zum unternehmerischen Erfolg noch deutlicher wird als in der Spartenorganisation des bisherigen Stammhauses. Anders gesagt: Wer seinen unternehmerischen Erfolg schwarz auf weiß vor sich hat, wird anders agieren als jemand, der in einer großen und manchmal für den einzelnen unübersichtlichen Organisation seinen eher indirekten Beitrag zu einem Gesamtergebnis leistet.

Für die Führungskräfte im DB Konzern bedeutet die Bahnreform daher primär, daß mit sicherem, zuverlässigem und pünktlichem Betrieb unternehmerischer Erfolg verbunden sein muß und zwar nicht nur auf der Ebene des Konzerns, sondern in möglichst jeder Konzerngesellschaft und Organisationseinheit, die unmittelbar am Markt operiert. Dabei darf die neu gewonnene Selbständigkeit nicht zur Optimierung der einen Konzerngesellschaft auf Kosten der anderen führen. Und: Die Zielerreichung in jeder einzelnen Konzerngesellschaft muß auch zum Erfolg des Gesamtkonzerns beitragen.

2. Führungsinstrumente für den Verbund

Die Deutsche Bahn nutzt im gesamten Konzern Führungsinstrumente, die einerseits den unternehmerischen Erfolg der Einzelgesellschaften und Bereiche unterstützen, die andererseits den notwendigen Rahmen für gemeinsam zu verfolgende Ziele schaffen und die schließlich eine gemeinsame Führungskultur im DB Konzern erhalten.

Führungsinstrumente bei der Bahn haben die Besonderheiten des Bahnbetriebes im Blick. Zielvereinbarungen in der DBReise&Touristik beispielsweise, deren Schwerpunkt auf einem reibungslosen Fahrplanwechsel liegt, haben Bezüge zu Zielvereinbarungen in anderen Gesellschaften, die die Voraussetzungen dafür schaffen.

In der DBNetz kann z. B. der erfolgreiche Abschluß von Baustellen und damit die Beseitigung von Langsamfahrstrecken Ziel eines Niederlassungsleiters sein, wodurch ein erfolgreicher Fahrplanwechsel erst ermöglicht wird. Pünktlichkeitsziele müssen Bezüge zur Verfügbarkeit von Triebfahrzeugen sowie zur Verfügbarkeit und Störungsfreiheit der Trasse haben, Kundenzufriedenheitsziele in der DBRegio nehmen Bezug auf Ziele bei Sicherheit und Sauberkeit in der DBStation&Service usw.

Führungsinstrumente leisten einen Beitrag zur Weiterentwicklung und Stärkung einer bahnspezifischen Führungskultur. Eine gemeinsame Führungskultur ist zunächst ein praktisches, unternehmerisches Erfordernis in der Verbundproduktion. Führungskräfte im DB Konzern dürfen die Zusammenarbeit über die Grenzen der Führungsgesellschaften und Fachfunktionen nicht »verlernen«, nur weil durch die zweite Stufe der Bahnreform eine neue Unternehmensstruktur entstanden ist. Vor diesem Hintergrund ist die Struktur des Konzerns zu Beginn des Jahres 2000 nochmals weiterentwickelt worden.

Eine gemeinsame Führungskultur trägt unserer Herkunft als **eine** Bahn Rechnung und sie wird bei der Erreichung der Kapitalmarktfähigkeit noch einen wertvollen Beitrag leisten.

3. Führungsgespräch mit Zielvereinbarung

Die Deutsche Bahn hat 1996 das Führungsgespräch mit Zielvereinbarung bei den leitenden Angestellten eingeführt, ab 1998 auch bei allen Mitarbeitern, die Führungsfunktionen einnehmen, sich aber noch innerhalb des Geltungsbereiches des Tarifvertrages befinden (sog. AT-Mitarbeitern). Dabei hatten wir trotz unbestreitbarer Anlaufschwierigkeiten von Jahr zu Jahr größeren Erfolg hinsichtlich der Zahl der abgeschlossenen Zielvereinbarungen, aber auch hinsichtlich ihrer Qualität.

Durch die individuelle Zieldefinition und -orientierung wollen wir erreichen, daß sich Führungskräfte

- der Ziele des Konzerns und des Unternehmens,
- ihres Beitrages zur Zielerreichung und
- der notwendigen Unterstützung seitens der übergeordneten Führungskraft oder benachbarter Bereiche

bewußt werden und sich zu persönlichen wie übergeordneten Zielen »commiten«.

Insofern besteht immer ein produktives Spannungsverhältnis zwischen den Zielen eines kollektiven Gremiums, z. B. einer Geschäftsführung, einer Niederlassungs- oder Regionalbereichsleitung einerseits und den individuellen Zielen andererseits, die – obwohl an die einzelne Führungskraft adressiert – einen Bezug zu diesen »übergeordneten« Zielen haben müssen.

So kann es bspw. in einer Geschäftsführung zur »Aufteilung« des Ziels Personalanpassung, für das nicht allein der Personalleiter verantwortlich ist, kommen. Der Personalleiter stellt die Instrumente für Beschaffung und Freisetzung zur Verfügung, gewährleistet die vollständige Einbeziehung des Betriebsrates und verhandelt – wenn nötig – einen Sozialplan, während der technische Geschäftsführer die (technischen) Voraussetzungen für Rationalisierungserfolg schaffen muß.

Qualitätsstandards
Ziele bei der Deutschen Bahn müssen eine Reihe von Qualitätsmerkmalen erfüllen, sie sollten

- sach-, nicht verhaltens- oder persönlichkeitsbezogen,
- spezifisch, auf die Person und ihren Aufgabenbereich zugeschnitten,
- meßbar,
- anspruchsvoll und in der Periode erreichbar sein und
- sie haben einen von beiden Seiten definierten Zeithorizont.

Der Erreichungsgrad wird am Ende der Periode (in der Regel ist dies das Geschäftsjahr) überprüft, wobei unterjährig Zielkorrekturen oder -ergänzungen im Einvernehmen zwischen Führungskraft und übergeordneter Führungskraft vorgenommen werden können.

Ein Festhalten an offenkundig nicht mehr erreichbaren oder durch Entwicklungen des Marktes oder des Unternehmens sinnlos gewordenen Zielen ist kontraproduktiv. Auch überprüfen beide Partner regelmäßig ihre Ziele hinsichtlich ihres Beitrages zu einer erfolgreichen Verbundproduktion, wie sie eingangs beschrieben worden ist.

Variable Entgeltbestandteile
Schließlich bestimmt der Grad der Zielerreichung die Höhe des individuellen Teils der Jahresabschlußvergütung. Der andere Teil hängt – bisher nur bei leitenden Angestellten – vom unternehmerischen Erfolg (Betriebsergebnis, Pünktlichkeit usw.) der jeweiligen Gesellschaft bzw. des Konzerns ab. Für die AT-Mitarbeiter strebt das Unternehmen ein ähnliches System an, hierzu muß jedoch eine Vereinbarung mit dem Konzernbetriebsrat getroffen werden. Bis zu 30% können die variablen Bestandteile am Zieleinkommen einer Führungskraft ausmachen, bei den Top-Führungskräften sogar 40%.

Führungs- und Entwicklungsinstrument
Das Führungsgespräch mit Zielvereinbarung ist Führungs- und Entwicklungsinstrument zugleich, da Führungskräfte lernen, wichtige von weniger wichtigen Vorhaben zu unterscheiden. Sie handeln ergebnis- und erfolgsorientierter, da hinter (praktisch) jeder Handlungsweise die Frage steht, inwieweit durch sie vereinbarte Ziele erreicht werden können und hinter jedem Ziel die Frage, inwieweit es den Geschäftszielen der Unternehmenseinheit dient.

Sie verlernen damit den eher »ziellosen« oder »zielarmen« Aktivismus, der das Alltagsgeschäft häufig kennzeichnete.

Führungskräfte lernen, Ansprüche auf notwendige Hilfsmittel zur Zielerreichung (z. B. Budgets, Unterstützung durch geeignete Mitarbeiter, individuelle Bildungsmaßnahmen etc.) zu stellen. Schließlich ist die Zielvereinbarung ein wichtiger »Vertrag« zwischen Führungskraft und übergeordneter Führungskraft, auf den sich beide Parteien in der gemeinsamen Arbeit berufen können.

Inhaltlicher Rahmen

Neben den bereits beschriebenen Qualitätsstandards spielt die BahnStrategieCard – die DB-Variante der Balanced Scorecard – bei der Setzung des Rahmens für Zielvereinbarungen eine zusehends wichtigere Rolle. Ziele im DB Konzern sollten möglichst einen Bezug

- zum Ergebnis des jeweiligen Bereiches,
- zur Kundenzufriedenheit und -bindung,
- zur Qualität der Geschäftsprozesse und
- zum meßbaren Engagement der Mitarbeiter

haben.

Zugleich sollte eine auf die BahnStrategieCard des jeweiligen Bereiches bezogene Werttreiberanalyse Gegenstand des Zielvereinbarungsgespräches sein. Das »Cockpit«, das die BahnStrategieCard im Geschäftsprozeß vor Ort darstellen soll, wird durch Einbeziehung in das Führungsgespräch noch einmal aufgewertet, es bekommt eine höhere Verbindlichkeit.

4. BahnStrategieCard

Die Übersetzung der Strategie des Konzerns und der Führungsgesellschaften in handhabbare, für Mitarbeiter und Führungskräfte nutzbare Informationen »vor Ort« ist ein wesentliches Ziel der Einführung der BahnStrategieCard.

Zu diesem Zweck soll mit der BahnStrategieCard eine präzise Identifikation der im Bahnbetrieb typischen Erfolgsfaktoren und ihrer Wirkungen vorgenommen werden. Führungskräfte sollen die »Stellhebel« erkennen können, die sie für ein erfolgreiches Geschäft bedienen müssen. Ihre unternehmerische Rolle soll durch die BahnStrategieCard gestärkt, ihre Möglichkeit, übergeordneten Unternehmensebenen kritisches Feedback zur Strategie und ihrer Umsetzung geben zu können, verbessert werden. Zugleich soll durch die Darstellung der Erfolgsfaktoren als Kennzahlen in der jeweiligen unternehmerischen Einheit mehr Transparenz über die tatsächliche wirtschaftliche Lage hergestellt werden.

Bei den Erfolgsfaktoren wird zu unterscheiden sein zwischen jenen, die sich auf die einzelne unternehmerische Einheit beschränken lassen, z. B. den Krankenstand und die Geschwindigkeit einzelner Arbeitsprozesse, und solchen, die team-, hierarchie- oder sogar gesellschaftsübergreifend wirksam werden, z. B. die Qualität des Prozesses »Fahrplanerstellung«.

In jedem Fall werden jedoch zwischen den Größen auf den Feldern der BahnStrategieCard Ursache-Wirkungs-Beziehungen hergestellt und analysiert.

Eine typische BahnStrategieCard könnte folgendermaßen aussehen:

Die Deutsche Bahn hat sich für eine dezentrale Vorgehensweise bei der Einführung der BahnStrategieCard entschlossen. In einer zentralen Steuerungsgruppe ist lediglich der Rahmen für eine BahnStrategieCard erarbeitet worden, und es wird dort der Einführungsprozeß beobachtet und unterstützt. Gerade auf den Feldern »Kundenzufriedenheit/Marktanteil« und »Qualität der Leistungserstellung« erfordert die Heteroge-

nität des Geschäftes (und damit der Kunden wie der Geschäftsprozesse) der DB-Gesellschaften die Verwendung unterschiedlicher Kenngrößen.

Bis Ende 1999 wurden BahnStrategieCards in den Gesellschaften und deren regionalen Organisationseinheiten eingeführt; für das fortfolgende Jahr ist vorgesehen, daß sie im »Regelbetrieb« funktionieren.

5. Mitarbeitergespräch

Die alte, noch in der Tradition der Behörde stehende Beurteilungsrichtlinie ist 1999 durch ein vielschichtiges Führungsinstrument, das Mitarbeitergespräch, ersetzt worden. Mit fast 240.000 Eisenbahnerinnen und Eisenbahnern soll das Gespräch zukünftig in Abständen von zwei Jahren geführt werden.

Dimensionen der Leistungseinschätzung
Die Leistungseinschätzung des Mitarbeiters erfolgt auf einer vierfach gestuften Skala in verschiedenen Dimensionen, nämlich

- Verantwortungsbereitschaft,
- Dienstleistungsverhalten,
- Arbeitseffizienz,
- Zusammenarbeit/Kommunikation
- und wirtschaftliches Handeln.

Aufbauend auf dieser Leistungseinschätzung wird eine Gesamteinschätzung des Mitarbeiters vorgenommen, die nicht das aritmethische Mittel der Bewertung in den Anforderungsdimensionen bilden muß. Vielmehr besprechen Führungskraft und Mitarbeiter, welche Dimension für die Gesamteinschätzung besonders wichtig ist. Das Dienstleistungsverhalten dürfte bei einem Zugbegleiter oder Mitarbeiter am Service Point z. B. bedeutsamer sein als bei einem Rangierer und daher größeren Einfluß auf die Gesamteinschätzung haben als z. B. die Verantwortungsbereitschaft.

Führungskraft und Mitarbeiter kommen zu einem gemeinsamen Profil der Leistung und stellen sich Aufgaben für die nächste Periode. Sie sprechen dabei über Entwicklungsschritte, also Veränderungen on und off the job, sowie über berufliche Perspektiven des Mitarbeiters und die notwendige Unterstützung durch die Führungskraft.

Delegationsmöglichkeiten
In einigen Fällen kann die Delegation des Führungsgespräches von der Führungskraft mit Personalverantwortung an nachgeordnete Führungskräfte, z. B. Segmentleiter in den Werken oder Teamleitern in der Zugbegleitung, notwendig sein. Dies geschieht jedoch nicht »automatisch«, denn Fach- und Führungsverantwortung gehören zusammen und zur Führungsverantwortung gehört selbstverständlich das Führen der Mitarbeitergespräche. Wichtig ist in diesem Zusammenhang, daß

- eine Delegation durch bessere Beurteilungsmöglichkeiten der nachgeordneten Führungskraft gut begründet ist (der Werkleiter kann in der Regel nicht die Leistung des einzelnen Mitarbeiters im Segment beurteilen) und daß
- der Betriebsrat der Delegation zugestimmt hat.

Das Mitarbeitergespräch kann – ebenso wie das Führungsgespräch mit Zielvereinbarung – bei allen Beschäftigtengruppen, also auch den Beamten, die im DB Konzern ein Drittel der Belegschaft ausmachen, angewandt werden. Eine einheitliche Personalpolitik für die unterschiedlichen Statusgruppen im Unternehmen ist gerade bei den Führungsinstrumenten eine entscheidende Voraussetzung für den Erfolg ihres Einsatzes.

Komplementäre Führungsinstrumente
Das Mitarbeitergespräch ist ein auf unternehmerische Zielsetzungen, z. B. Verbesserung der Kundenorientierung oder Verbesserung der Prozeßqualität, hin orientiertes Gespräch, ohne direkt Zielvereinbarung zu sein. Damit ist es komplementär zum Führungsgespräch mit Zielvereinbarung.

Führungs- und Mitarbeitergespräch sind Voraussetzung und Ergebnis einer Gesprächskultur bei der Deutschen Bahn. Einer Gesprächskultur, die dem Unternehmen helfen wird, die in der letzten Mitarbeiterbefragung (1998) mehrheitlich eingeforderte stärkere Orientierung über Unternehmensziele einzulösen und die »Informationslücke« zwischen oberen und mittleren Führungsebenen zu schließen.

6. Führung nicht allein durch Führungsinstrumente

Führungs- und Mitarbeitergespräche, BahnStrategieCard und Feedback für Führungskräfte (von dem in diesem Beitrag nicht die Rede war) sind auch bei der Deutschen Bahn nur Instrumente und Hilfsmittel. Sie ersetzen Führung und Zielfindung nicht.

Führung im DB Konzern heißt, die strategischen Ziele des Unternehmens ebenso in Gesprächen deutlich zu machen, wie die unternehmerischen Wege, durch die diese Ziele erreicht werden können. Sie zeigt die notwendigen Schritte zu einer erfolgreichen und dauerhaften Sanierung der Deutschen Bahn auf. In diesem Prozeß ist das Unternehmen in den ersten fünf Jahren der Bahnreform erste, entscheidende Schritte vorangekommen, hat aber eine mindestens ebenso große Wegstrecke noch vor sich. Führung sollte dabei den Mitarbeitern soviel Handlungs- und Gestaltungsspielräume wie möglich eröffnen – ohne sich vor konsequenten Entscheidungen zu drücken.

Die Einführung von Zielvereinbarungsgesprächen in der öffentlichen Verwaltung am Beispiel der Stadt- und Landesverwaltung Bremen

Rainer Duhm/Rolf Kempf

Die Reform der öffentlichen Verwaltung stellt veränderte und erhöhte Anforderungen an die Wirtschaftlichkeit, Dienstleistungsqualität und Bürgernähe des Handelns sowie an die Leistungsbereitschaft der Beschäftigten. Hierzu bedarf es veränderter Organisations- und Steuerungsstrukturen, in denen sich die Ämter zu primär nachfrage- und kundenorientierten Dienstleistungsunternehmen weiterentwickeln. Voraussetzung für eine ergebnisorientierte Aufgabenwahrnehmung in diesem Sinn ist eine klare Bestimmung der jeweiligen mittelfristigen Leistungs-, Personal- und Finanzziele. Die Einführung von Zielvereinbarungsgesprächen ist hierfür ein wichtiger Schritt.

Der vorliegende Artikel will den verwaltungsspezifischen Ansatz und Verlauf sowie die Ergebnisse eines Pilotprojektes zur Einführung von Zielvereinbarungsgesprächen verdeutlichen und andere öffentliche Verwaltungen ermutigen, diesen immer noch ungewohnten, aber ertragreichen Weg ebenfalls zu gehen.

1. Verwaltungsreform und Personalentwicklung

Im Kontext der Verwaltungsmodernisierung gewinnt eine gezielte und alle Beschäftigtengruppen umfassende Personalentwicklung eine »strategische« Bedeutung. Den Mitarbeiterinnen und Mitarbeitern* aller Ebenen werden die Qualifikationen (Kenntnisse, Fertigkeiten und Fähigkeiten) vermittelt, die sie benötigen, um den gegenwärtigen und zukünftigen Anforderungen in ihren Aufgabenbereichen gerecht zu werden. Anspruch hierbei ist es, den Bedarf und die Anforderungen der Verwaltung mit den Interessen, Wünschen und Bedürfnissen der Mitarbeiter so weit wie möglich in Einklang zu bringen (vgl. KGSt 1994).

---

* Wenn im folgenden von Sachbearbeitern, Mitarbeitern, Vorgesetzten oder Bürgern die Rede ist, sind immer auch Sachbearbeiterinnen, Mitarbeiterinnen oder Bürgerinnen mitgemeint. Wenn geschlechtsneutrale oder männliche Formulierungen verwendet werden, dann geschieht dies nur aus Gründen der besseren bzw. vereinfachten Lesbarkeit.

Die bremische Verwaltung, in der dieses Projekt durchgeführt wurde, befindet sich – wie auch andere öffentliche Verwaltungen – in einer Umbruch-Situation. Der notwendige Umbauprozeß zu einem effektiven und effizienten Dienstleistungsunternehmen kann allerdings nur mit Mitarbeitern gelingen, die motiviert und qualifiziert sind, Veränderungsimpulse aufzunehmen und sich auf allen Ebenen an der Organisationsentwicklung zu beteiligen (vgl. für Bremen: Senatskommission für das Personalwesen 1997).[1] Sonst bleiben grundlegende Elemente der Verwaltungsmodernisierung wie neue Steuerungsformen, Abflachung von Hierarchien, Zusammenarbeit in Projekten oder die weitere Einführung technikunterstützter Informationsverarbeitung eher formal. Lebendig werden sie erst durch entsprechend denkende und handelnde Menschen. Personalentwicklung mit dem Ziel, Einstellungs- und Verhaltensänderungen ebenso wie Qualifikation und Kompetenz zu fördern, kommt mithin eine *Schlüsselfunktion* für das Gelingen des Projekts Verwaltungsreform zu. Insbesondere das Prinzip »Steuern auf Abstand« durch Zielvereinbarungen im Rahmen des sog. »Kontraktmanagement« fordert und fördert eine systematische Auseinandersetzung mit Zielen – ein kritischer Erfolgsfaktor für ergebnisorientiertes Steuern.

Auf der Ebene der einzelnen Dienststelle wird dieser Prozeß durch »Mitarbeiter-Vorgesetzten-Gespräche« unterstützt, mit denen ein regelmäßiger und »institutionalisierter« Dialog zwischen Mitarbeitern und ihren direkten Vorgesetzten angestoßen wird. In diesen Zielvereinbarungsgesprächen verständigen sich die Gesprächspartner über ihre gegenseitigen Erwartungen, über ihr Aufgabenverständnis und die Rahmenbedingungen, über ihre Zusammenarbeit und über die beruflichen Entwicklungsmöglichkeiten des Mitarbeiters. In den Gesprächen sollen zu den einzelnen Bereichen klare Ziele vereinbart werden.

Ein Pilotprojekt:
Nach dem Vorschlag der Kommunalen Gemeinschaftsstelle (vgl. KGSt 1992) haben wir einen Praxisleitfaden für die bremische Verwaltung entwickelt und den Dienststellen die Einführung des Mitarbeiter-Vorgesetzten-Gesprächs als Zielvereinbarungsgespräch empfohlen (vgl. Senatskommission für das Personalwesen 1995). Das Amt für Soziale Dienste Bremen-Nord hat diese Impulse frühzeitig aufgegriffen und das Zielvereinbarungsgespräch als kooperatives Führungsinstrument in einem Pilotprojekt systematisch und mit Erfolg erprobt. Ziel war es herauszufinden, welchen Beitrag das Gespräch zur Verbesserung der Kommunikation, Motivation und Kooperation leisten kann.

Verantwortlich für die Durchführung des Projekts war eine Projektgruppe unter Leitung eines externen Beraters. Vertreten in der Gruppe waren der Verwaltungsleiter, die beteiligten Fachbereiche, die Fachberatung, der Personalrat und die Frauenbeauftragte des Amtes, das Referat Aus- und Fortbildung der (vorgesetzten) senatorischen Dienststelle sowie das Referat Personalförderung & Personalentwicklung der Senatskommission für das Personalwesen – insgesamt 9 Personen. In das Pilotprojekt waren verschiedene Fachbereiche sowie die Verwaltung des Amtes einbezogen. Die beteiligten Personen waren so ausgewählt, daß sich ununterbrochene Hierarchielinien von der Dienststellenleitung bis zur »untersten Arbeitsebene« ergaben. Da die Gespräche nach dem »Top-down«-Prinzip durchgeführt wurden, ergab sich eine Art Baum, der sich nach unten verzweigte.

---

1 Infolge einer Organisationsveränderung in der Freien Hansestadt Bremen werden die Aufgaben der Senatskommission für das Personalwesen seit dem 01.01.2000 vom Senator für Finanzen wahrgenommen.

2. Mitarbeitergespräche mit Zielvereinbarungen

2.1 Zielvereinbarungsgespräche als Baustein der Personalentwicklung

Zielvereinbarungsgespräche werden regelmäßig einmal im Jahr als Vier-Augen-Gespräche zwischen Vorgesetzten und den unmittelbaren Mitarbeitern geführt. Von der Konzeption her gewollt und durch die Erfahrung bestätigt, unterscheidet sich dieses Gespräch grundlegend von dienstlichen Alltagsgesprächen. Es ist nicht mit anlaßbezogenen Konflikt- oder mit Beurteilungsgesprächen zu verwechseln; auch berührt es nicht die bestehenden Verantwortlichkeiten und Rechte der Gesprächspartner. Bisher schon stattfindende Gespräche, Sitzungen oder Dienstbesprechungen werden durch das Zielvereinbarungsgespräch nicht ersetzt oder verdrängt – möglicherweise aber nach und nach effektiver.

Das Gespräch mit den Schwerpunkten

- Aufgaben und Arbeitsumfeld
- Kooperation
- Personalentwicklung und
- Verwaltungsmodernisierung

soll mehr Klarheit und Sicherheit in der Arbeitssituation schaffen, Umgang und Kommunikation miteinander verbessern, Motivation und Arbeitszufriedenheit fördern und so zu besseren Arbeitsprozessen und Arbeitsergebnissen beitragen. Außerdem ist es ein Ort, wo Anforderungen und Ziele der Verwaltungsmodernisierung zu den konkreten individuellen Arbeits- und Aufgabenbereichen hin vermittelt werden (vgl. dazu den Leitfaden, Senatskommission für das Personalwesen 1995, sowie die folgende Checkliste zur Vorbereitung, S. 91).

Ein Zielvereinbarungsgespräch soll als strukturierter, offener und vertraulicher Dialog geführt werden. Dadurch haben Vorgesetzte und Mitarbeiter die Möglichkeit, in Ruhe gemeinsam ihren Standort zu bestimmen, Selbst- und Fremdwahrnehmung abzugleichen, sich über fördernde und hemmende Aspekte in den Arbeitsbedingungen (einschließlich der Qualität ihrer persönlichen Zusammenarbeit!) zu verständigen, »heiße Eisen« anzupacken und Problemlösungen zu erörtern, Arbeits- und Entwicklungsziele zu vereinbaren und die künftige Zusammenarbeit einvernehmlich zu gestalten. Die Mitarbeiter können zudem stärker als bisher ihre berufliche Entwicklung direkt ansprechen – woran Personalentwicklung als Aufgabe des unmittelbaren Vorgesetzten deutlich wird.

Zielvereinbarungen beziehen sich auf die Planung und den Einsatz von Ressourcen, auf die Arbeitsorganisation, auf das allgemeine Aufgabenverständnis und u. U. auch auf einzelne Verfahren, Methoden und Instrumente, mit denen die Aufgaben erfüllt werden. Sie umfassen qualitative wie quantitative Aspekte (also z. B. mit einem bestimmten Arbeits- und Mittelaufwand für eine bestimmte Anzahl von Adressaten innerhalb einer bestimmten Frist eine Dienstleistung mit festgelegten Qualitätsmerkmalen zu erbringen).

Die vereinbarten Ziele sind so zu formulieren, daß sie in Handlungsschritte umgesetzt werden können und überschaubar, also zeitlich und inhaltlich begrenzt und durch die Beteiligten auch erreichbar sind. Dabei sollen Handlungsspielräume des Mitarbeiters geklärt und möglichst erweitert werden. Pauschale und kaum überprüfbare Zielkategorien wie »mehr, besser, höher, schneller« sollen nach Möglichkeit vermieden werden.

Thema: Aufgaben und Arbeitsumfeld — Will ich ansprechen

- Arbeitsziele ☐
- Arbeitsschwerpunkte ☐
- Quantität der Arbeit ☐
- Qualität der Arbeit ☐
- Aufgabenkritik ☐
- Arbeitsabläufe ☐
- Handlungs- und Entscheidungsräume ☐
- Zusammenarbeit mit Kollegen und Dritten ☐
- Führungsaufgabe der Mitarbeiterin/des Mitarbeiters ☐

Thema: Kooperation — Will ich ansprechen

- Vermittlung der Aufgaben ☐
- Arbeitsanweisungen ☐
- Delegation ☐
- Informationsfluß ☐
- Mitwirken an Entscheidungen ☐
- Kontrolle und Rückmeldungen ☐
- Rückhalt und Unterstützung ☐
- Anerkennung und Kritik ☐
- Einräumen von Präsentationsmöglichkeiten ☐
- Führungsverhalten ☐

Thema: Personalentwicklung — Will ich ansprechen

- Wünsche und Erwartungen im Rahmen der jetzigen Aufgabenstellung ☐
- Stärken und Schwächen im Rahmen der jetzigen Aufgabenwahrnehmung ☐
- Wünsche und Erwartungen hinsichtlich der weiteren Entwicklung ☐

Thema: Verwaltungsmodernisierung — Will ich ansprechen

- Auswirkungen von Veränderungen im jetzigen Arbeitsfeld ☐
- Befürchtungen ☐
- Erwartungen ☐
- Eigene Beiträge/Vorschläge/Initiativen ☐

Abb. 1: Checkliste zur Vorbereitung des Gesprächs
(Teil des Gesprächsleitfadens, den Mitarbeiter wie Vorgesetzte rechtzeitig vor dem Gespräch erhalten)

Für die öffentliche Verwaltung ist ein solches Denken grundlegend neu: Ziele zu entwickeln, sie zu definieren und als Arbeitsgrundlage zwischen Vorgesetzten und Mitarbeitern zu vereinbaren, ist mithin sehr ungewohnt. Zunächst geht es daher um erste Schritte, die die notwendigen Erfahrungen vermitteln. In Zielen zu denken und zu handeln, ist ein Lern- und Entwicklungsprozeß, für den das Zielvereinbarungsgespräch Mut machen und Hilfestellung leisten will.

2.2 Vor- und Nachbereitung der Gespräche

Der Erfolg des jährlichen Zielvereinbarungsgesprächs hängt in hohem Maß von dessen sorgfältiger Vor- und Nachbereitung ab. Hierfür ist zunächst einmal der Vorgesetzte verantwortlich. Von ihm geht (in aller Regel) auch die Initiative zum Gespräch aus, indem er mit seinen Mitarbeitern Termine vereinbart, möglichst mit einer Vorlaufzeit von zwei bis drei Wochen. Für jedes Gespräch muß ausreichend Zeit veranschlagt werden (ca. 2 Stunden). Das Gespräch sollte in einem *neutralen* Raum und ohne Störungen oder Unterbrechungen durch Dritte geführt werden.

Die Anforderungen an ein gutes Zielvereinbarungsgespräch sind relativ hoch. Neben einer ausreichenden Fähigkeit zur Gesprächsführung, muß sich der Vorgesetzte über Kompetenzen, Ressourcen sowie Stärken und Schwächen seiner Mitarbeiter im Hinblick auf gegenwärtige und mögliche künftige Aufgaben und Anforderungen Gedanken machen; er muß sich mit der Arbeitssituation in seinem Verantwortungsbereich sowie mit Veränderungs- und Gestaltungsvorschlägen seiner Mitarbeiter auseinandersetzen; er soll sein Führungsverhalten reflektieren und für Kritik offen sein. Ähnliche Anforderungen gelten auch für die Mitarbeiter. – Ein ausführlicher Gesprächsleitfaden unterstützt die Vorbereitung.

Ziele können und sollten ggf. in allen vier o.g. Themenbereichen vereinbart werden. Die Zielformulierungen werden protokolliert. Gemäß dem Charakter eines Vier-Augen-Gesprächs bleibt das Protokoll vertraulich und wird in der Regel nur den Beteiligten ausgehändigt (nur wenn eine Zielvereinbarung zu ihrer Realisierung die Mitwirkung Dritter – z. B. des Personalentwicklers – erfordert, wird sie einvernehmlich an die entsprechende Stelle weitergegeben). Insbesondere hinterläßt das Gespräch keine Spuren in der Personalakte. Mit ihrer Unterschrift dokumentieren die beiden Gesprächspartner, daß sie die Vereinbarungen gemeinsam getroffen haben und daß beide sie tragen. Die protokollierten Vereinbarungen werden ein Jahr später (nach dem nächsten Zielvereinbarungsgespräch) vernichtet. Das Gleiche gilt bei einem Stellenwechsel des Mitarbeiters. Wechselt der Vorgesetzte, entscheiden Mitarbeiter und neuer Vorgesetzter gemeinsam, ob und ggf. welche Ziele weiter gelten sollen.

Zur Gesprächsnachbereitung gehören vor allem zwei Aspekte: In den meisten Fällen empfiehlt sich die Vereinbarung eines Feedback-Termins, um nach einer angemessenen Frist gemeinsam zu sichten, was aus dem Vereinbarten geworden ist, ggf. auch um nachzubessern oder Änderungen abzustimmen. Aus dem rechtzeitigen Erkennen falscher oder überzogener Ziele läßt sich viel mehr lernen als aus deren beharrlichem Verfolgen oder Ignorieren.

Ein zweiter Aspekt der Nachbereitung ist, daß zu Beginn des neuen Gesprächs, ein Jahr später, die alten Vereinbarungen z. B. auf Grundlage folgender Fragen ausgewertet werden:

- Sind die von uns vereinbarten Ziele erreicht/nicht erreicht worden? Welche/warum/warum nicht? Was war dabei förderlich, was war hinderlich?
- Mit welchen Ergebnissen sind die Gesprächspartner zufrieden/nicht zufrieden?
- Hat es zwischenzeitlich Arbeitsaufträge oder Ereignisse gegeben, die die Zielvereinbarungen in nicht vorhergesehene Weise beeinflußt haben?

Neue Vereinbarungen können nach einer solchen (selbst-)kritischen – jedoch nicht attackierenden oder verurteilenden – Erfahrungsauswertung zielgenauer, oft auch motivierender getroffen werden.

3. Der Einführungsprozeß

3.1 Anfängliche Vorbehalte

Während einer gründlichen Informationsphase waren etliche »Standard«-Vorbehalte gegen das Zielvereinbarungsgespräch zu hören. Aus dem Kreis der Personalräte wurden die wesentlichen Bedenken wie folgt zusammengefaßt:

- viele Mitarbeiter müßten erst lernen, sich ausreichend zu artikulieren bzw. durchzusetzen;
- »von oben« vorgegebene Ziele sollten möglichst zügig nach unten kanalisiert werden und eine gleichberechtigte Zielfindung wäre nicht möglich;
- Vorgesetzte könnten versuchen, einen besseren Zugriff auf die Mitarbeiter zu bekommen, weil diese in der Vereinzelung der Gesprächssituation dem Vorgesetzten verstärkt »ausgeliefert« seien;
- mit diesen Gesprächen sollten hinterrücks Leistungsbeurteilungen eingeführt werden;
- Vorgesetzte könnten die Gespräche im Sinn eines zusätzlichen Herrschaftsinstruments mißbrauchen.

Insbesondere auf Anregung der beteiligten Personalräte trat die Projektgruppe mit einigen Vorkehrungen dem verbreiteten Mißtrauen entgegen: So wurde eine Art Beschwerde- oder Clearingstelle eingerichtet, an die sich jeder wenden konnte, wenn es im Zusammenhang mit den Zielvereinbarungsgesprächen zu gravierenderen Unstimmigkeiten, Konflikten oder zu Mißbrauch kommen sollte. Auf Wunsch konnte jeder Mitarbeiter eine Person seines Vertrauens zum Gespräch mitbringen, und für besonders konfliktträchtige Gespräche wurde die Möglichkeit geschaffen, eine dritte Person als Gesprächshelfer hinzuzuziehen.[*] Eine datenschutzrechtliche Überprüfung verlieh dem ganzen Vorhaben auch ein formelles »TÜV-Siegel«.

---

[*] Der Auswertung vorgreifend: Es stellte sich heraus, daß von beiden Möglichkeiten nicht Gebrauch gemacht wurde. Von einzelnen wurde vermutet, daß eine dritte Person als Gesprächshelfer die Offenheit des Gesprächs eher beeinträchtigen könnte.

Die meisten Empfehlungen der Projektgruppe bezogen sich darauf, die Einführung der Gespräche über Informations- und Schulungsveranstaltungen sorgfältig vorzubereiten. Dabei sei auch auf eine verständliche (»nicht-akademische«) Sprache zu achten und typische Mann-Frau-Muster in der Kommunikation seien zu thematisieren, um Verständigungshürden, Vorbehalte und Angstschwellen abzubauen. Bei allen Schulungswünschen solle indes nicht übersehen werden, daß »learning by doing« zu den effektivsten Lernformen gehört. Daher sei es wichtig, ohne Anspruch auf Perfektion anzufangen, mit dem Bewußtsein zu lernen und sich zwischendurch zum Erfahrungsaustausch zusammenzusetzen.

3.2 Die Vorbereitungsphase – Informations- und Schulungsveranstaltungen

Unsere wichtigste Erfahrung ist: Eine gründliche Vorbereitung ist für eine sinnvolle Einführung des Zielvereinbarungsgesprächs unverzichtbar, denn »das kann nicht mit links gemacht werden«.

Für die Vorgesetzten wurde ein zweitägiges Pflichtseminar durchgeführt. Es hatte die drei inhaltlichen Schwerpunkte: Information über das Zielvereinbarungsgespräch als kooperativem Führungsinstrument und vertieftes Vertrautmachen mit dem Gesprächsleitfaden; methodische Einführung und Übungen zum Vereinbaren und Formulieren von Zielen; Trainieren von Gesprächsführung. Alle übrigen Beteiligten wurden zu Eintagesveranstaltungen eingeladen, um sie gründlich über das Zielvereinbarungsgespräch zu informieren und um Zielvereinbarungen zu üben. Hier konnten sie auch alle positiven wie negativen Erwartungen ansprechen. Wer wollte, konnte noch ein zusätzliches eintägiges Gesprächstraining besuchen.

Für alle Projektbeteiligten haben diese Veranstaltungen wesentlich zu einem gründlicheren Verständnis des Zielvereinbarungsgesprächs, zu ihrer eigenen Auseinandersetzung damit und zu ihrer persönlichen Gesprächsvorbereitung beigetragen. Derartige Angebote sind ein unverzichtbares Element für die erfolgreiche Einführung solcher strukturierten Gespräche.

Einige Auswertungsergebnisse hierzu:
Es zeigte sich, daß sich durchweg die Gesprächspartner am besten informiert und vorbereitet fühlten, die an zwei Vorbereitungstagen teilgenommen hatten. Am positivsten wurde die Vorbereitung durch die Gesprächstrainings beurteilt, unmittelbar gefolgt von den Info-Veranstaltungen; dahinter rangierten Gesprächsleitfaden und – deutlich abgeschlagen – die Vorbereitung durch den Vorgesetzten.

Betont wurde, daß die Verbindung von Information mit praktischen Übungen und Rollenspielen sehr gut und wichtig gewesen sei. Methodisch sei dabei viel Hilfreiches vermittelt worden, um – auch in anderen Zusammenhängen – Gespräche strukturierter führen zu können. Von einigen wurde gewünscht, die Gesprächsschulungen noch zu intensivieren, insbesondere auch das Üben des Aushandelns und Vereinbarens von Zielen. Angeregt wurde auch, die Vorgesetzten noch vermehrt bei der Anforderung zu unterstützen, das Zielvereinbarungsgespräch gleichberechtigt zu führen, ohne dabei ihre spezifischen Vorgesetztenfunktionen zu vernachlässigen, wie z. B. Sicherheit vermitteln oder Orientierung geben. Überhaupt sollte die Klärung der Führungsrolle verstärkt Bestandteil der Schulung dieser Zielgruppe sein.

Vorgeschlagen wurde auch, bei flächendeckender Einführung des Zielvereinbarungsgesprächs immer wieder Zwischenschulungen und/oder strukturierte Auswertungen durchzuführen. Das unterstütze den durchaus längerfristigen Lernprozeß mit dem Ziel, dieses Führungsinstrument zum Nutzen aller anzuwenden.

Wiederholt angesprochen wurde die Notwendigkeit, die Vorbereitungsphase zu verstärktem Angstabbau zu nutzen – Ängste vor den Vorbereitungsveranstaltungen wie auch vor dem eigentlichen Gespräch. Gerade bei letzterem habe das durchaus reale Hintergründe, z. B. eine starke hierarchische Komponente, die (in Teilbereichen) viel mit der Kultur des Hauses zu tun habe; oder die Angst davor, Dinge anzusprechen, die jahrelang nicht thematisiert wurden; auch die Angst davor, die eigene Arbeit von außen begucken (und kontrollieren) zu lassen – insbesondere im pädagogischen Bereich.

Die Gesprächsvorbereitung – Teilnahme an und Beteiligung bei den angebotenen Info- und Trainingsveranstaltungen wie auch die konkrete Vorbereitung des jeweiligen Gesprächs – wurde im Durchschnitt von den Vorgesetzten deutlich ernster genommen bzw. gründlicher angegangen als von den Mitarbeitern. Insgesamt konnte durch die solide Vorbereitung jedoch viel Skepsis aufgelöst und eine deutlich positivere, zumindest offenere Erwartungshaltung bewirkt werden.

> **Das Zielvereinbarungsgespräch im Rollenspiel – ein Beispiel**
>
> Frau Bauer, Teilzeitbeschäftigte mit einem 25-Stunden-Vertrag, ist Mitarbeiterin in einem 4-köpfigen Abschnitt der Verwaltungsabteilung. In 6 Monaten wird die Abschnittsleiterin in den vorzeitigen Ruhestand gehen. Ihre Stelle wird nicht wiederbesetzt, so daß die Arbeit künftig von den verbleibenden 3 Kolleginnen bewältigt werden muß. Frau Bauer war bislang mit Aufgaben betraut, die nur begrenzte EDV-Fertigkeiten voraussetzten. Bei der künftigen Aufgabenverteilung reicht das nicht mehr aus. Wegen ihres baldigen Ausscheidens hatte die Abschnittsleiterin mit ihrem Vorgesetzten, dem Sachgebietsleiter Herrn Schmidt, vereinbart, daß er als der künftige direkte Vorgesetzte der verbleibenden Mitarbeiterinnen auch die anstehenden Zielvereinbarungsgespräche führt. Herr Schmidt strebt als Lösung eine Teamentwicklung an, die auch Frau Bauer eine weitere berufliche Entwicklung ermöglicht.
>
> *Herr Schmidt hat das Beispiel selbst in das Seminar eingebracht. Er möchte das Gespräch in der Rolle der Mitarbeiterin führen, um ein besseres Gespür dafür zu bekommen, wie Frau Bauer im späteren »Ernstfall« möglicherweise auf Gesprächsverhalten und Vorschläge des Vorgesetzten reagieren könnte. Ein weiterer Teilnehmer meldet sich für die Rolle des Sachgebietsleiters. – Nachdem der Einstieg in das Gespräch simuliert wurde, kommen die beiden im Rollenspiel zu dem o.g. Thema:*
>
> **Der Vorgesetzte (V)** stellt die Situation kurz dar und vergewissert sich, daß Frau Bauer darüber informiert ist. Er fragt sie, ob sie sich ihrerseits schon Gedanken gemacht habe, vielleicht auch im Kreis ihrer Kolleginnen, wie die Arbeit im Abschnitt künftig aussehen könnte, vor allem auch, ob sie dabei Vorstellungen für sich selbst habe.
> **Die Mitarbeiterin (MA)** äußert ihren schon öfter angedeuteten Wunsch, möglichst auf volle Arbeitszeit zu gehen. Im übrigen hätte sie aber auch ganz schön Bammel, weil da neue Sachen auf sie zukommen, und ob sie das alles so packt.

V: »Wegen der Vollzeitstelle – da muß ich Ihnen gleich reinen Wein einschenken. Das wird nicht gehen. Jedenfalls nicht in dem Umfang. Bei der anderen Sache, bei Ihrer Unsicherheit, ob Sie's schaffen werden, da bin ich viel zuversichtlicher.« – Er greift ihre Bedenken auf und schlägt vor, daß sie zunächst mal ganz offen alles sammeln, was sie als Problem sieht; er würde sich gern Notizen machen, damit anschließend auch alles weiter besprochen wird.
MA ist mit dem Vorgehen einverstanden; sie sieht nicht gerade rosige Zeiten auf die Gruppe zukommen: ... »die Arbeitsmenge, wenn wir eine weniger sind, das ist nicht zu schaffen ... und wer spielt dann die Chefin? Oder sollen wir dann ganz woanders hingeschoben werden? ... und die ganzen Sachen, mit denen ich bisher nie was zu tun hatte, jedenfalls nicht so direkt ... und so Knall auf Fall soll ich das dann so plötzlich beherrschen ... Nee, auf jeden Fall brauch ich mehr Stunden – Freizeitausgleich für Überstunden, das ist doch dann nicht mehr drin ...«
V geht auf ihre Bedenken ein und erläutert dabei auch, wie er sich die Entwicklung des Abschnitts zu einem modernen Team vorstellt und welche Unterstützungsmöglichkeiten er dabei sieht, speziell auch für sie. Als Idee schwebe ihm auch vor, daß die Gruppe selbst, vielleicht mithilfe einer externen Moderation, Vorschläge erarbeitet, welche Aufgaben und Arbeiten entfallen, reduziert, vereinfacht oder verlagert werden könnten.
MA hört interessiert zu, stellt Fragen; insgesamt scheint ihr das zu gefallen. Trotzdem: »Meine EDV-Kenntnisse reichen bei weitem nicht aus für das, was da auf mich zukommt. Ich habe Angst, daß ich da so was wie das fünfte Rad am Wagen bin oder die Hilfskraft für die blöden Arbeiten.«
V: »Ziel ist, daß im Team alle irgendwann alles machen können, und daß Sie sich gemeinsam die Arbeit aufteilen und auch gemeinsam für die Arbeitsergebnisse verantwortlich sind.«
MA hakt jetzt nochmals nach wegen einer Aufstockung ihrer Stelle – vor allem dann, wenn sie auch noch neue Sachen lernen muß. »Und wenn ich dann die gleiche Arbeit mache wie die anderen, dann will ich aber auch die gleiche Eingruppierung.«
V: »Im Grunde gebe ich Ihnen da ja völlig recht. Ich möchte Sie aber bitten, eins nach dem anderen....«

Das Gespräch geht noch eine Weile hin und her, wobei die Interessen schrittweise deutlicher und die Überlegungen konkreter werden. Am Ende haben sich beide auf folgende Zielvereinbarung geeinigt:

Die Mitarbeiterin wird in zwei näher bestimmten EDV-Programmen geschult. Die beiden Schulungen sollen möglichst bald erfolgen; spätestens nach Ablauf von 3 Monaten sollen sie stattgefunden haben, so daß Übungs- und Einarbeitungszeit bleibt, solange die Abschnittsleiterin noch im Haus ist. Die Mitarbeiterin ist bereit, bei entsprechendem Freizeitausgleich auch Ganztagsschulungen zu besuchen. Sie bietet von sich aus an, wegen des vermehrten Zeitaufwandes für Fortbildung und Einarbeitung bis zum Ausscheiden der Abschnittsleiterin auf Urlaub zu verzichten.
Der Vorgesetzte kümmert sich darum, daß Frau Bauer möglichst rasch die verein-

barten Schulungen besuchen kann. Er unterstützt auch ihren Wunsch, länger zu arbeiten; für realisierbar hält er eine Aufstockung um wenigstens 5 Wochenstunden. Er wird das prüfen und ihr in 6 bis 8 Wochen berichten, was er bis dahin klären konnte. Außerdem wird er mit der Abschnittsleiterin vereinbaren, innerhalb der nächsten 4 Wochen ein Treffen des Abschnitts anzusetzen, an dem er selbst auch teilnehmen wird, um das weitere Vorgehen gemeinsam zu besprechen. Wenn die Idee eines gleichberechtigt arbeitenden Teams von allen getragen und umgesetzt wird, wird er sich auch für die Höhergruppierung von Frau Bauer einsetzen.

Beide vereinbaren, sich spätestens 2 Wochen nach Abschluß der zweiten Schulung erneut zusammenzusetzen und auch die Abschnittsleiterin dazu zu bitten, um konkret zu besprechen, wie die Einarbeitung bis zum Ausscheiden ihrer jetzigen Vorgesetzten aussehen kann.

Beide vereinbaren außerdem, der Abschnittsleiterin eine Kopie dieser Vereinbarung zukommen zu lassen; außerdem brauche Frau Bauer diese Vereinbarung ihren beiden anderen Kolleginnen gegenüber natürlich nicht vertraulich zu behandeln.

Kurzauswertung:
V. vergewissert sich, daß der Informationsstand ausreichend ist, um dann die MA mit ihren eigenen Überlegungen ins Gespräch zu holen. Unrealistischen Vorstellungen tritt er gleich entgegen, um keine Illusionen aufkommen zu lassen und zugleich Vertrauen durch Klarheit zu fördern. Andererseits ermutigt er die MA und schafft dann offenen Raum in dem sie ihre Bedenken äußern kann. So hört er Wesentliches von ihr und kann ihr im weiteren Verlauf des Gesprächs glaubwürdig vermitteln, daß ihm daran gelegen ist, gemeinsam zu Lösungen zu kommen. Zugleich nutzt er die Gelegenheit, um die künftige Eigenverantwortung anzusprechen und die Bereitschaft dafür – offensichtlich erfolgreich – »anzutesten«. Mit der Formulierung »ich gebe Ihnen ja recht – aber...« fällt er etwas zurück in einen wenig partnerschaftlichen, eher beurteilenden Gesprächsstil.

*Die **Zielvereinbarung** ...*
... legt für jeden der beiden verbindliche Schritte fest. Die Vereinbarungen erfüllen die Kriterien an klare Zielformulierungen; sie sind z. B. eindeutig und in Handlungsschritten mit Zwischenzielen und Terminvorgaben beschrieben sowie positiv formuliert. Sofern es um Dinge geht, die auf dieser Ebene nicht geregelt werden können (wie z. B. die Urlaubsfrage, die Aufstockung des Arbeitsdeputats oder die Einbeziehung der Abschnittsleiterin und der übrigen Kolleginnen), sind die Vereinbarungen bzw. Absichtsbekundungen im Rahmen der Zuständigkeiten der beiden Gesprächspartner doch in gleicher Weise klar und konkret. Schließlich wird noch vereinbart, wie mit der Vereinbarung nach außen umzugehen ist. Insgesamt ist die Vereinbarung ein tragfähiges Ergebnis eines erfolgreichen, lösungsorientierten Gesprächs.

4. Auswertung der Erfahrungen

Vorweg sei betont, daß die Einführung eines solchen Führungsinstruments für alle Beteiligten wie für die betreffende Organisation(seinheit) selbst einen Entwicklungsprozeß anstößt bzw. als Teil eines Entwicklungsprozesses zu verstehen und zu gestalten ist. Ein solcher Prozeß braucht Zeit, Geduld, Fehler- und Mißerfolgstoleranz sowie die Bereitschaft, miteinander und voneinander zu lernen. Der Einstellung der Führungskräfte zu diesem Prozeß und ihrer Befähigung, ihn mitzutragen, kommt eine Schlüsselfunktion zu. In welchem Umfang sie – neben der einschlägigen Schulung – vorbereitet werden müssen, hängt u. a. davon ab, wie weit jeweils die Diskussion über die Entwicklung hin zu einer modernen Dienstleistungsorganisation und einer entsprechenden Führungskultur gediehen ist, welche Reformschritte bereits eingeschlagen sind und welchen Stand die Zielfindungs- und -klärungsprozesse in der Organisation erreicht haben. Auf jeden Fall hängt der Erfolg der Zielvereinbarungsgespräche mit davon ab, wie weit eine aufgaben- und mitarbeiterorientierte Leitungskompetenz im jeweiligen Haus vorhanden ist oder – gekoppelt an die Einführung solcher Gespräche – aufgebaut werden kann.

Im Pilotprojekt in Bremen-Nord haben wir die Erfahrungen der Beteiligten mit verschiedenen Methoden und in unterschiedlicher Intensität abgefragt und ausgewertet. Dazu gehörten eine begleitende Fragebogenaktion; eine Zwischenrunde von Zielvereinbarungsgesprächen, in der die jeweiligen Gesprächspartner miteinander Bilanz ziehen konnten; auswertende Workshops, Gruppengespräche und Einzelinterviews.

Als Ergebnis vorweg: Trotz der zuvor vielfach geäußerten Vorbehalte wurde das Zielvereinbarungsgespräch von den beteiligten Vorgesetzten und Mitarbeitern ganz überwiegend positiv beurteilt.

Zum Gesprächsverlauf:
Die Gespräche wurden fast ausnahmslos als gut und angenehm empfunden, als sehr verständigungsorientiert, geprägt durch gegenseitige Achtung und Anerkennung sowie durch ein faires, partnerschaftliches und offenes Klima, weitgehend frei von belehrenden und kritisierenden Attitüden.

Vielfach wurden die Gespräche im Vergleich mit alltäglichen Arbeitsgesprächen in positivem Sinn anders erlebt: So wurden sie z. B. häufig als intensiver und motivierender empfunden. Man fühlte sich wahrgenommen, akzeptierter, mitunter sogar wichtig; man habe sich Zeit genommen und einander zugehört; auch Persönliches sei zur Sprache gekommen; es sei nicht nur um Sachbearbeitungsgespräche gegangen. In und nach einigen Gesprächen ist auch der Eindruck gewachsen, »es ändert sich was«. Eine Teilnehmerin berichtete, daß sie ihre Arbeit bisher immer im gleichen Trott verrichtet habe – jetzt, nach dem Gespräch, habe sie viele neue Gedanken und Inspirationen.

Weiterhin wurde positiv hervorgehoben, daß die Gespräche besser als andere vorbereitet waren, strukturierter und ohne Verzettelung verliefen; daß neue Ideen entwickelt wurden oder überraschende Aspekte aufgetaucht seien; Bekanntes sei bisweilen in neuem Licht erschienen und mitunter konnten Vorurteile über den Gesprächspartner abgebaut worden – bestimmte Dinge zeigten sich plötzlich als ansprechbar. Insbesondere die Vorgesetzten hatten den Eindruck, daß die besprochenen Themen auch inhaltlich anders behandelt wurden als sonst. Das Vertiefen von Themen fördere zudem die gegenseitige Annäherung. Außerdem wurde berichtet, daß das Zielvereinbarungsgespräch des öfteren auch Auslöser war für Dinge, die dann woanders weiterliefen im Sinn eines kontinuierlichen Verbesserungsprozesses. Dabei habe die Vertraulichkeit des Gesprächs als Türöffner, Mutmacher o. ä. gewirkt.

Vereinbaren von Zielen:
Die Zielorientierung der Gespräche wurde von vielen als ein zentraler positiver Aspekt gesehen. Die Bedeutung von Zielen und die Möglichkeit, sie zu konkreten Arbeitszielen weiterzuentwickeln, ist erfahrbarer geworden.

Mehrheitlich wurde es nicht als schwierig empfunden, Ziele zu vereinbaren. Das ist aufgrund einiger konkreter Äußerungen sicherlich zu relativieren. So seien z. B. »weniger belastete Themen« gewählt worden; man habe auf handlungsorientierte Formulierungen verzichtet; und unverblümt wurde gesagt, daß »Ziele vereinbaren sicherlich das Komplizierteste ist, vor allem hinsichtlich Operationalisierung und Erfolgskriterien«. Mitunter, wo das Gespräch gut in Fluß kam, auch wo eventuell vorhandenes Mißtrauen ausgeräumt werden konnte, »ergab es sich fast von selbst«, zu gemeinsamen Zielen zu kommen, insbesondere dann, wenn diese im beiderseitigen Interesse lagen. Und umgekehrt: Schwierig wurde es in der Regel, wenn jemand für sich keinen Vorteil in einer Zielvereinbarung erkennen konnte.

Als förderlich für Zielvereinbarungen wurde die Situation des Vier-Augen-Gesprächs genannt, denn es »befreit häufig von Gruppen- und Fraktionszwängen«. Sehr positiv wurde in diesem Zusammenhang auch bewertet, daß beide Gesprächspartner ihren klar umrissenen Anteil an Eigenaktivität übernommen und damit die gemeinsame Verantwortung unterstrichen hätten.

Ziele wurden zu zentralen ebenso wie zu eher randständigen Fragen vereinbart. Trotz Nachfragen gab es keine Rückmeldungen darüber, daß Ziele »aufgedrückt« statt vereinbart wurden. Mit dem Abschluß von Zielvereinbarungen zu Verhaltensänderungen wurde eher zurückhaltend umgegangen. Dennoch war für viele überraschend, daß auch über Kommunikations- und Konfliktverhalten gesprochen werden konnte und daß dies in einigen Fällen ausgesprochen positiv verlaufen ist.

Weitere Auswertungsergebnisse:

- In der konkreten individuellen Gesprächsvorbereitung auf Seiten der Mitarbeiter scheinen Fragen von eigenen Ressourcen, persönlichen Stärken und/oder Entwicklungsmöglichkeiten eher selten im Blick gewesen zu sein. So wurden Stärken und Wünsche häufig auch zu wenig transparent. Gerade die Identifizierung von Potentialen, Ressourcen und Weiterbildungswünschen wäre aber eine entscheidende Voraussetzung, um bei großer Aufgabenfülle zu zielgerichteten Auswahl- und Steuerungsprozessen zu kommen. Allzu oft habe sich der Blick auch einseitig auf externe – häufig nicht verfügbare – Ressourcen gerichtet, anstatt auf das Erkennen und Entwickeln der eigenen Potentiale. Hier bedarf es sicherlich noch vermehrter Anerkennung, Wertschätzung und Akzeptanz individueller Stärken, Neigungen und Interessen, damit Mitarbeiter eigene Vorstellungen auch offener und bereitwilliger artikulieren können.

- Als besonders hilfreich wurde das Zielvereinbarungsgespräch eingeschätzt für die Förderung der Fähigkeit zu Kritik und Selbstkritik, zur Verbesserung des Klimas und der Kommunikation zwischen Mitarbeitern und Vorgesetzten und für die Bewältigung von Veränderungen. Irgendwelche negativen Wirkungen wurden so gut wie nicht genannt.
- Einige Vorgesetzte sahen den Zeitaufwand als problematisch an, den die Vorbereitung und Durchführung mehrerer Gespräche verlangt.
- Die ganz überwiegende Mehrheit der Beteiligten konnte sich gut vorstellen, solche Gespräche regelmäßig jedes Jahr einmal zu führen. Einige waren sich noch nicht ganz schlüssig. *Nicht einer* hat die regelmäßige Einführung abgelehnt. Ein Ergebnis, das umso beachtlicher ist, als über ein Drittel der Mitarbeiter mit Vorbehalten in ihre Gespräche gegangen ist.

5. Zusammenfassung weiterer Ergebnisse und Empfehlungen für die Einführung von Zielvereinbarungsgesprächen in der öffentlichen Verwaltung

Die Einführung von Zielvereinbarungsgesprächen im öffentlichen Dienst erscheint in dem Maß sinnvoll, wie angestrebt wird, sie als Baustein zur Verwaltungsreform einzusetzen. Die Einführung setzt voraus, daß der öffentliche Dienst insgesamt wie auch seine einzelnen Einrichtungen als Dienstleistungsunternehmen mit definierten Zielen und klaren Aufgabenstellungen gesehen und entsprechend den Erfordernissen der neuen Steuerungselemente gestaltet werden.

Ziel- und Aufgabenbestimmung – »das Richtige richtig zu tun« – soll sich an den vorhandenen Kompetenzen, nicht an festgestellten Defiziten, orientieren (»wir arbeiten mit dem, was wir haben, und orientieren uns nicht daran, was wir – noch – nicht haben, können oder dürfen«). Damit soll nicht einer resignierenden Selbstbescheidung das Wort geredet werden. Im Gegenteil – es geht um ein motivierendes, sich selbst und andere überzeugendes Arbeitscredo, das auch weniger ängstlich macht vor Lernprozessen, neuen Anforderungen und notwendigen Veränderungen.

In diesem Sinn ist die Einführung von Zielvereinbarungsgesprächen in der öffentlichen Verwaltung *ein* Mittel, um die anstehenden Veränderungen ziel- und aufgabenspezifisch und bezogen auf die einzelnen Menschen und Arbeitsplätze mitzugestalten. Dabei kann es von Fall zu Fall durchaus erforderlich sein, in nachfolgenden Feedbackgesprächen veränderte Rahmenbedingungen rückzukoppeln und ggf. vereinbarte Ziele nachträglich zu ändern und anzupassen. Beispiele hierfür sind veränderte Vorgaben zu Zielen und Aufgabenstellungen, Mittelzuweisungen, Organisationsveränderungen, größere Personalentwicklungsmaßnahmen oder auch arbeits- und tarifrechtliche Regelungen.

Das Zielvereinbarungsgespräch ist auch *ein Mittel für kommunikatives Führen*. Damit ist es zunächst mehr ein *kultur*veränderndes als ein *struktur*veränderndes Instrument. Das verweist wiederum darauf, wie entscheidend die Qualität (bzw. die Entwicklung) sozial-kommunikativer Kompetenzen bei allen Beteiligten für Akzeptanz und Erfolg dieses Instrumentes ist.

Ein Aspekt hierbei ist, daß Sprache nicht nur verbindet, sondern auch trennt. Personalgespräche in der öffentlichen Verwaltung sind nach den hier gemachten Erfahrungen an einen Sprachcode gebunden, der nicht allen Beschäftigten(gruppen) geläufig ist. Der »elaborierte« Code aus dem Angestellten- bzw. Beamtenmilieu kann bei Mitarbeitergruppen, die mit anderen Sprachmustern und Umgangsweisen vertraut sind, zunächst Ängste und Mißtrauen statt Aufgeschlossenheit erzeugen. Dies ist bei der Einführung solcher Führungsinstrumente zu berücksichtigen.

Wichtig erscheint uns das Zielvereinbarungsgespräch auch zur Besprechung übergeordneter und perspektivischer Fragen, mittel- und langfristig akuter Themen, für immer wieder Aufgeschobenes, für ein offenes und ruhiges Ansprechen von Konflikten, um Bilanz zu ziehen, und für andere Dinge, die sonst häufig beiseite gedrängt werden oder anderweitige Gespräche und Besprechungen unproduktiv belasten.

Eine dringende Empfehlung ist, die Gespräche möglichst pragmatisch und auf die jeweilige Situation bzw. Person abgestimmt zu führen. Es muß allen Beteiligten klar werden, daß es nicht darum geht, neue Vorschriften umzusetzen oder eine bestimmte Form zu wahren. Der Gesprächsleitfaden ist ein Hilfsmittel, keine Dienstanweisung. Es geht um Kommunikation zwischen Menschen, die gemeinsam bestimmte Ziele erreichen und Aufgaben erfüllen wollen/sollen. Also: weniger »Apparat« – mehr Kontakt; weniger Organisation – mehr Annäherung; weniger »Konzeption« – mehr Verständigung. Das kann z. B. bedeuten, sich auf bestimmte kritische Themen oder Vorhaben zu konzentrieren und/oder sich in kürzeren Abständen wieder zusammenzusetzen. Es kann aber auch bedeuten, das Zielvereinbarungsgespräch z. B. mit dem nächsthöheren Vorgesetzten zu führen, wenn es im direkten Vorgesetzten-Mitarbeiter-Verhältnis noch nicht vorankommt.

Zusammenfassend kommen wir zu folgenden Hinweisen und Empfehlungen:

- Die *Grundempfehlung* der Projektgruppe ist ein klares Ja für eine flächendeckende Einführung der Zielvereinbarungsgespräche in der öffentlichen Verwaltung.
- Eine sorgfältige Vorbereitung der Einführung von Zielvereinbarungsgesprächen durch Informations- und Schulungsveranstaltungen ist unverzichtbar. In der Vorbereitungsphase sollte vor allem versucht werden, Ängste abzubauen und Akzeptanz zu schaffen.
- Die Einführung des Mitarbeiter-Vorgesetzten-Gesprächs ist mit geeigneten Informations- und Qualifizierungsangeboten sorgfältig vorzubereiten. Dazu empfehlen wir konkret:
  - Die Führungskultur und -professionalität im Haus ist kritisch anzuschauen, ggfs. mit Hilfe eines Unternehmensberaters, um den Qualifizierungsbedarf und ein entsprechendes Qualifizierungsangebot gezielt festzulegen.
  - Als Minimum empfehlen wir eine zweitägige Pflichtveranstaltung für alle Vorgesetzten mit den Inhalten: Information über das Zielvereinbarungsgespräch, Reflexion der eigenen Führungsrolle, Training von Gesprächsführung und Vereinbaren von Zielen.
  - Mitarbeiter sollten auf einer obligatorischen Tagesveranstaltung über das Zielvereinbarungsgespräch informiert werden, ihre Bedenken besprechen können und in die »Technik« des Formulierens und Vereinbarens von Zie-

- len eingeführt werden. Auf freiwilliger Basis sollen sie zu Kommunikationstrainings eingeladen werden.
- Aus Gründen der Realisierbarkeit können wir das Zielvereinbarungsgespräch als regelmäßiges, flächendeckendes Instrument nur empfehlen, wenn die Zahl der Mitarbeiter einer Führungskraft deutlich unter 20 liegt. Hier bedarf es noch der Entwicklung und Erprobung anderer bzw. variablerer Instrumente oder veränderter Organisationsformen. Personalentwicklung und Organisationsentwicklung müssen dabei ineinander greifen.
- Soweit die Arbeit team- oder projektförmig organisiert ist, empfehlen wir eine Ergänzung der Vier-Augen-Gespräche durch Gruppengespräche.
- Wir empfehlen die Durchführung der Gespräche grundsätzlich auch in Bereichen, in denen die Betroffenen wenig Gestaltungsmöglichkeiten haben. Die Erfahrung hat gezeigt, daß es auch hier wichtige Themen sowie großen Gesprächs- und Klärungsbedarf gibt.

Literatur

Banner, G.: Ziel- und ergebnisorientierte Führung in der Kommunalverwaltung, in: Archiv für Kommunalwissenschaften 1975: 22 ff

Banner, G.: Zielsystem, Gesamtplanung und Management by objectives in der Kommunalverwaltung, in: Joosten/van Kaldenkerken: Organisation und Effizienz der öffentlichen Verwaltung II, 1975: 105 ff

Banner, G.: Von der Behörde zum Dienstleistungsunternehmen. Die Kommunen brauchen ein neues Steuerungsmodell, in: VOP 13 (1991): 6 ff

Banner, G.: Neue Trends im kommunalen Management. In: VOP 16 (1994): 5 ff

Banner, G./Reichard, C. (Hg.): Kommunale Managementkonzepte in Europa. Anregungen für die deutsche Reformdiskussion, Köln 1993

Bandemer S. v. u. a. (Hg.): Handbuch zur Verwaltungsreform, Opladen 1998

Böttcher: Führung durch Ziele und die öffentliche Verwaltung, in: Zeitschrift Verwaltung und Fortbildung, 1974: 34 f

Budäus, D.: Public Management. Konzepte und Verfahren zur Modernisierung öffentlicher Verwaltungen (Modernisierung des öffentlichen Sektors Bd. 2), Berlin (edition sigma) 1994

Kommunale Gemeinschaftsstelle (KGSt): Das Mitarbeitergespräch (KGSt-Bericht 13/1992), Köln 1992

Kommunale Gemeinschaftsstelle (KGSt): Das Neue Steuerungsmodell: Begründung, Konturen, Umsetzung (KGSt-Bericht 5/1993), Köln 1993

Kommunale Gemeinschaftsstelle (KGSt): Personalentwicklung. Grundlagen für die Konzepterarbeitung (KGSt-Bericht 13/1994), Köln 1994

Kommunale Gemeinschaftsstelle (KGSt): Das Neue Steuerungsmodell. Erste Zwischenbilanz (KGSt-Bericht 10/1995), Köln 1995

Kommunale Gemeinschaftsstelle (KGSt): Personalentwicklung im Neuen Steuerungsmodell. Anforderungen an vorrangige Zielgruppen (KGSt-Bericht 6/1996), Köln 1996

Kommunale Gemeinschaftsstelle (KGSt): Kontraktmanagement. Steuerung über Zielvereinbarungen (KGSt-Bericht 4/1998), Köln 1998

Kube: Management durch Zielsetzung – ein empfehlenswertes Managementkonzept für die Polizei? in: Zeitschrift Die Polizei 1974: 238 ff

Kühnlein, G./Wohlfahrt, N.: Zwischen Mobilität und Modernisierung. Personalentwicklungs- und Qualifizierungsstrategien in der Kommunalverwaltung (Modernisierung des öffentlichen Sektor Bd. 5), Berlin 1994

Nentzel: Personalentwicklung, in: Grimmer, K. (Hg.): Verwaltung gestalten – Orientierungen für die Praxis, Düsseldorf 1997

Pippke: Zielvereinbarungen, in: Verwaltung und Management 3 (1997): 290 ff

Reichard, C./Wollmann, H. (Hg.): Kommunalverwaltung im Modernisierungsschub (Stadtforschung aktuell Bd. 58), Basel u. a. 1996

Senatskommission für das Personalwesen: Das Mitarbeiter-Vorgesetzten-Gespräch. Ein Leitfaden für die Praxis, Bremen 1995

Senatskommission für das Personalwesen Bremen (Hg.): Abschlußbericht des Pilotprojektes im Amt für Soziale Dienste Bremen-Nord, Bremen 1996

Senatskommission für das Personalwesen: Strategisches Personalentwicklungskonzept für die bremische Verwaltung, Bremen 1997

Wild: MBO als Führungsmodell für die Öffentliche Verwaltung, in: Zeitschrift Die Verwaltung, 1973: 288 ff

Die Zielvereinbarung ist Basis für unternehmerisches Handeln

Erich Karnicnik/Jürgen Bischoff

Zielvereinbarungen sind schon seit einigen Jahren wieder »in« – derzeit erlebt das Konzept einen regelrechten Boom. Zahlreiche Veröffentlichungen, Kongresse, Tagungen und Seminare zu diesem Thema beweisen dies. Auch in der Siemens AG erlebt das Konzept der Zielvereinbarungen eine Renaissance, obwohl Zielvereinbarungen eigentlich nie wirklich »out« waren. Dieser Textbeitrag soll daher über die aktuellen Tendenzen und Überlegungen innerhalb des Unternehmens informieren. Dabei liegt der Schwerpunkt – entsprechend dem Titel des Sammelbandes – auf den Zielvereinbarungsgesprächen und weniger auf der Einbindung in Systeme der Unternehmens- und Personalführung.

1. Der Nutzen von Zielvereinbarungen

Was erhoffen sich Unternehmen vom durchgängigen Einsatz von Zielvereinbarungen? Die Antwort scheint einfach: eine Reihe von aktuellen Problemen, die bis heute in der Führung und Zusammenarbeit beklagt werden, könnten durch den sachgerechten Einsatz des Führungsinstruments »Zielvereinbarung« gelöst werden. Einige Beispiele sollen dies verdeutlichen:

Kaskadenförmige, durchgängige Zielvereinbarungen ermöglichen es, die Strategien und daraus abgeleitete Ziele der Unternehmensleitung bis auf die Ebene der Mitarbeiter »herunterzubrechen«. Dadurch kann eine **Effektivität und Effizienz** des Mitteleinsatzes und eine Ausrichtung der Prozesse auf die übergeordneten Strategien erreicht werden, die lediglich mit klassischen »Managementtools« nicht möglich wäre. Gleichzeitig wird die Erreichbarkeit der Unternehmensziele mit aktuellen Strukturen und Prozessen überprüft und frühzeitig eine Gelegenheit zur proaktiven Anpassung gegeben.

Qualifizierte und engagierte Mitarbeiter haben in hohem Maße den Anspruch, genau zu wissen, welchen Beitrag sie zum Unternehmenserfolg leisten. Eine transparente Zielkaskade ermöglicht für den Mitarbeiter diese **Orientierung** und gibt der Führungskraft gleichzeitig die beste Gewähr, daß die übergeordneten Ziele im Fokus bleiben und somit auch erreicht werden.

Die Zielvereinbarung ist Basis für unternehmerisches Handeln

Mitarbeiter wünschen zunehmend mehr **Freiräume**. Dieser Wunsch nach Gestaltungsspielraum bezieht sich vor allem auf die Art und Weise, wie Mitarbeiter arbeiten wollen, d. h. auf welchem Wege die Ziele erreicht werden. Unangemessen enge Vorgaben hinsichtlich der Arbeitsabläufe führen dazu, daß Mitarbeiter nur Teile ihrer Kompetenzen in den Arbeitsprozeß einbringen und dies kann, insbesondere bei qualifizierten Mitarbeitern, zu Demotivation, Leistungsminderung bis hin zu Kündigung führen. Für das Unternehmen bedeutet dies, daß Wissensressourcen und Motivation nicht oder nur teilweise genutzt werden. Wenn jedoch die Ziele ausreichend klar definiert und besprochen sind, kann dem Wunsch nach Gestaltungsfreiraum bei der Zielerreichung auch entsprochen werden.

Materielle und immaterielle Anerkennung von Leistungen müssen transparent und nachvollziehbar sein, will man sich nicht dem Vorwurf der Willkür aussetzen. Klare Geschäfts-, sowie Führungs- und Zusammenarbeitsziele und deren Erreichung machen die Anerkennung nachvollziehbar und **motivieren**. Damit wird das Prinzip »Leistung soll sich lohnen« nachhaltig unterstützt und glaubwürdig.

Wenn die strategischen Unternehmensziele konsequent in operative, individuell vereinbarte, Ziele übersetzt werden, ist schon ein wesentlicher Schritt in Richtung **Unternehmenserfolg** getan.

Größere Verantwortungsbereiche und Führungsspannen werfen die Frage auf, wie intensiv Führungskräfte die einzelnen Mitarbeiter und Themen innerhalb des Tagesgeschäfts noch steuern können, ohne die wichtigen strategischen Aufgaben zu vernachlässigen. Wenn Führungskräfte sich aus dem Tagesgeschäft zurückziehen und den Mitarbeitern die Wege zur Zielerreichung weitgehend überlassen, haben Führungskräfte deutlich mehr Freiräume, sich um die strategisch wichtigen Themen zu kümmern und die Mitarbeiter zu coachen.

Abb. 1: Klare Ziele und Zielvereinbarungen sind notwendige Voraussetzungen für unternehmerisches Handeln

Natürlich kann man einwenden, daß es nicht immer möglich ist, Ziele zu *vereinbaren*. In vielen Fällen ist die *Zielvorgabe* unvermeidbar, z. B. wenn die Freiheit durch Zwänge des Marktes, Vorgaben des Wettbewerbs oder durch Vorentscheidungen übergeordneter Ebenen eingeschränkt ist. Die Leitidee sollte jedoch immer lauten:

So viel Zielvereinbarung wie möglich, so viel Zielvorgabe wie nötig!

Dabei kann z. B. die Frage nach dem »Was« Gegenstand der Zielvorgabe, die Frage nach dem »Wie« Inhalt der Zielvereinbarung sein.

Zu jedem Zielvereinbarungsgespräch gehört zwingend auch die Diskussion über das Empowerment. Für jedes vereinbarte oder vorgegebene Ziel ist zu beantworten, ob der Mitarbeiter die notwendigen persönlichen und materiellen Ressourcen hat, um das Ziel zu erreichen. Ist die notwendige Kapazität vorhanden, sind Wissen und Knowhow des Mitarbeiters ausreichend, sind die notwendigen Rahmenbedingungen, wie z. B. Ausstattung des Arbeitsplatzes und Umfang des Verantwortungsbereichs für die Zielerreichung vorhanden?

2. Wie entstehen Ziele und welche sind vereinbarungswürdig?

Grundsätzlich entstehen Ziele im Rahmen der Geschäftsplanung, in der in der Regel folgende Frage diskutiert wird: Was möchten oder müssen wir nach Ablauf der nächsten Geschäftsperiode erreicht haben? Diese Ziele werden meist in Form von Finanzgrößen (z. B. dem Geschäftswertbeitrag, Umsatz, Ertrag) oder anderen Marktkennziffern (z. B. Marktanteile, neue Kundengruppen, Innovationen) formuliert.

Die Umsetzung dieser Ziele in konkrete Produkte, Prozesse und Verhaltensweisen stellt nun wiederum die Ziele für die nachgeordneten Ebenen, wie z. B. die Entwick-

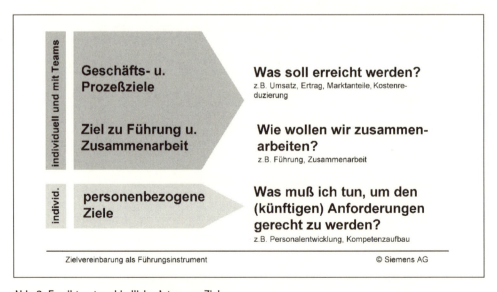

Abb. 2: Es gibt unterschiedliche Arten von Zielen

lung, die Fertigung oder den Vertrieb, dar. Dieser Prozeß der Zielauflösung wird bis zu der Ebene weitergeführt, bei der noch Zielvereinbarungen getroffen werden. Dabei besteht allerdings die Gefahr, jedes Ergebnis und absolut jeden Prozeß, der sich nur irgendwie finden läßt, in eine Zielvereinbarung einzubeziehen.

Welche Ziele finden nun Eingang in die jeweiligen Zielvereinbarungen? Grundsätzlich alle diejenigen Ziele, die für die Erreichung der übergeordneten Ziele unerläßlich oder von großer Bedeutung sind. Es geht hierbei um die »big points«: Lieber einige wichtige Ziele, auf die sich Führungskräfte und Mitarbeiter konzentrieren können, als ein umfassendes System von Zielvereinbarungen, dessen Abstimmung und Kontrolle aber schon einen beträchtlichen Teil der Ressourcen in Anspruch nimmt.

3. Der Ablauf eines Zielvereinbarungsgesprächs

Vorbereitung
Der Anstoß für ein Zielvereinbarungsgespräch kommt grundsätzlich von der Führungskraft.

Sie teilt den Zweck des Gesprächs mit und vereinbart einen Termin, der so gelegt ist, daß eine sachgerecht Vorbereitung für beide Teile möglich ist. Der Mitarbeiter wird dabei über die für seine Zielvereinbarung relevanten übergeordneten Ziele informiert und aufgefordert, sich über seinen möglichen Beitrag bereits Gedanken zu machen bzw. evtl. bereits einen Entwurf für seine Zielvereinbarung zum Gespräch mitzubringen.

Zur Vereinbarung von Zielen, die der Verbesserung von Prozessen sowie der Führung und Zusammenarbeit dienen, gehen die Initiativen häufig von den Mitarbeitern bzw. Arbeitsteams aus. Beste Erfahrungen wurden dabei mit KVP- und Qualitätsgruppen gemacht.

Das Zielvereinbarungsgespräch
Die Entwürfe bzw. Vorbereitungen des Mitarbeiters werden im Detail durchgesprochen und z. B. nach den SMART-Kriterien formuliert.

Im Anschluß daran wird über das Empowerment, d. h. die notwendigen persönlichen und materiellen Ressourcen, die zur Zielerrreichung erforderlich sind, gesprochen.

Falls Incentives oder andere einkommenswirksame Maßnahmen mit der Zielerreichung in Verbindung stehen, werden diese ebenfalls klar und für alle verständlich festgelegt.

Falls es noch keine unternehmensspezifischen Regelungen über die Dokumentation von Zielvereinbarungen gibt, wird auch darüber Einvernehmen erzielt. Alle am Prozeß der Zielvereinbarung Beteiligten sollten eine Kopie der Zielvereinbarung erhalten.

Es sollte auch festgelegt werden, bei welchen Gelegenheiten über den Fortschritt bei der Zielerreichung und wann über die endgültige Erreichung der Ziele gesprochen wird. Dies geschieht mindestens einmal pro Geschäftsjahr im jeweiligen Mitarbeitergespräch.

In der Praxis hat sich gezeigt, daß die Klärung der Rollen von Führungskraft und Mitarbeiter in den Meilenstein- und Zieldurchsprachen klar festgelegt ist. Die Mitar-

```
S  pezifisch-konkret          ▶  Ist das Ziel hinreichend
                                  präzise formuliert?

M  eßbar durch Kennzahlen     ▶  Woran kann ich erkennen,
                                  ob ich mein Ziel erreicht habe?

A  ktiv beeinflußbar          ▶  Kann ich die Zielerreichung
                                  weitgehend selbst beeinflussen?

R  ealistisch                 ▶  Ist das Ziel anspruchsvoll, aber
                                  auch erreichbar?

T  erminiert                  ▶  Sind klare Termine festgelegt?
```

Zielvereinbarung als Führungsinstrument © Siemens AG

Abb. 3: Ziele müssen klar, eindeutig und meßbar formuliert sein

beiter tragen für ein zeit- und qualitätsgerechtes sowie offenes Reporting der Fortschritte bei der Zielerreichung die Verantwortung, die Führungskräfte für das Coaching der Mitarbeiter.

```
1) Anstoß durch Führungskraft oder Mitarbeiter
2) Zielvereinbarungsgespräch
      – Information der Mitarbeiter über die übergeordneten Ziele
      – Entwurf der für die Einheit/ den Mitarbeiter relevanten Ziele
      – Ausformulierung bzw. Abgleich nach den SMART-Kriterien
      – Klärung des Empowerment
      – evtl. festlegen bzw. Diskussion von Abbruchkriterien
      – Rollenfestlegung: Mitarbeiter ist verantwortlich für das Reporting;
        Führungskraft für das Coaching
3) Dokumentation (z.B. eigene Zielvereinbarungsbögen etc., ggfs. Kopie für
   Gesprächspartner, nächsthöheren Vorgesetzten)
4) Festlegen regelmäßiger Durchsprachen z.B. von Meilensteinen
   (jour-fixe, Mitarbeitergespräche, Projektdurchsprache, etc.)
5) Feststellen und Durchsprechen der Zielerreichung
   (z.B. Mitarbeitergespräch, Projektdurchsprache am Ende des Projekts)
```

Zielvereinbarung als Führungsinstrument © Siemens AG

Abb. 4: Möglicher Ablauf einer Zielvereinbarung

4. Regelmäßige Gespräche helfen, die Zielerreichung zu sichern

Die Zielverfolgung ist hauptsächlich Aufgabe der Mitarbeiter. Werden jedoch Ziele ohne persönliches Verschulden aller Voraussicht nach nicht erreicht, darf die Meldung dieser Probleme für Mitarbeiter keine negativen Konsequenzen haben. Vielmehr sollten die sich daraus ergebenden Lernchancen genutzt werden. Gespräche zum Stand der jeweiligen Zielerreichung und hierzu noch notwendiger Maßnahmen müssen daher jederzeit geführt werden können. Dazu ist es wichtig, zuvor Meilensteine und Meßgrößen für die jeweiligen Ziele vereinbart zu haben, um die Zielerreichungsgrade auch feststellen zu können. Gibt es gravierende Abweichungen oder unvorhersehbare Veränderungen der Rahmenbedingungen, müssen neue Vereinbarungen über die zur Zielerreichung notwendigen, persönlichen und materiellen Ressourcen und weitere Aktionen getroffen werden. Änderungen der ursprünglichen Zielvereinbarungen dürfen zwar nicht ausgeschlossen werden, sollten aber stets nur ein letztes Mittel sein.

In der Praxis hat es sich als hilfreich erwiesen, nicht gleich die gesamten Zielvereinbarungen in Frage zu stellen, sondern zu prüfen, ob es nicht möglich ist, mit vertretbarem Aufwand die Zielerreichung noch zu sichern. Man kann hierbei nach der Methode der »low hanging fruits« vorgehen. Dabei geht es darum, diejenigen Maßnahmen auszuwählen, die bei relativ geringem Aufwand (Einsatz von Ressourcen), einen hohen Ertrag (Beitrag zur Zielerreichung) erwarten lassen. Ist es gelungen, solche, manchmal auch recht unkonventionellen, Maßnahmen zu finden, muß das weitere Vorgehen abgestimmt und kommuniziert werden. Denn dann ist es besonders wichtig, daß »alle an einem Strang ziehen«.

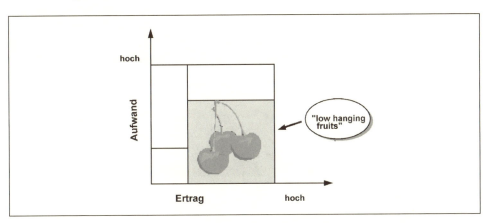

Abb. 5: Methode der low-hanging fruits: Mit geringem Aufwand einen hohen Ertrag erzielen

Spätestens wenn ein Ziel erreicht wurde, sollte neben der entsprechenden Würdigung des Ergebnisses auch über mögliche Verbesserungen und Lerneffekte gesprochen werden. Wurden anspruchsvolle Ziele mit hohem persönlichen Einsatz erreicht, kann dies auch mit Einzel- oder Gruppenprämien belohnt werden.

5. Zielvereinbarungen und Mitarbeitergespräche

Mitarbeitergespräche finden in der Siemens AG in den oberen Gruppen des Tarifkreises und dem ÜT-Kreis statt. Mindestens einmal pro Geschäftsjahr wird daher in den jeweiligen Mitarbeitergesprächen über die Erreichung bzw. den jeweiligen Erreichungsgrad der Ziele gesprochen. Manche Führungskräfte treffen auch im Rahmen des Mitarbeitergesprächs weitere, meist personenbezogene Zielvereinbarungen mit ihren Mitarbeitern. Das ist zwar nicht unmittelbarer Sinn und Zweck des Mitarbeitergesprächs, aber mit Sicherheit in einigen Fällen sehr sinnvoll!

Man kann Mitarbeitergespräche mit einer Bestandsaufnahme oder dem »spot« einer Kamera vergleichen. Dieses »Blitzlicht« findet eher losgelöst von den laufenden Aufgaben und Arbeitsprozessen statt! Zielvereinbarungsprozesse dagegen befinden sich in Abhängigkeit von den jeweiligen Aufgaben und ihrem zeitlichen und qualitativen Umfang. Im jeweiligen Mitarbeitergespräch wird jedoch über Aufgaben, Ziele, Arbeitsergebnisse und Folgerungen für die weitere Zusammenarbeit seit dem letzten Mitarbeitergespräch gesprochen.

Im Gegensatz zur Mitarbeiterbeurteilung beinhaltet das Mitarbeitergespräch keine quantitative »Rundum-Bewertung« des Mitarbeiters. Es ist vielmehr als Lerninstrument für beide Seiten, Führungskräfte und Mitarbeiter, gedacht. Durch seinen Bezug zu konkret nachweisbaren Daten und Fakten eröffnet das Mitarbeitergespräch den Gesprächspartnern die Möglichkeit, den Eindruck, den sie von ihrem Gegenüber haben, zu untermauern oder natürlich auch zu korrigieren. In einer offenen, freimütigen Aussprache werden wesentliche Arbeitsergebnisse festgehalten, sachliche und persönliche Ursachen ihres Zustandekommens analysiert, und Folgerungen für die künftige beiderseitige Arbeit, Zusammenarbeit und für die Entwicklung des Mitarbeiters vereinbart. Zielvereinbarungsgespräche und Mitarbeitergespräche müssen daher aufeinander aufbauen und sich gegenseitig ergänzen.

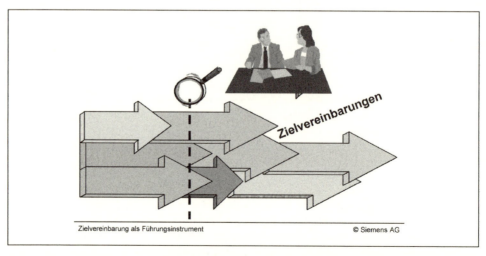

Abb. 6: Zusammenhang zwischen Zielvereinbarungsprozessen und Mitarbeitergespräch

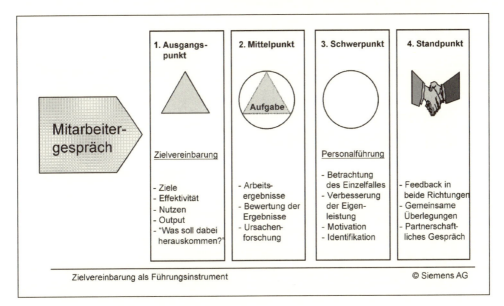

Abb. 7: Aufgaben im Mittelpunkt – Personalführung als Schwerpunkt

Mitarbeitergespräche sind ebenso wie Zielvereinbarungen ein Führungsinstrument, das Führungskräfte dahin führt, sich mit den zu erzielenden Ergebnissen, den dazu notwendigen Arbeitsprozessen und dem hierzu zielführenden Verhalten auseinanderzusetzen. Damit ist die Erwartung verbunden, daß in einem offenen und vertrauensvollen Gedankenaustausch die Fragen der (gemeinsamen) Zielerreichung, der innovationsfördernden Zusammenarbeit und der persönlichen Entwicklung diskutiert und in konkrete Maßnahmen und Ergebnisse umgesetzt werden können. Dadurch wird es möglich, Verantwortung für die Zielerreichung und die persönliche Entwicklung dorthin zu verlagern, wo sie hingehört: zu den Mitarbeitern! Die Führungskräfte können sich dadurch stärker auf ihre eigentlichen Führungsaufgaben konzentrieren und die Geschäftsentwicklung vorantreiben. Zur Unterstützung gibt es Aufzeichnungsbögen und Leitfäden, die die Durchführung der Gespräche erleichtern sollen.

Trotz aller Hilfsmittel zur Systematisierung entscheiden jedoch letztendlich Einstellungen, Werte, Engagement und Fähigkeiten der einzelnen Führungskräfte und Mitarbeiter darüber, ob es möglich ist, ehrgeizige Ziele auch zu erreichen. Nur wer auch als Person hinter dem Leitbild und den Zielen des Unternehmens bzw. des eigenen Bereichs steht, wird auch ein persönliches Commitment zur Zielerreichung eingehen und sich mit allen seinen Möglichkeiten hierfür einsetzen. Zielvereinbarungen sind Mittel und Ergebnis einer solchen Haltung und treiben so die leitbildorientierte Kulturentwicklung des Unternehmens voran. Dies trägt dazu bei, daß Zielvereinbarungsgespräche vertrauensvoll, offen und engagiert geführt werden.

Zielvereinbarungen im Rahmen wertorientierter Führung

Jürgen Dreidoppel/Wilhelm Lücke

Den Wert des Unternehmens dauerhaft und nachhaltig zu steigern, die Ertragskraft weiter zu verbessern und profitabel zu wachsen sind die Ziele wertorientierter Unternehmensführung. Zwei Führungsgrundsätze bilden bei DaimlerChrysler die Basis dieser Philosophie: Neben dem Grundsatz der dezentralen Verantwortung ist dies der Grundsatz der Führung durch Ziele, d. h. auf Konzernebene erfolgt die Führung des Unternehmens vorrangig über die Vereinbarung von geschäftsbereichsspezifischen strategischen und operativen Zielen. Aus diesen Zielen werden im Rahmen eines mehrstufigen Prozesses perioden- und verantwortungsbereichsbezogene Ergebnisziele abgeleitet und top-down in den Standorten der Geschäftsbereiche vereinbart.

In zunehmendem Maße sind deshalb Zielvereinbarungsgespräche zu einem selbstverständlichen Bestandteil der Führungs- und Arbeitspraxis im Unternehmen geworden. Natürlich sollen Zielvereinbarungen in erster Linie die Steuerung von Führungsprozessen unterstützen, gleichzeitig eröffnen sich aber auch neue Beteiligungsmöglichkeiten für die Beschäftigten. Die themen- und ergebnisbezogene Verständigung zwischen Führungskräften und Mitarbeitern steht dabei im Mittelpunkt.

1. Von der DaimlerChrysler-Vision zu den Zielen

Leitbild für unser unternehmerisches Handeln im Konzern ist die DaimlerChrysler-Vision. Sie beinhaltet die übergeordneten Konzernziele und auch das Wertesystem und die Leistungsmaßstäbe, an denen wir uns messen lassen.

Wir führen unsere Geschäfte dabei mit Hilfe eines permanenten Werttreiberprozesses, an dessen Ablaufschritten sich der Führungsprozess ausrichtet.

Dazu ist es notwendig, auf allen Führungsebenen die Stellhebel für erfolgreiches unternehmerisches Handeln herauszuarbeiten. Auf Grundlage der identifizierten (spezifischen) Werttreiber des Geschäftsfelds/Bereichs werden dezentral Themenfelder und Werttreiber für den Zielvereinbarungsprozess generiert und priorisiert. Es gilt dabei zu ermitteln, wie im eigenen Aufgaben- bzw. Verantwortungsbereich durch Sachaufgaben, Prozessoptimierungen bzw. bereichs- oder personen-bezogene Entwicklungsmaßnahmen ein größtmöglicher Beitrag zur Wertsteigerung erreicht werden kann.

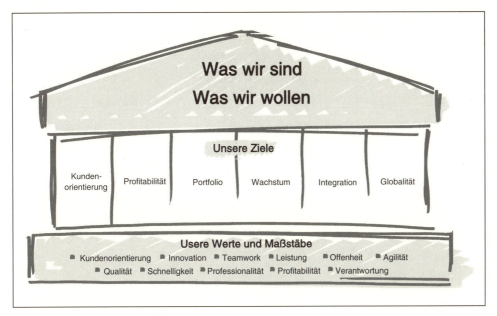

Abb. 1: Unsere Ziele, Werte und Maßstäbe

Von besonderer Bedeutung ist für uns die Frage der Führungskultur, also nach der Art und Weise, wie wir Unternehmensziele angehen und welche Leitlinien für das unternehmerische Handeln bestehen. Die Kulturwerte und Maßstäbe des Konzerns sind in der DC-Vision formuliert und beschreiben als Qualitätsstandards einen Handlungsrahmen für das Führen mit Zielen.

Hierbei steht die Ergebnisorientierung eindeutig im Mittelpunkt. Da die Führungskultur sich jedoch insbesondere im Verhalten in der konkreten Führungssituation zeigt, stehen die Grundpositionen der Personalarbeit den Führungskräften weiterhin als Leitbild bzw. Orientierungsrahmen zur Verfügung.

Wertorientiertes Führungshandeln ist somit durch gute Geschäftsergebnisse, erfolgreiches unternehmerisches Handeln und ein überzeugendes Führungsverhalten im Sinne des Potenzial- und Performance-Managements geprägt. Im praktischen Umsetzungsprozess gilt es dann, diesen Rahmen auszufüllen und mit bereichsspezifischen Maßnahmen zu konkretisieren.

Wir verfolgen das Erreichen der operativen Ziele unterjährig und beschließen ggf. Gegensteuerungs- oder Unterstützungsmaßnahmen zur Zielerreichung. Den Abschluss im Jahreszyklus bildet dann die Bilanz der Zielerreichung und die dazugehörige Incentivierung der erreichten Erfolge. Die Zielvereinbarung ist damit zentrales (Personal-)Führungsinstrument im Rahmen der wertorientierten Führung.

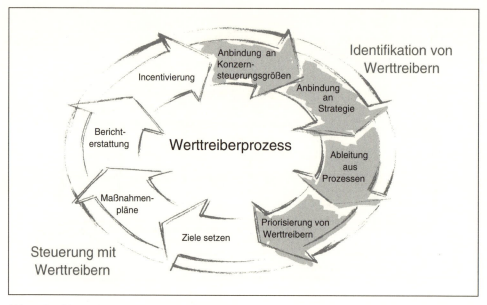

Abb. 2: Der Werttreiberprozess von DaimlerChrysler

1.1 Die »Ziele« der Zielvereinbarung

In einer auf Wertsteigerung, Eigeninitiative und Mitarbeiterbeteiligung ausgerichteten Führungs- und Arbeitspraxis helfen Zielvereinbarungen dabei, den folgenden Anforderungen gerecht zu werden:

- Konsequente Ergebnisorientierung
- Identifikation mit vereinbarten Zielen
- Eindeutiger Bezug zu übergeordneten Unternehmenszielen
- Klarheit in der Aufgabenstellung
- Optimierung der Steuerungsprozesse
- Eigenverantwortliches, selbstständiges Handeln
- Bessere Kommunikation zwischen Vorgesetzten und Mitarbeitern.

Das Gesamtziel lautet: Umsetzung wertorientierter Unternehmensführung. Wofür diese Führungsphilosophie bei DaimlerChrysler steht, ist sowohl durch »harte« als auch durch »weiche« Faktoren beschrieben. Die harten Faktoren sind eindeutig in den Profitabilitätszielen definiert. Daneben sind in der Konzern-Vision die Kulturwerte und Leistungsmaßstäbe ausgewiesen. Die Qualität vereinbarter Ziele hängt zu einem nicht unerheblichen Teil davon ab, wie diese Werte in direkter oder operationalisierter Form darin eingebunden sind.

1.2 Funktionen der Zielvereinbarung: Steuerung und Beteiligung

Die Zielvereinbarung wirkt sowohl top-down, als auch bottom-up. Vorrangig ist sie ein Führungs- und Steuerungsinstrument zur zielgerichteten Umsetzung der Unternehmensziele über die Führungskaskade. Dabei wächst mit jeder Ebene der Grad der Konkretisierung unter Beibehaltung von Handlungsspielräumen in der dezentralen Ausgestaltung.

Damit ermöglicht die Zielvereinbarung einen hohen Grad an individueller Beteiligung durch konsequente Entscheidungsdelegation und die damit verbundene »demonstrative« Übernahme von Ergebnisverantwortung auf Seiten der Mitarbeiter.

1.3 Zielvereinbarung im Kontext der Führungsinstrumente

Im Werttreiberprozess – und damit in der Führungsaufgabe – kommt der Vereinbarung von Zielen und der Beurteilung von Leistungen und Ergebnissen eine verbindliche Funktion zu. Da speziell die Zielvereinbarung Messgrößen und Zielkorridore beschreibt, bildet sie eine der Grundlagen für die Leistungsmessung, die Potenzialeinschätzung und die Incentivierung. Trotz ihrer herausgehobenen Bedeutung steht die Zielvereinbarung aber nicht allein, denn auch die anderen personalpolitischen Instrumente im Führungsprozess unterstützen den Werttreiberprozess in unterschiedlicher Weise.

Ableitungen für die Zielvereinbarung werden zum Teil aus der Potenzialeinschätzung, der Mitarbeiterbefragung und dem Mitarbeiter-Feedback – z. B. als bereichsbezogene Entwicklungsziele – generiert. Die Potenzialeinschätzung, das Mitarbeiter-Feedback und die Mitarbeiterbefragung konzentrieren sich auf Fragen zur Führung, Führungskultur und Zusammenarbeit und haben eine unterstützende Funktion.

In den vereinbarten Sach-, Prozess- und Entwicklungszielen wird somit dokumentiert, wie – neben der Festlegung geeigneter Messgrößen für die Anbindung an die Konzernsteuerungsgrößen – die Unternehmens- und Kulturwerte für ein überzeugendes Führungshandeln in die Zielvereinbarung einfließen und wie der Führungsprozess für den Vereinbarungszeitraum durchgeführt wird.

> **Betriebsvereinbarung zu Zielvereinbarungen**
>
> Unternehmensleitung und Gesamtbetriebsrat gehen davon aus, dass das Führungsinstrument Zielvereinbarungen ein zunehmend selbstverständlicher Bestandteil der Führungs- und Arbeitskultur in der Mercedes-Benz AG wird. Mit Zielvereinbarungen werden sowohl neue Beteiligungsmöglichkeiten für alle Beschäftigten geschaffen, als auch Führungsprozesse zur Umsetzung der Unternehmensziele unterstützt. Zielvereinbarungen sind das Ergebnis einer Verständigung zwischen Vorgesetzten und Beschäftigten(-gruppen). Einseitige Zielvorgaben sind nicht im Sinne eines fairen Aushandlungsprozesses, somit also auch keine Zielvereinbarungen. Insofern ist der Abschluss von Zielvereinbarungen freiwillig.
>
> Die »Leitlinie für Zielvereinbarungen« ist Bestandteil dieser Betriebsvereinbarung und verbindliche Grundlage für alle Zielvereinbarungsprozesse im Unternehmen.

> Sie dient gleichzeitig dazu, Missverständnisse bei der Handhabung und Missbräuche bei der Anwendung von Zielvereinbarungen auszuschließen. Im Konfliktfall kann jeder Beschäftigte den nächsthöheren Vorgesetzten bzw. den Betriebsrat einschalten. Beschäftigte und Führungskräfte, die in Zielvereinbarungsprozesse eintreten wollen, werden durch geeignete Informations- und Beratungsmaßnahmen bei der Umsetzung unterstützt.
>
> ...
> Stuttgart-Untertürkheim, im Mai 1996

2. Die Leitlinien

2.1 Die Unternehmensziele im Mittelpunkt

Wie funktionieren Zielvereinbarungen?
Vorgesetzte und ihre direkt zugeordneten Mitarbeiter und Mitarbeiterinnen führen am Anfang eines Jahres Gespräche über die bevorstehenden Aufgaben und deren Bezug zu den Unternehmenszielen. Daraus leiten sich die Ziele ab, die für das kommende Jahr vereinbart werden sollen.

Steuerungs- und Controllingprozesse im Unternehmen beziehen sich vielfach auf das jeweilige Geschäftsjahr, deshalb ist dieser Zeitraum auch für Zielvereinbarungen sinnvoll. Wenn Ziele aus längerfristigen Aufgaben oder Projekten abgeleitet werden, können auch Teilziele oder bestimmte Meilensteine vereinbart werden.

Am Ende des Vereinbarungszeitraums bewerten Vorgesetzte, Mitarbeiter und Mitarbeiterinnen in einem gemeinsamen Rückblick in welchem Umfang diese Ziele erreicht wurden.

Zielvereinbarungsgespräche sollten auch für Gruppenarbeit, Teamarbeit und für die Arbeit in Projekten selbstverständlich sein und nach gemeinsamer Abstimmung in Gruppenzielvereinbarungen münden. Dies bietet die Chance, Ziele abzustimmen und größere Transparenz zu erreichen.

Die Ankündigung des Zielvereinbarungsgespräches muss rechtzeitig erfolgen. Im Gespräch vereinbaren Vorgesetzte, Mitarbeiter und Mitarbeiterinnen auch eine angemessene Zeitspanne für die Klärung noch offener Punkte. Damit soll sichergestellt werden, dass jeder Mitarbeiter und jede Mitarbeiterin die Möglichkeit hat, sich intensiv mit der Zielvereinbarung zu beschäftigen.

Wer schließt mit wem Zielvereinbarungen ab?
Vorgesetzte und ihre direkt zugeordneten Mitarbeiter und Mitarbeiterinnen schließen miteinander Zielvereinbarungen ab. Gemeinsam nehmen sie dabei Einfluss auf die Inhalte und übernehmen damit auch Verantwortung für den Erfolg des eigenen Bereiches.

2.2 Wie bereiten sich Vorgesetzte, Mitarbeiter und Mitarbeiterinnen am besten auf ein Zielvereinbarungsgespräch vor?

Vorgesetzte klären u. a.:	Mitarbeiter und Mitarbeiterinnen klären u. a.:
<ul><li>die zukünftige Ausrichtung ihres Bereiches,</li><li>ihre Rolle in Bereichsstrategien und -planungen,</li><li>was sie in ihrem Arbeitsgebiet mittelfristig verändert bzw. erreicht haben wollen,</li><li>welche Schwerpunktaufgaben ihre Mitarbeiter und Mitarbeiterinnen bewältigen müssen, und welche Qualifizierungsmaßnahmen ggf. notwendig sind,</li><li>welche Rahmenbedingungen/Auflagen für ihre Mitarbeiter und Mitarbeiterinnen gelten,</li><li>welche hindernden bzw. unterstützenden Kräfte auftreten können,</li><li>welche Möglichkeiten der internen und bereichsübergreifenden Zusammenarbeit ihre Mitarbeiter und Mitarbeiterinnen haben,</li><li>welche Mittel ihren Mitarbeitern und Mitarbeiterinnen und dem Bereich insgesamt zur Verfügung stehen.</li></ul>	<ul><li>was für sie in ihrem Bereich die Hauptaufgaben für das kommende Jahr sind,</li><li>ob es andere oder zusätzliche Aufgaben gibt, die sie gerne übernehmen würden,</li><li>was sie in ihrem Arbeitsgebiet mittelfristig verändert bzw. erreicht haben wollen,</li><li>welche Aufgaben sich in ihrer Stellen- bzw. Tätigkeitsbeschreibung finden,</li><li>ob sie Qualifizierungsmaßnahmen benötigen, um die neuen Aufgaben bewältigen zu können,</li><li>ob Zwischenschritte, z. B. in Projekten, zu vereinbaren sind,</li><li>was gegeben sein muss, damit die Zielerreichung wirklich beeinflussbar ist,</li><li>welche Entwicklung sie für sich persönlich anstreben.</li></ul>

2.3 Wie finden Sie Ihren Weg zum Erfolg?

Werden Zielvereinbarungen aufeinander abgestimmt?
Ja, denn die Unternehmensziele sollen inhaltlich und zeitlich abgestimmt über alle Führungsebenen abgeleitet und in individuelle Arbeitsziele umgesetzt werden. Die Beschäftigten bzw. Gruppen, die in Arbeitszusammenhängen miteinander stehen, sollten sich untereinander offen über ihre individuellen Zielvereinbarungen austauschen, um so die Transparenz wesentlich zu erhöhen und die Zusammenarbeit zu verbessern. Es ist Aufgabe der Vorgesetzten, Überschneidungen und Widersprüche zwischen den Zielvereinbarungen ihrer Mitarbeiter und Mitarbeiterinnen mit ihnen zu klären und zu bereinigen.

Woraus werden konkrete Ziele abgeleitet?
Vorgesetzte, Mitarbeiter und Mitarbeiterinnen sollten von den Unternehmenszielen über die Center-/Bereichsziele zu individuellen Arbeitszielen gelangen. Diese Vorgehensweise erfordert eine durchgängige Kommunikation der großen Ziele über alle Ebenen. Hier sind Führungskräfte besonders gefordert, die erforderlichen Informationen zu vermitteln.

Gleichzeitig sind alle Beschäftigten aufgefordert, aus den wahrgenommenen Aufgaben heraus eigene Ideen und Ansätze einzubringen, die für sie wichtig sind und mit denen sie sich identifizieren können. Weitere wesentliche Ansätze ergeben sich aus den Erwartungen und Anforderungen von Kunden und Nachbarbereichen. Die sinnvolle Auswahl, Verknüpfung und Bewertung dieser Ziele ist die eigentliche Hauptaufgabe, die Vorgesetzte, Mitarbeiter und Mitarbeiterinnen gemeinsam leisten.

2.4 Wo können Sie Treffer landen?

Welche Ziele werden vereinbart?
Die einzelnen Ziele werden je nach Center oder Bereich variieren. In den Zielvereinbarungen sollten sowohl quantitative als auch qualitative Ziele enthalten sein.

Es werden vorrangig Ziele über folgende Bereiche vereinbart:

Ziele zu Sachaufgaben, z. B.:

- welche Qualität der Ergebnisse soll bei den Arbeitsschwerpunkten bzw. Projekten erreicht werden?
- in welchem Umfang sollen mit den zur Verfügung stehenden Mitteln/Materialien die Ziele erreicht werden?

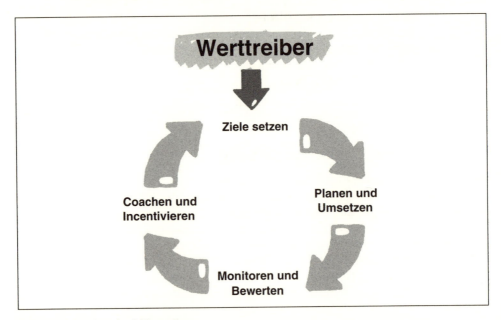

Abb. 3: Zielvorgaben durch Werttreiber

Zielvereinbarungen im Rahmen wertorientierter Führung | 119

- wie sollen neue Lösungen unterstützt werden?
- wie und in welchem Umfang sollen Produktivitäts-, Absatz- bzw. Umsatzsteigerungen erreicht werden?
- wie sollen Arbeitssicherheit und Umweltschutz gesteigert sowie die Arbeitsbedingungen und die Arbeitssituation verbessert werden?

Ziele zur Prozessoptimierung, z. B.:

- welche Wirkung soll durch die Führung und Unterstützung bzw. durch Kommunikation und Information erreicht werden?
- wo und wodurch sollen Abläufe und Zusammenarbeit wirkungsvoller gestaltet werden?

Ziele zur personen- und bereichsbezogenen Entwicklung, z. B.:

- wie sollen Einsatz und die Qualifikation verbessert/gefördert werden und was soll damit erreicht werden?
- wo sollen Teilziele für die berufliche Entwicklung gesetzt werden?

Zielvereinbarungen zur Fehlzeitreduzierung müssen konkrete Hinweise zur Umsetzung enthalten. Zielvereinbarungen zu Personalabbauzahlen sind nicht im Sinne dieser Leitlinie.

2.5 Was? Wie viele? Und danach?

Wie viele Ziele sollen vereinbart werden?
Die Zahl der vereinbarten Ziele sollte klein gehalten werden, damit die Schwerpunkte deutlich bleiben.

Wann ist ein Ziel gut formuliert?
Der eindeutige Bezug zum angestrebten Ergebnis muss dargestellt sein. Ein Ziel beschreibt einen gewünschten Zustand. Im Vordergrund steht nicht, was getan werden muss, sondern was erreicht werden soll.

Was geschieht, wenn sich Vorgesetzte, Mitarbeiter und Mitarbeiterinnen nicht einigen können?
In den Zielvereinbarungsgesprächen suchen alle Beteiligten gemeinsam nach Lösungswegen und einem Ausgleich der Interessen. Ist letztlich keine Einigung über die Ziele möglich, kommt eine Zielvereinbarung nicht zustande.

Wie werden Zielvereinbarungen festgehalten?
Zielvereinbarungen zwischen Vorgesetzten, Mitarbeitern und Mitarbeiterinnen sind schriftlich festzuhalten. Eine bestimmte Form ist darüber hinaus nicht vorgegeben. Vereinbarte Termine, Prioritäten, Messgrößen usw. müssen in die schriftliche Fassung einfließen.

2.6 Was passiert im Laufe des Jahres?

Was geschieht, wenn sich im Laufe des Jahres wesentliche Rahmenbedingungen verändern?

Grundsätzlich werden an getroffenen Zielvereinbarungen keine Änderungen vorgenommen. Abweichungen von den zugrundeliegenden Annahmen der jeweiligen Zielvereinbarung sollten frühzeitig zwischen Vorgesetzten, Mitarbeitern und Mitarbeiterinnen besprochen und ggf. festgehalten werden. Diese Rücksprachen stellen sicher, dass alle Beteiligten denselben Kenntnisstand über die veränderte Situation besitzen.

Gemeinsam sollten sie Maßnahmen der Gegensteuerung überlegen und diese Besonderheiten bei der Bewertung der Zielerreichung berücksichtigen. Rücksprachen sind auch dazu da, über Zwischenergebnisse zu informieren bzw. Möglichkeiten der Unterstützung zu klären.

Wie kann die Zielerreichung bewertet werden?

Quantitative Ziele können durch Kennzahlen und Absolutwerte gemessen und bewertet werden. Qualitative Ziele verlangen Gütekriterien, die eine Bewertung möglich machen bzw. von vornherein das angestrebte Ergebnis beschreiben. Maßstäbe für die Zielerreichung können beispielsweise sein: beobachtbare Veränderungen, inwieweit der gewünschte Zustand erreicht ist, Qualität, Effizienz, Termintreue, Rückmeldungen von Kunden, etc.

2.7 Nur einer von mehreren Punkten

Ist die Zielvereinbarung eine anders formulierte Stellenbeschreibung bzw. Tätigkeitsbeschreibung?

Nein, denn die Stellenbeschreibung/Tätigkeitsbeschreibung schildert prinzipiell das gesamte Aufgabenspektrum. In der Stellenbeschreibung/Tätigkeitsbeschreibung sind die Anforderungen nicht auf den Zeitraum eines Jahres begrenzt, wie es bei der Zielvereinbarung der Fall ist. Die Zielvereinbarung ist ergebnisorientiert und greift aktuelle Schwerpunkte der Aufgaben heraus, die in der Stellenbeschreibung/Tätigkeitsbeschreibung aufgeführt sind. Sie variiert in der Regel jährlich in ihren Inhalten.

Kann man sich bei der Arbeit ausschließlich auf die vereinbarten Ziele konzentrieren?

Nein. Die Zielvereinbarung umfasst Schwerpunktaufgaben und wichtige Veränderungsvorhaben, aber die Anforderung, das gesamte Aufgabenspektrum zu bearbeiten, bleibt unverändert erhalten.

2.8 Das Finish und was danach kommt

In welchem Zusammenhang stehen Zielvereinbarung und Leistungsbeurteilung?

Die Zielvereinbarungen beschreiben, was erreicht werden soll. Vorgesetzte, Mitarbeiter und Mitarbeiterinnen ziehen am Ende des Vereinbarungszeitraums Bilanz. Bei der Leistungsbeurteilung bewerten Vorgesetzte die Leistungen ihrer Mitarbeiter und Mitarbeiterinnen im vergangenen Jahr nach vereinbarten Kriterien und geben Hinweise für mögliche Verbesserungen und Entwicklungen.

Der Umfang der Zielerreichung aus der Zielvereinbarung kann bei der Leistungsbeurteilung berücksichtigt werden. Mit der Leistungsbeurteilung und mit der Bilanz der Zielerreichung machen sich Vorgesetzte ein Gesamtbild dessen, was ein Mitarbeiter bzw. eine Mitarbeiterin erreicht hat. Den Mitarbeitern und den Mitarbeiterinnen kann dieses Gesamtbild bei der Ableitung eigener neuer Entwicklungsziele helfen.

Was geschieht mit den Ergebnissen nach Ablauf des Vereinbarungszeitraums?
Die Beteiligten ziehen Bilanz und stellen fest, welche Inhalte der Zielvereinbarung in welchem Umfang erreicht bzw. nicht erreicht wurden. Bei den Zielen, die nicht ganz erreicht wurden, muss gemeinsam geklärt werden, welche weiterhin von Bedeutung sind, und welche Möglichkeiten Vorgesetzte haben, die Mitarbeiter und Mitarbeiterinnen zu unterstützen. Insgesamt bilden die Ergebnisse den Ausgangspunkt der nächsten Zielvereinbarungsgespräche.

Die Beteiligten müssen zusammen entscheiden, welche neuen Ansätze sich aus dem Erreichten ableiten lassen und was in konkrete Entwicklungsschritte umgesetzt werden kann.

2.9 Zum Schluss: Die Checkliste, mit der es nur Gewinner gibt

Was müssen Vorgesetzte auf jeden Fall beachten?	Was müssen Mitarbeiter und Mitarbeiterinnen auf jeden Fall beachten?
▪ Leiten Sie Ziele aus den Unternehmens- und Bereichszielen sowie aus Ihren eigenen Vorstellungen und Schwerpunktaufgaben ab. ▪ Lassen Sie Spielraum, um Ideen und Erwartungen Ihrer Mitarbeiter und Mitarbeiterinnen einbinden zu können. ▪ Machen Sie Zielprioritäten erkennbar und verdeutlichen Sie den Beitrag zu übergeordneten Zielen. ▪ Fixieren Sie Ziele inhaltlich und zeitlich so exakt wie möglich. ▪ Stellen Sie sicher, dass die Ziele realistisch erreichbar sind, d. h. nicht zu schwer, aber doch herausfordernd. ▪ Achten Sie darauf, dass Ihre Mitarbeiter und Mitarbeiterinnen als Verantwortliche für die Zielerreichung die hierfür notwendigen Informationen sowie Handlungs- und Entscheidungskompetenzen zur Verfügung haben. ▪ Vereinbaren Sie gemeinsam Kriterien, anhand derer die Ziele bewertbar und ggf. messbar sind. Auch qualitative Ziele bedürfen einer ausreichenden Bestimmtheit/Überprüfbarkeit, um im Grad der Zielerreichung bewertet werden zu können. ▪ Achten Sie darauf, dass Ziele nicht im Widerspruch zueinander stehen.	▪ Bringen Sie aus Ihren Aufgaben heraus eigene Ideen und Vorschläge in die Zielvereinbarungsgespräche ein. ▪ Sorgen Sie für klare Formulierungen. ▪ Verlangen Sie die notwendigen Informationen, Handlungs- und Entscheidungskompetenzen. ▪ Achten Sie darauf, Mess- und Bewertungsgrößen für die Zielerreichung festzulegen. ▪ Klären Sie Ihre Gestaltungsspielräume. ▪ Prüfen Sie, ob die Ziele realistisch sind. ▪ Klären Sie den Bezug Ihrer Zielvereinbarung zu Bereichs- und Unternehmenszielen. ▪ Klären Sie, inwiefern Qualifizierungsmaßnahmen oder andere Unterstützungen zur Zielerreichung notwendig sind und fordern Sie diese gegebenenfalls ein.

3. Hinweise für die Gestaltung des Zielvereinbarungsprozesses

Die Betriebsvereinbarung bzw. Leitlinie Zielvereinbarung wurde im Jahr 1996 abgeschlossen und kam in der Folge in den Standorten des Unternehmens zum Einsatz. Aus Rückmeldungen von Mitarbeitern in Gesprächen und Mitarbeiterbefragungen zeigt sich die Zufriedenheit mit den Beteiligungsmöglichkeiten im Zielvereinbarungsprozess, insbesondere aufgrund der gewachsenen Gestaltungsmöglichkeiten und einer höheren Eigenverantwortlichkeit der Arbeit.

Für das Führungs- und Beteiligungsinstrument Zielvereinbarung haben sich mit den Erfahrungen aus der Umsetzung aber auch Ansatzpunkte zur weiteren Verbesserung ergeben. Typische Umsetzungsprobleme im Zielvereinbarungsprozess sind zwischenzeitlich analysiert und Vorschläge entwickelt worden, wie hier Abhilfe geschaffen werden kann. In diesem dritten Kapitel sollen daher einige Hilfsmittel zur methodischen Unterstützung des Zielvereinbarungsprozesses vorgestellt werden.

3.1 Ziel- und Ressourcenplanung

Planung ist das halbe Leben – mit klaren Rahmenbedingungen! Bereits in der Frühphase des Vereinbarungsprozesses müssen für Zielfindung und Priorisierung der Jahresziele die Rahmenbedingungen geklärt werden, um diese Schwerpunktaufgaben im Jahresablauf einplanen zu können, evtl. in Arbeitsteilung bzw. Zusammenarbeit mit Kollegen.

Für eine optimale Ressourcenplanung sollten die Ziele mit dem entsprechenden Bearbeitungsaufwand vorab für die Vereinbarungsperiode abgeschätzt werden und über das Jahr nachgehalten werden. Bereits in dieser Phase müssen sich Führungskräfte Gedanken machen, wie die Incentivierung am Jahresende aussehen soll.

In die Zielvereinbarung sollen auch Ziele einfließen, die sich aus den Ergebnissen der Potentialeinschätzung, der Mitarbeiterbefragung oder des Mitarbeiter-Feedback ableiten lassen.

3.2 Zielvereinbarungsprozess: Meilensteine

Zielvereinbarungen dienen zur einvernehmlichen Festlegung von für beide Seiten akzeptablen und transparenten Zielen für die kommende Vereinbarungsperiode. Um Ziele vereinbaren und anschließend bearbeiten zu können, sind einige methodische Aspekte zu beachten. Einer geeigneten Operationalisierung der Ziele (d. h. Dokumentation der Messvorschrift) kommt hierbei besondere Bedeutung zu. So müssen Ziele einen klaren Zeitbezug aufweisen und stringent aus übergeordneten Bereichszielen abgeleitet werden. D. h. die zu vereinbarenden Ziele müssen positive Wirkung auf diese Ziele haben und damit zur Wertsteigerung beitragen. Voraussetzung für die Messung der Zielerreichung ist insbesondere die präzise und in sich widerspruchsfreie Definition und klare Ausformulierung der Ziele.

Durch Zwischenbilanzen und eine geeignete Visualisierung können frühzeitig Probleme erkannt und angegangen werden, die der Zielerreichung im Wege stehen. Und schließlich darf nicht vergessen werden, dass sowohl das Erreichen als auch die Abweichung von den vereinbarten Zielen Konsequenzen (finanziell oder nicht-finanziell) haben muss. Denn nur so geht von dem Instrument Zielvereinbarung eine dauerhafte Wirkung aus.

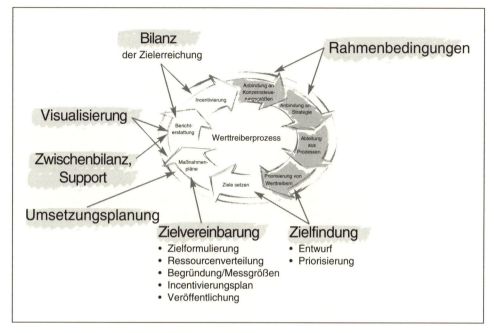

Abb. 4: Meilensteine und Einflussgrößen des Werttreiberprozesses mit Zielen

3.3 Zielvereinbarungsgespräche

Der Abschluss einer Zielvereinbarung bedarf einer sorgfältigen Vorbereitung. Zuerst einmal gibt es nicht nur das eine Gespräch. Vielmehr gibt es mehrere Gespräche zwischen Führungskraft und Mitarbeiter mit dem Ziel der

- Vorbereitung – Klärung von Ausgangspositionen und Rahmenbedingungen,
- Vereinbarung – konkrete Fixierung der Jahresziele,
- Unterstützung – Überprüfung von Meilensteinen, und schließlich
- Bilanz – Bewertung der Zielerreichung und differenzierte Incentivierung.

Wichtig für den Erfolg dieser Gespräche, in denen auch persönliche Entwicklungsperspektiven aufgezeigt werden, ist ein positives Gesprächsklima.
Die Beachtung einer Reihe von Qualitätsstandards für gute Kommunikation kann die Entstehung eines solchen positiven Klimas – und damit für einen wirkungsvollen Zielvereinbarungsprozess – unterstützen. Im Wesentlichen geht es darum,

- Zeiten einzuhalten, geordnet zu diskutieren,
- Mitarbeiter ernst zu nehmen und einzubinden,
- gegenseitige Erwartungen anzusprechen,
- Standpunkte zu verdeutlichen,

- Konflikte und Probleme zu identifizieren und anzusprechen,
- Emotionen einzukalkulieren,
- Transparenz herzustellen,
- Vergangenes zu beurteilen,
- Prioritäten zu setzen,
- Ergebnisse festzuhalten.

Die Aushandlung der Ziele wird damit für alle Beteiligten angenehmer.

3.4 Hilfestellung zur Formulierung der Zielvereinbarung

Einfach gesagt soll die Zielvereinbarung beschreiben, was bis wann erreicht sein soll. Dies erleichtert im Anschluss die Bewertung der Zielerreichung. Bewährt hat sich für die Beschreibung der Ziele die sogenannte finale Textformulierung. Damit ist gemeint, dass Ziele so beschrieben werden, als ob der zum Ende der Zielvereinbarungsperiode gewünschte Zustand erreicht sei (Ziel ist erreicht, wenn ...). Damit sollen für ein Ziel auch die Begründung und ... oder Maßstäbe definiert werden. Mit der ausformulierten Begründung für die abgeleiteten Ziele wird die Anbindung an die strategische Zielsetzung dokumentiert und der eigene Beitrag zur Wertsteigerung verdeutlicht. Den Mitarbeitern wird die Verbindung zu den übergeordneten Abteilungs-, Bereichs- oder Unternehmenszielen verdeutlicht (Dies dient dazu ..., siehe Beispiel).

> **Beispiel zur Zielformulierung**
>
> Ziel: Für die Reduzierung der Entwicklungszeiten für Baureihe XY um (Prozent) wird bis (Termin) ein Konzept für Simultaneous Engineering sowie ein integriertes Änderungsmanagement erstellt und ab dem (Termin) pilothaft erprobt.
> Begründung: Dies dient der Steigerung der Wirtschaftlichkeit über die Beschleunigung des Produktentwicklungsprozesses (Time-to-Market) und damit verbundener geringerer Kapitalbindung.
> Messgröße: Zeit in Monaten oder Wochen; ggf. auch EURO oder US $.
> Maßstab:
>
> - Leistungsverrechnung (Kostenstelle)
> - Deckungsbeitrag (Center)
> - RONA (Geschäftsbereich)

Darüber hinaus muss ein sinnvoll abgestufter Maßstab zur Messung und Incentivierung der Zielerreichung festgelegt werden. Die Quantifizierung von Zielen erfolgt durch die Einführung eines Maßstabs mit einer fest definierten Skala, so dass bei der Messung der Zielerreichung der Erfüllungsgrad mit ausreichender Genauigkeit dargestellt und incentiviert werden kann (siehe Beispiel). Nur wenn bei qualitativen Zielen keine bessere Messgröße gefunden werden kann, sollte auf einen zweigeteilten Maßstab zurückgegriffen werden (Ziel erreicht = 1, Ziel nicht erreicht = 0). Die Schwierigkeit liegt in diesem Fall darin, dass die tatsächliche Zielerreichung nur sehr grob bewertet werden kann.

Erfahrungen zeigen, dass die Vereinbarung geeigneter Messgrößen gerade bei qualitativen Zielen besondere Probleme bereitet. Denn qualitative Ziele sind wesentlich schwieriger mit Messgrößen abzubilden als quantitative Ziele. Dennoch ist gerade die Vereinbarung qualitativer Ziele wünschenswert und nötig, da in vielen Unternehmensbereichen der längerfristige Erfolg von »weichen Faktoren« abhängt. Beispiel: Im Vertrieb ist der kurzfristige Erfolg z. B. durch die Anzahl der Kundenkontakte oder die Anzahl geführter Verkaufsgespräche determiniert, was sich jeweils in quantitativen Messgrößen ausdrückt. Langfristiger Erfolg lässt sich aber nur über Kundenzufriedenheit und Kundenbindung sowie die positive Einstellung des Kunden zur Marke gewährleisten. Faktoren, die hierauf einen Einfluss haben, sind nicht unmittelbar quantifizierbar, sie drücken sich z. B. durch optimale Kundenfreundlichkeit und -orientierung der Mitarbeiter im Vertriebs- und Servicebereich aus. Grundsätzlich wird angestrebt, auch bei qualitativen Zielen die Zielformulierung so zu gestalten, dass eine Bewertung der Zielerreichung mit quantitativen Messgrößen ermöglicht wird. Taucht ein Fall auf, bei dem die Zielformulierung unklar bleibt, so muss das Ziel – inhaltlich oder zeitlich – noch besser operationalisiert werden. Dies geschieht durch die Zerlegung von Zielen in Teilziele, um diese dann Schritt für Schritt mit quantitativen Messgrößen darstellen zu können.

3.5 Zwischenbilanz und Visualisierung

Um optimale Ergebnisse zu erzielen, ist es auch im Verlauf des Jahres nötig, Zwischenbilanz zu ziehen. So können Kurskorrekturen rechtzeitig vorgenommen werden. Die Zwischenbilanz liefert eine aktuelle Bewertung von Rahmenbedingungen und Bearbeitungsstand und ermöglicht insofern eine gezieltere Steuerung der Ressourcen – bei gleichzeitiger Verbesserung der Beteiligungs- und Mitsprachemöglichkeiten für Mitarbeiter.

Hilfreich hierfür ist die Orientierung an Meilensteinen und Terminen für die Zwischenbilanzierung, die schon im Zielvereinbarungsgespräch festgelegt werden sollten. Bei regelmäßigen Rücksprachen des Mitarbeiters mit der Führungskraft kann eine Positionsbestimmung vorgenommen werden, möglichst auf der Basis einer regelmäßigen Visualisierung. In Problemfällen kann gemeinsam nach Maßnahmen zur Gegensteuerung gesucht werden.

Die Bewertung des erreichten Bearbeitungsstandes kann durch eine Visualisierung mit einer jeweils angemessenen Genauigkeit unterstützt werden. Wenn die Zielbilanz über klare Realisierungstermine für Aufgaben bzw. Meilensteine bewertet werden kann, können z. B. mit Hilfe von Charts Abweichungen leicht identifiziert werden. Der Führungskraft kommt in diesem Zusammenhang die Rolle eines Coachs zu, der den Prozess der Zielerreichung begleitet und unterstützt.

3.6 Zielerreichung und Incentivierung – Prinzipien der Vergütung

Die Zielvereinbarung hat Einfluss auf die Incentivierung. Konkret gesagt, ist es der festgestellte Grad der Zielerreichung, der unmittelbar oder mittelbar vergütungswirksam wird. Wenn aus der Mitarbeiterbefragung, dem Mitarbeiter-Feedback oder der Potenzialeinschätzung konkrete Ziele Eingang in die Zielvereinbarung finden, wird auch auf diesem Wege Einfluss auf die Incentivierung bzw. die Vergütung genommen. Als letzter und nicht unwesentlicher Schritt der Bearbeitung von Zielen und Aufgaben steht daher am Ende der Planungsperiode die Incentivierung an. Dabei ist es Aufgabe der Führungskräfte die Incentivierung so differenziert zu gestalten, dass sie den unterschiedlichen Zielerreichungsgraden entspricht.

Im Tarifbereich hängt ein wesentlicher Teil der monatlichen Vergütung von der individuellen Leistung oder von der Leistung des Teams ab. Der Umfang der Zielerreichung aus der Zielvereinbarung kann im Rahmen der individuellen Leistungsbeurteilung berücksichtigt werden. In den Produktionsbereichen sind – über das vorgesehene Pensum hinaus – zusätzlich umfassende Leistungsvereinbarungen zwischen Meister und Mitarbeiter möglich. Sie können neben den tariflichen Elementen Menge und Qualität Bestandteil der Leistungsentlohnung sein.

Die Ergebnisbeteiligung in der DaimlerChrysler AG ist als zusätzliche jährliche Einmalzahlung davon abhängig, in welchem Umfang das Gesamtunternehmen seine Ergebnisziele erreicht.

Bei Führungskräften ist die Höhe der jährlichen variablen Vergütung in vollem Umfang davon abhängig, inwieweit die Ziele des Unternehmens und der Führungskraft erfolgreich umgesetzt werden. Dabei ist der Anteil der variablen Vergütung umso höher, je stärker auf der jeweiligen Ebene Verantwortung für den Unternehmenserfolg besteht.

Zur Verstärkung der Korrelation zwischen Zielvereinbarung und Incentivierung wird in einem längerfristigen Prozess der Anteil der variablen Vergütung am Gesamteinkommen für alle Führungskräfte deutlich erhöht. Bei besonders herausragenden individuellen Leistungen oder Teamleistungen besteht – für Mitarbeiter und Führungskräfte gleichermaßen – die Möglichkeit einer besonderen einmaligen Honorierung (z. B. Cash Bonus, Incentives usw.).

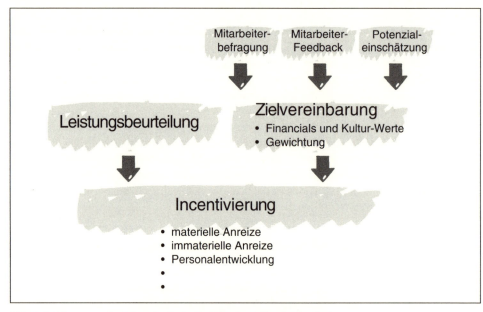

Abb. 5: Leistungs- und erfolgsorientierte Gestaltung als Kernbestandteil

Eine leistungs- und erfolgsorientierte Gestaltung unserer Vergütungsinstrumente ist Kernbestandteil der Vergütungspolitik. Sie bietet für Mitarbeiter und Führungskräfte die Chance, am Erfolg des Unternehmens und des eigenen Beitrags beteiligt zu sein.

4. Resümee

Die Zielvereinbarung hat sich im wesentlichen als zentrales Element des Führungsprozesses im Unternehmen etabliert. Ihre Stärke liegt darin, dass nur prozessuale Vorgaben für die Anwendung bestehen, inhaltliche Aussagen (im Gegensatz zu Beurteilungssystemen) nicht standardisiert sind, sondern permanent neu im Führungsdialog erarbeitet werden (müssen).

Fallweise wird die Zielvereinbarung umlagert bzw. ergänzt durch die Leistungsbeurteilung, Instrumente zur Führungskräfteplanung und -entwicklung, das Mitarbeiter-Feedback und gewissermaßen als Erfolgscontrolling auch durch Mitarbeiterbefragungen, die ein Stimmungsbild der Mitarbeiter zum Thema Führung einholen.

Auf Dauer hat die Zielvereinbarung im Rahmen der wertorientierten Führung weiter steigende Bedeutung, da auch für den Tarifbereich eine stärkere Verknüpfung der Incentivierung mit dem individuellen Beitrag zum Unternehmenserfolg erfolgt.

Beispiel eines Personalgespräches mit Zielvereinbarung mit einem drogenabhängigen Beschäftigten

Anonymus

Herrn ▇▇▇
Im Hause

▇▇▇ 199▇

Zielvereinbarungsgespräch

Sehr geehrter Herr ▇▇▇,
am ▇▇▇ 199X haben wir mit Ihnen im Werk ▇▇▇ ein Gespräch über Ihre Drogenabhängigkeit geführt. In dieser Besprechung, an der die Herren ▇▇▇ teilgenommen haben, haben Sie uns über Ihre Heroinabhängigkeit informiert.

Sie hatten sich zuvor an die Drogenberatungsstelle des Jugendamtes der Stadt ▇▇▇ gewendet, die Ihnen im Krankenhaus ▇▇▇ einen Behandlungsplatz für eine zweiwöchige Entgiftung vermittelt hat. Diese Behandlungsmaßnahme, die Sie am ▇▇▇ begonnen haben, wurde jedoch vorzeitig abgebrochen.

Wir haben Sie in dem Gespräch am ▇▇▇ darauf hingewiesen, daß Ihre Drogenabhängigkeit einen Verstoß gegen die Betriebsordnung darstellt und eine weitere Beschäftigung in diesem Zustand nicht möglich ist. Um Ihren Arbeitsplatz zu erhalten und Ihren Gesundheitszustand wiederherzustellen, schlagen wir Ihnen eine Zielvereinbarung über folgende Behandlungsmaßnahmen vor:

1. **Entgiftung:**
   Sie werden sich am ▇▇▇ 200▇ einer qualifizierten Entgiftung im Ev. Krankenhaus ▇▇▇ unterziehen (Dauer ca. 14 Tage). Der Platz ist für Sie vom Jugendamt der Stadt ▇▇▇ fest vermittelt worden.
2. **Entwöhnung:**
   Unmittelbar im Anschluß daran werden Sie eine teilstationäre Therapie im Therapiezentrum ▇▇▇ antreten (Dauer: ca. 9 Monate). Behandlungsplatz und Kostenzusage sind gesichert.
3. **Nachsorge durch Selbsthilfegruppe**
   Zur Unterstützung der Suchtmittelabstinenz werden Sie im Anschluß an die Therapie für die Dauer von mindestens einem Jahr regelmäßig an einer Selbsthilfegruppe teilnehmen.
   In diesem Zeitraum verpflichten Sie sich, die von Ihrem Vorgesetzten unregelmäßig angeordneten Urinkontrollen bei dem/der Betriebsarzt/ärztin durchführen zu lassen.

4. **Betreuung und zwischenzeitliche Rückmeldungen**
   Für Ihre Betreuung ist unser Suchtkrankenhelfer, Herr ███████, zuständig. Er wird mit Ihnen und Ihren Therapeuten, bzw. Betreuern des Therapiezentrums ███████ sowie des Jugendamtes der Stadt ███████ Kontakt halten.
   Sie sichern zu, bei im Verlauf der obigen Maßnahme auftretenden Schwierigkeiten unverzüglich Herrn ███████ oder Ihren Vorgesetzten zu informieren.
5. **Bruch der Zielvereinbarung**
   Die angeführten Maßnahmen dienen in erster Linie Ihrem Interesse; sie erfordern daher Ihre ungeteilte Mithilfe. Dies bedeutet umgekehrt, daß ein unbegründetes Abbrechen der Maßnahme zu einer Kündigung Ihres Beschäftigungsverhältnisses führen wird. Auch ein Rückfall nach Abschluß der o.a. Maßnahmen macht eine weitere Mitarbeit in unserem Hause unmöglich. Die genannten Konsequenzen bei einem Bruch der Zielvereinbarung sind mit dem Betriebsrat abgestimmt.

Wir sind sicher, daß Sie sich von Ihrer Drogenabhängigkeit lösen können, wenn Sie den ernsthaften Willen haben, die o.g. Maßnahmen der Zielvereinbarung mitzutragen und zu befolgen.

Die Zielvereinbarung bedarf Ihrer Zustimmung, um wirksam zu werden. Wir bitten daher um Ihre Unterschrift.

Mit freundlichen Grüßen

Zielvereinbarungsgespräche als Fallbeispiele in der Praxis – Die methodische Durchführung von praktischen Übungen zu Zielvereinbarungen in Kleingruppen

Jens Faust/Frank Jetter/Rainer Skrotzki/Annette Sträter/Sabine von Kaiz

1. Ablauf der Praxisübung

Für die Simulation eines Zielvereinbarungsgespräches wurden 4 Kleingruppen (I bis IV) gebildet. In diesen Gruppen führten zwei TeilnehmerInnen ein Zielvereinbarungsgespräch durch (Mitarbeiter/Führungskraft), während die weiteren Personen dieses anhand eines Leitfadens beobachteten (Beobachter) und eine weitere es anhand eines Aufzeichnungsbogens dokumentierte (Dokumentator). Um den Charakter der Simulation zu wahren, wurde darauf geachtet, daß sich die Rollenverteilung invers zu der des realen betrieblichen Alltags gestaltete. Vorgesetzte übernahmen den Mitarbeiterpart und Mitarbeiter den Vorgesetztenpart. Zu jeder Gruppe gesellte sich ein Betreuer, der die Kleingruppenarbeit dadurch initiierte, daß er jeder/jedem TeilnehmerIn einen Umschlag überreichte, in welchem sich ein Text mit Hintergrundinformationen befand, die den Akteuren zur Identifikation mit der Rolle dienen sollten. Diese Hintergrundinformationen unterschieden sich in den wesentlichen Punkten voneinander, so daß sowohl der Mitarbeiter als auch der Vorgesetzte über unvollständige Informationen verfügte.

Den TeilnehmerInnen wurde für die Identifikation mit der jeweiligen Rolle 5 bis 8 Minuten Vorbereitungszeit, für das konkrete Gespräch 15 bis 20 Minuten und für ein anschließendes Feedback 8 bis 10 Minuten Zeit gegeben.

Nach der Kleingruppenarbeit fand im Plenum eine Feedbackrunde statt, in der sich die TeilnehmerInnen die wesentlichen Aspekte der Simulation noch einmal untereinander austauschen konnten.

2. Fallbeispiel A

2.1 Die Rolle des Vorgesetzten

Nehmen Sie in dem folgenden Zielvereinbarungsgespräch die Rolle des Vorgesetzten ein. Stellen Sie sich dazu bitte die folgende Situation vor:

Sie sind Herr Kroll und Führungskraft in der LOLA Getränke GmbH. Seit 12 Jahren arbeiten Sie intensiv und produktiv mit Ihrem Vorarbeiter, Herrn Weingart, zusammen, und zwar ohne größere zwischenmenschliche Konflikte. Vor einem halben Jahr wurde Herr Weingart jedoch erstmals längerfristig krank (5 Wochen). Seitdem ist die Arbeitsleistung Ihres Vorarbeiters kontinuierlich und deutlich zurückgegangen. Es gab seit dieser Erkrankung insgesamt 7 Verspätungen, davon 3, die länger als 1 Stunde waren. Vor 2 Monaten folgte dann die zweite Krankmeldung, die diesmal mit 3 Wochen etwas kürzer ausfiel.

Seit der Zeit der ersten Krankmeldung führt Herr Weingart konkrete Arbeitsanweisungen in der Regel nur noch mangelhaft aus bzw. gibt diese nicht korrekt an die Arbeitenden weiter.

Ferner ist Ihnen von Herrn Schmidt vor 2 Wochen zugetragen worden, daß es aufgrund einer Fahrlässigkeit Herrn Weingarts beinahe zu einem schweren Arbeitsunfall gekommen wäre, bei dem dieser nicht nur sich, sondern auch Herrn Schmidt gefährdete. Herr Weingart soll bei dem Vorfall alkoholisiert gewesen sein.

Außerdem konnten Sie in den letzten beiden Monaten häufiger beobachten, daß Herr Weingart heftige verbale Auseinandersetzungen mit seinen Kollegen hatte.

All dies ist um so erstaunlicher, wenn Sie sich vergegenwärtigen, daß sich Herr Weingart früher nie etwas Gravierendes hat zu schulden kommen lassen und Ihr zuverlässigster Mitarbeiter war. Sie können sich die Vorfälle der letzten Zeit nicht erklären, und da Herrn Weingarts fachliche Kompetenzen sehr hoch sind, ist Ihnen an einer weiteren Zusammenarbeit mit ihm sehr gelegen.

Dennoch haben Sie festgestellt, daß Herr Weingart sich in einigen Bereichen fachlich Weiterbilden könnte und auch andere Weiterbildungsinhalte wie Sozialkompetenz nach Ihrer Meinung für ihn sinnvoll sind. Besprechen Sie mit dem Mitarbeiter, wie Sie das handhaben möchten und wie ein Kursus dazu ausgewählt werden soll. Insgesamt soll eine konkrete Ziel-Vereinbarung getroffen werden, wann Herr Weingart welche Fortbildungsveranstaltung besucht.

Um Klarheit in die Angelegenheit(en) zu bekommen, haben Sie vor einer Woche mit Herrn Weingart einen Termin für ein Zielvereinbarungsgespräch vereinbart, den Herr Weingart jetzt wahrnimmt.

Ihre Aufgabe:
Stellen Sie sich auf das Gespräch ein und führen Sie es dann. Für die Vorbereitung des Gesprächs haben Sie 5 bis 8 Minuten, für die Durchführung 10 bis 15 Minuten und für die anschließende Feedbackrunde über das Gespräch 10 Minuten Zeit!

Achten Sie darauf, daß aus dem Gespräch eine konkrete Zielvereinbarung mit Weiterbildungsziel resultiert.

2.2 Die Rolle des Mitarbeiters

Nehmen Sie in dem folgenden Zielvereinbarungsgespräch die Rolle des Mitarbeiters ein. Stellen Sie sich dazu bitte die folgende Situation vor:

Sie sind Herr Weingart und Vorarbeiter in der LOLA Getränke GmbH. Seit 12 Jahren arbeiten Sie intensiv und produktiv mit Ihrer Führungskraft, Herrn Kroll, zusammen, und zwar ohne größere zwischenmenschliche Konflikte. Vor einem halben Jahr jedoch hat Sie Ihre Partnerin verlassen und Sie mußten sofort umziehen. Während der Renovierungsarbeiten in Ihrer neuen Wohnung brachen Sie sich den rechten Knöchel und waren daraufhin insgesamt 5 Wochen krankgeschrieben.

Seit der Wiederaufnahme Ihrer Arbeitstätigkeit verbrachten Sie Ihre Abende regelmäßig in Ihrer Stammkneipe. Dort kam es im Laufe der Zeit immer häufiger vor, daß Sie »einen über den Durst tranken«, so daß es im letzten halben Jahr immer reichlich spät geworden ist. Insgesamt sind Sie seitdem ca. 7 Mal verspätet, davon 3 Mal deutlich verspätet und zudem alkoholisiert zur Arbeit erschienen. Vor 2 Monaten waren Sie infolge einer Lungenentzündung weitere 3 Wochen krankgeschrieben.

Das Arbeitsklima ist in der letzten Zeit immer unerträglicher geworden. Ihre Kollegen befolgen Ihre Anweisungen nicht mehr, und es ist deshalb auch schon häufiger zu verbalen Auseinandersetzungen mit ihnen gekommen. Insbesondere mit Herrn Schmidt, der sich während Ihrer längeren Abwesenheiten mehr und mehr in die Rolle des Vorarbeiters gedrängt hat, wäre es fast zu Handgreiflichkeiten gekommen. Allerdings ist Ihre hohe fachliche Kompetenz für den Produktionsprozeß noch immer unverzichtbar. In vielen Sachfragen sind Sie neben Herrn Kroll der einzig kompetente Ansprechpartner.

Die Lage drohte allerdings zu eskalieren, als Sie vor ungefähr 4 Wochen unter Alkoholeinfluß beinahe einen schweren Arbeitsunfall verursachten, bei dem Ihr Kollege Herr Schmidt nur knapp einer Verstümmelung entkam. Ihrer Führungskraft gegenüber konnten Sie den Vorfall gerade noch vertuschen, da dieser zur betreffenden Zeit in einer Produktionsbesprechung war.

Herr Kroll hat vor einer Woche einen Termin für ein sogenanntes Zielvereinbarungsgespräch mit Ihnen vereinbart. Sie wissen, daß es bei diesem Gespräch neben der Erörterung der allgemeinen Situation auch um die Vereinbarung eines Ziels für eine Weiterbildungsmaßnahme geht.

Diesen Termin eines Personalgespräches nehmen Sie jetzt wahr.

Ihre Aufgabe:
Stellen Sie sich jetzt vor, Sie sind Herr Weingart. Stimmen Sie sich auf das Gespräch ein und führen Sie es dann. Für die Vorbereitung des Gesprächs haben Sie 5 bis 8 Minuten, für die Durchführung 10 bis 15 Minuten und für die anschließende Feedbackrunde über das Gespräch 10 Minuten Zeit!

3. Fallbeispiel B

3.1 Die Rolle des Vorgesetzten

Sie sind Herr Blechmann und leiten als Führungskraft u. a. ein Ingenieurteam bei der Metall-Konstruktor und Söhne OHG. Die Metall-Konstruktor und Söhne OHG ist ein hochspezialisiertes mittelständisches Unternehmen in der metallverarbeitenden Industrie.

Ihr Ingenieurteam beschäftigt sich hauptsächlich mit sehr komplizierten und fast ausschließlich nur mit Hilfe von EDV zu bewältigenden Rechenaufgaben. Nach Ihrer Ansicht ist in den letzten Jahren in dem Ingenieurteam ein deutlicher Leistungsabfall eingetreten. Diese Meinung teilt im übrigen auch Ihr Vorgesetzter Herr Dr. Rott.

Um einen Kollaps zu vermeiden, haben Sie als zuständiger Abteilungsleiter schon seit über zwei Jahren den Arbeitsüberhang des Ingenieurteams durch den freiberuflich tätigen, beratenden Ingenieur Herrn Frei aufarbeiten lassen. Trotzdem ist die Abteilungsleistung weiter abgesunken, während der Anteil der von dem beratenden Ingenieur besorgten Arbeit in der gleichen Zeit auf etwa 40 Prozent gestiegen ist. Die restlichen 60 Prozent werden von vier angestellten Ingenieuren bearbeitet, darunter Herr Müller. Die Zahl der zu bearbeitenden Aufträge hat sich insgesamt nicht erhöht, jedoch sind die erforderlichen Berechnungen und technischen Erläuterungen wesentlich komplexer geworden.

Nach Ihrem Eindruck sind die Mitarbeiter allem Anschein nach voll ausgelastet. Man sieht sie nie irgendwo herumstehen oder unnötig miteinander reden. Aber das Arbeitsklima in der Abteilung ist sehr schlecht, und die Beziehung zu Ihnen als Abteilungsleiter und den Mitarbeitern ist sehr gespannt und fast unerträglich. Sie merken, daß der externe Mitarbeiter geschnitten wird. Sie als Abteilungsleiter fühlen sich – vor allem angesichts der Verteilung der Arbeitslasten – von Ihren Mitarbeitern im Stich gelassen (in Anlehnung an Rosenstiel 1989, zit. n. Bullinger 1993).

Um Klarheit in die Angelegenheit zu bekommen, haben Sie vor einer Woche mit Herrn Müller, der sonst immer einer der engagiertesten Köpfe in der Abteilung war, und zu dem Sie eigentlich immer einen guten Draht hatten, einen Termin für ein Zielvereinbarungsgespräch vereinbart, den Herr Müller jetzt wahrnimmt.

Ihre Aufgabe:
Stellen sie sich vor, Sie sind Herr Blechmann. Sie stimmen sich auf das Gespräch ein und führen es dann. Für die Vorbereitung des Gesprächs haben Sie 5 bis 8 Minuten, für die Durchführung 10 bis 15 Minuten und für die anschließende Feedbackrunde über das Gespräch 10 Minuten Zeit. Achten Sie darauf, daß aus dem Gespräch eine konkrete Zielvereinbarung mit einem Leistungssteigerungsziel für den einzelnen Mitarbeiter Herrn Müller hervorgeht.

3.2 Die Rolle des Mitarbeiters

Sie sind Herr Müller und Mitarbeiter in einem Ingenieurteam, das hauptsächlich mit sehr komplizierten und fast ausschließlich nur mit Hilfe von EDV zu bewältigenden Rechenaufgaben beschäftigt ist. Die erforderlichen Berechnungen und technischen Erläuterungen sind in der letzten Zeit wesentlich komplexer geworden.

Wie man munkelt, wurde Ihrem Abteilungsleiter Herrn Blechmann von der Geschäftsführung bestätigt, daß die Leistung in der Abteilung kontinuierlich gefallen sei. Um einen Kollaps zu vermeiden, hat Ihr Abteilungsleiter Herr Blechmann schon seit über zwei Jahren den Arbeitsüberhang durch den freiberuflich tätigen, beratenden Ingenieur Herrn Frei aufarbeiten lassen.

Innerhalb kurzer Zeit ist der Anteil der von Herrn Frei besorgten Arbeit auf etwa 40 Prozent gestiegen. Die restlichen 60 Prozent werden von Ihnen und drei weiteren angestellten Ingenieuren bearbeitet.

Sie haben aber schon seit langem festgestellt, daß sich die Zahl der zu bearbeitenden Aufträge insgesamt nicht erhöht hat. Nach Ihrem Eindruck sind auch Ihre Kollegen allem Anschein nach voll ausgelastet. Sie stehen nie irgendwo mit Ihnen herum oder reden unnötig mit Ihnen.

Das Arbeitsklima in der Abteilung ist schlecht, und die Beziehung zu Ihrem Abteilungsleiter ist sehr gespannt, gar fast unerträglich. Sie merken ferner, daß der externe Mitarbeiter geschnitten wird und Sie auch nicht richtig warm mit ihm werden. Angesichts der Verteilung der Arbeitslasten fühlen Sie sich im Stich gelassen (in Anlehnung an Rosenstiel 1989, zit. n. Bullinger 1993).

Herr Blechmann, Ihr Abteilungsleiter, hat vor einer Woche einen Termin für ein Zielvereinbarungsgespräch mit Ihnen vereinbart. Diesen nehmen Sie jetzt wahr.

Da Sie sonst immer einer der engagiertesten Köpfe im Team waren und zudem zu Ihrem Abteilungsleiter früher eigentlich immer einen guten Draht hatten, möchten Sie in dieser Situation die Schwierigkeiten der letzten Zeit thematisieren.

Ihre Aufgabe:
Stellen sie sich vor, Sie sind Herr Müller. Sie stimmen sich auf das Gespräch ein und führen es dann. Für die Vorbereitung des Gesprächs haben sie 5 bis 8 Minuten, für die Durchführung 10 bis 15 Minuten und für die anschließende Feedbackrunde über das Gespräch 10 Minuten Zeit. Achten Sie darauf, daß aus dem Gespräch eine konkrete Zielvereinbarung mit einem Weiterbildungsziel für das Abteilungsklima hervorgeht. Auch der Vorgesetzte Herr Blechmann, der das Team zusammenhalten soll, soll in dieses Ziel eingebunden sein. Ein Ziel, das nur Sie persönlich betrifft, wollen Sie nicht.

4. Beobachtungsleitfaden für Beobachter

Für den Einstieg:

- Herrscht eine Übereinstimmung über den Zweck und den Verlauf des Interviews?
- Wirken beide Parteien auf das Gespräch gleich gut vorbereitet?
- Welche Art von Gesprächsklima können Sie beobachten?

Während des Interviews:

- In welchem Umfang versucht der Vorgesetzte wirklich, den Mitarbeiter zu verstehen?
- Welche Körperhaltungen nehmen die Akteure ein?
- Wie sind die Redeanteile verteilt?
- Werden allgemeine/offene Fragen an den Anfang gestellt?
- Ist das Feedback des Vorgesetzten klar und spezifisch?
- Widerspricht der Mitarbeiter seinem Vorgesetzten ggf. und konfrontiert ihn mit anderen Vorstellungen?
- Endet das Gespräch in gegenseitiger Übereinstimmung über Probleme und Verbesserungsansätze?

Hinsichtlich der Ergebnisse:

- Motivierte die Sitzung den Mitarbeiter?
- Führte die Aussprache zu einer besseren Beziehung?
- Verließ der Mitarbeiter die Gesprächssituation mit einer klaren Vorstellung über die Einschätzungen des Vorgesetzten?
- Kam der Vorgesetzte zu einer gerechteren Einschätzung des Mitarbeiters?
- Lernte der Mitarbeiter etwas Neues über die oder den Vorgesetzten und den auf ihm lastenden Druck?
- Hat der Mitarbeiter eine klare Vorstellung darüber, was zur Verbesserung der bisherigen Leistungen zu tun ist?
- Führte das Gespräch zu einer verbindlichen Vereinbarung?

(in Anlehnung an Steinmann/Schreyögg, 1990: 631)

5. Aufzeichnungsbogen für den Dokumentator

Aufzeichnungsbogen für ein Zielvereinbarungsgespräch
Die 12 Schritte eines ZVG

Datum:_____

Mitarbeiterin / Mitarbeiter	Führungskraft
Name:	Name:

1. Rückblick auf das letzte Zielvereinbarungsgespräch und die Zeit danach - Lob / Kritik / Grad der Zielerreichung: Was wurde gut, was wurde weniger gut umgesetzt? Inwieweit wurden die vereinbarten Ziele erreicht?

2. Was sind neue Problemstellungen & Anforderungen für die nächste Zeit?

3. Welche Teilziele können daraus abgeleitet werden?:

4. Müssen Dritte (andere Abteilungen / Mitarbeiter) von einem Teilziel unterrichtet werden?

5. Welche konkreten Maßnahmen und Arbeitsaufgaben ergeben sich für den Mitarbeiter?
   (Umsetzungs-Vorschläge des Mitarbeiters)   *(Umsetzungs-Vorschläge der Führungskraft)*

6. Was benötigt der Mitarbeiter an Mittel und Kompetenzen für die Umsetzung der Aufgaben?

7. Zielvereinbarung und schriftliche Zielformulierung(en): Was soll erreicht werden?

8. Dringlichkeit & Reihenfolge der Ziele: *(Falls bei 7. mehrere Ziele genannt wurden, sollten Sie die Ziele in eine Rangordnung bringen und gewichten)*

9. Maßstäbe & Kriterien: Ein unter 7. genanntes Ziel ist erfüllt, wenn ...

10. Termin: Bis wann sollen die Ziele und Aufgaben erledigt werden?

11. Wann wird in einem Feedback-Gespräch ein erstes Zwischenergebnis mitgeteilt?
    (ca. „Halbzeit"):

12. Ziele zum weiteren Einsatz des Mitarbeiters (z.B. Weiterbildungsziel):

_____   _____
Unterschrift Mitarbeiter   Unterschrift Führungskraft

Ihre Aufgabe:
Schauen Sie, ob das Zielvereinbarungsgespräch alle Punkte des Formulares anspricht und ob sie inhaltlich von beiden Seiten (Führungskraft/Mitarbeiter) bewertet und erläutert werden. Schreiben Sie die inhaltlichen Aussagen, die von beiden vereinbart werden, in das Formular für das Zielvereinbarungsgespräch (normalerweise übernimmt die Führungskraft diese Aufgabe, doch zur Übung ist es jetzt Ihre Aufgabe, damit die beiden Protagonisten »Führungskraft« und »Mitarbeiter« sich in dieser Übung völlig auf die Verhandlung und das Gespräch konzentrieren können). Anschließend bewerten Sie in der Feedbackrunde, ob es eine strukturierte Vereinbarung oder eine »Kraut- und Rüben«-Diskussion war, die inhaltlich von »Hölzchen« auf »Stöckchen« kam.

Mitarbeiterorientierung und Mitbestimmung durch Zielvereinbarungsgespräche

Zielvereinbarungen – Eine Herausforderung für betriebliche Interessenvertretungen und Gewerkschaften

Peter Hlawaty

>*»Gerade weil die Mitarbeiter merken,*
>*daß wir sie nicht wie Zitronen ausquetschen wollen,*
>*sondern ihre Fähigkeiten fördern werden,*
>*haben wir unsere gesteckten Ziele bisher immer erreicht.«*
>*Christian Schulze, Personalchef Flender AG, Bocholt,*
>*(in: Wirtschaftswoche, 7. Januar 1999)*

Viele Beiträge bezeichnen Zielvereinbarungen als eine feine Sache: Beschäftigte werden über weite Strecken von den Zwängen bisheriger Vorgesetztenverhältnisse befreit und verabreden mehr oder weniger konkrete Leistungs- und Verhaltensziele, in deren Rahmen sie für die Art und Weise der Umsetzung weitestgehend selbst zuständig und verantwortlich sind. Die damit neugewonnene Entscheidungsfreiheit führt zu höherer Eigeninitiative und damit zu einer größeren Zufriedenheit der Mitarbeiterinnen und Mitarbeiter. Dies läßt Motivationsschübe erwarten, die das gesamte Unternehmen produktiver und erfolgreicher machen. – Eine lehrbuchartige »win-win-Situation« und zudem die beste Form der Humanisierung der Arbeit. – Da fragt man sich natürlich: Warum stoßen Zielvereinbarungen bei einem großen Teil der Beschäftigten, ihren Interessenvertretungen und auch Gewerkschaften zunächst auf Skepsis bis Ablehnung?

Zwei Ursachen sind meiner Ansicht nach ausschlaggebend:

1. Zielvereinbarungen verändern bisherige Formen der Arbeitsbeziehungen gravierend. Nie zuvor wurden abhängig Beschäftigte in solchem Umfang in betriebliche Entscheidungs- und Problemlöseabläufe eingebunden. Nie zuvor standen persönliche Arbeitsergebnisse und individuelle Entlohnung in derart engem Zusammenhang. Zielvereinbarungen sind ein Bestandteil eines vielschichtigen Führungskonzeptes, das unternehmerisches Denken und Handeln auf allen Ebenen eines Unternehmens hervorrufen soll. Wenn dies gelingt, bedeutet das in letzter Konsequenz eine zunehmende Verwischung der Interessengegensätze zwischen Kapital und Arbeit. Die Folgen sind: Infragestellung der bisherigen Handlungsmuster betrieblicher Interessenwahrnehmung und eine ganz grundsätzliche Suche nach einer neuen Positionierung im Konflikt um Lohn und Leistung.

2. Zielvereinbarungen werden häufig schleichend eingeführt. Die Ziele des Instruments, seine genaue Ausgestaltung sowie die Implementierungsstrategien werden nur in den seltensten Fällen den Beschäftigten gegenüber umfassend offengelegt, geschweige denn diskutiert und gemeinsam den betrieblichen Gegebenheiten angepaßt. Die Folgen auf Seiten der Mitarbeiterinnen und Mitarbeiter sind Unsicherheit und Angst vor stärkerer Leistungskontrolle, weiterer Leistungsverdichtung oder sonstigen, noch nicht vorhersehbaren Konsequenzen. Hier gilt: Wer Veränderungsprozesse über die Köpfe der Beschäftigten hinweg plant und durchführt, darf sich eigentlich nicht wundern, wenn diese im Verlauf deutlich machen, daß es besser gewesen wäre, sie als direkt Betroffene rechtzeitig einzubeziehen.

1. Zielvereinbarungen – ein Führungsinstrument macht Karriere

Bisher vollzog sich die Einführung von Zielvereinbarungen in den Unternehmen relativ lautlos, allerdings mit einer Rasanz, die vermuten läßt, daß es sich dabei nicht nur um ein vorübergehendes Modethema handelt. Der gegenwärtige Diffusionsgrad wird sehr widersprüchlich eingeschätzt.

So schätzte schon 1997 die Unternehmensberatung Kienbaum, daß in ca. 70% der deutschen Unternehmen Zielvereinbarungen eingeführt worden sind. Diese Zahl scheint etwas zu optimistisch. Jüngere Untersuchungen zeigen ein etwas realistischeres Bild. So ermittelt etwa Bahnmüller (1999) für die Metall- und Elektroindustie, die Textilindustrie und den Bankensektor, daß je nach Qualifikationsniveau bei etwa 10–20% der gewerblichen Arbeitnehmer, bei 40% der Angestellten und bei 67% der Führungskräfte mit der Methode Zielvereinbarungen operiert wird. Nach dieser Studie gibt es zudem bereits in 66% der Betriebe mit Zielvereinbarungen eine Verknüpfung mit der Entlohnung der Beschäftigten.

Aber auch diese Zahlen müssen mit Vorsicht interpretiert werden. Sie sagen nichts über die Qualität und damit über die »Überlebenschancen« der unterschiedlichen Verfahrensweisen aus, die mit dem Etikett »Zielvereinbarungen« versehen sind. Als Trend bleibt dennoch klar erkennbar: Zielvereinbarungssysteme – in welcher Ausprägung auch immer – werden in den nächsten Jahren noch stärker an Bedeutung gewinnen.

Zielvereinbarungen sind übrigens nichts grundsätzlich Neues, sondern Bestandteil des Managementkonzeptes »Führen mit Zielen«, einem Instrument, das auf einem in den fünfziger Jahren in den USA als »management by objectives« zur Führung von Führungskräften entwickelten Konzept aufbaut (vgl. Hlawaty 1998: 36 ff). In deutschen Unternehmen konzentrierte sich die Anwendung folglich zunächst sehr stark auf das Top-Management und war dort in der Regel von Anfang an bereits mit gewinn- oder ertragsabhängigen Gehaltsbestandteilen verbunden. Auch in provisionsorientierten Arbeitsfeldern wie etwa im Außendienst oder Vertrieb sowie im industriellen Dienstleistungsbereich, hier insbesondere in nordamerikanisch geprägten Unternehmen der Datenverarbeitungs- und der Informationstechnologie-Branche, liegen reichhaltige Erfahrungen mit Zielvereinbarungen und zielabhängigen Entgeltregelungen vor.

Ausgangspunkt der gegenwärtigen Zielvereinbarungssysteme ist es – zumindest in der ihrer zugrunde liegenden Theorie – neue motivationstheoretische Erkenntnisse auf alle Beteiligten eines Unternehmens anzuwenden, um so Eigeninitiative, Eigenverantwortlichkeit, Ergebnisorientierung und Selbstmotivierung zu verstärken. Leitgedanke für Beschäftigte ist nicht mehr: »Wofür bin ich zuständig?«, sondern: »Was ist gewollt?«, »Wozu dient etwas?« und »Was muß dafür getan werden?«. Die Selbststeuerung im Produktions- und Wertschöpfungsprozeß gewinnt zunehmend an Bedeutung mit dem Ziel, aus abhängig Beschäftigten »Unternehmer im Unternehmen« oder zumindest »Erfolgs- und Schicksalspartner« des Unternehmens zu machen.

Damit ändert sich der bisher überwiegend kollektiv orientierte Aushandlungsprozeß von Leistungszielen. Zukünftig geht es auf allen Ebenen des Unternehmens zunehmend weniger darum, Leistung ex post zu bewerten, sondern darum, vorweg mit Blick auf das Ergebnis Ziele, Maßnahmen und Standards direkt zwischen Vorgesetztem und Mitarbeiter zu definieren. Nicht mehr die Bewältigung der unterschiedlichen Arbeitsaufgaben, sondern das angestrebte Ergebnis steht im Vordergrund. Stärker als je zuvor wird so vom einzelnen Mitarbeiter eine unternehmerische Reflexion erwartet.

Im wesentlichen lassen sich vier Faktoren für den rasanten Erfolg des Führungsinstruments »Zielvereinbarungen« ausmachen:

1.1 Veränderte Arbeitsorganisations- und Produktionskonzepte

Komplexe arbeitsorganisatorische und technische Restrukturierungsprozesse führten in den letzten Jahren zu gravierenden Veränderungen in den Unternehmen: Auflösung tayloristischer Organisationsprinzipien, Verringerung von Hierarchieebenen, Einführung von Gruppen- und Teamarbeit, projektorientiertes Arbeiten etc. Vor diesem Hintergrund wurde die Entwicklung neuer Steuerungs- und Koordinierungsinstrumente des Leistungsverhaltens zwingend notwendig.

1.2 Veränderung der Entgeltsysteme

Gleichzeitig wurden neue Formen der Bewertung von Arbeit und Leistung entwickelt und erprobt. Bisherige, tayloristisch geprägte Entgeltsysteme beziehen sich sehr stark auf ein mengenmäßiges Erfassen von Einzelleistungen. Dies ändert sich zunehmend in Richtung einer team- oder gruppenorientierten Betrachtung von Leistungen und Ergebnissen, wobei allerdings auch weiterhin die Beurteilung und Bewertung der Einzelleistungen eingeschlossen bleibt. Über die unterschiedlichsten Formen variabler Entgeltgestaltung erhoffen Unternehmen sich zudem, monetäre Motivationsanreize herstellen zu können.

1.3 Wertewandel/Paradigmenwechsel

Die seit Beginn kapitalistischer Produktionsverhältnisse vorzufindenden Formen der Entfremdung der Menschen von ihrer Arbeit werden heute zunehmend von den Beschäftigten selbst weniger toleriert. Der Wunsch nach Sinnhaftigkeit des eigenen Tuns steht stärker als je zuvor im Vordergrund. Beschäftigte wollen nicht nur wissen, was von ihnen verlangt wird, sondern auch, warum etwas getan werden soll und welchen Anteil sie selbst am Zustandekommen eines (Unternehmens)-Erfolges haben. Damit im Zusammenhang steht ein zunehmendes Interesse an Mitgestaltungsmöglichkeiten im eigenen Bereich. Sicherlich ist dieser Wunsch je nach Tätigkeit und Bildungsniveau unterschiedlich stark ausgeprägt. Mit Zielvereinbarungen soll nun versucht werden, den Mitarbeiterinnen und Mitarbeitern auf allen Ebenen des Unternehmens größere Spielräume für eigenverantortliches Handeln und Gestalten einzuräumen, um so eine höhere Identifikation mit der eigenen Arbeit und ihren Ergebnissen zu erreichen.

1.4 Veränderte Personalführungkonzepte

Wahre Flutwellen neuer Managementtheorien und Personalführungskonzepte überschwemmen seit Jahren den Buchmarkt und die Unternehmen. Damit gewinnen »weiche Themen«, die im Bereich des Verhaltens und der Einstellungen des einzelnen liegen, wie etwa Ausbau »sozialer Kompetenz«, »Teamfähigkeit« oder »unternehmerisches Denken« zunehmend an Bedeutung. Das Konzept »Führen mit Zielen« hat diese Inhalte in seiner Theorie grundsätzlich integriert. Entscheidend für den Erfolg des Instruments ist die Ernsthaftigkeit, mit der seine humanistischen Grundlagen im betrieblichen Alltag dann tatsächlich umgesetzt werden. Ein Management, das lediglich mit einem griffigen Modewort auf einem Trend mitsurft, wird schnell dafür gesorgt haben, den Nährboden für mehr Leistung und Engagement dauerhaft restlos auszulaugen.

1.5 Vier unterschiedliche Grundtypen von Zielvereinbarungssystemen

Im Kern lassen sich vier Grundtypen von Zielvereinbarungen unterscheiden:

A) Freiwillige, nicht entgeltwirksame Vereinbarungen

In diesen Fällen können die Beschäftigten frei entscheiden, ob sie mit ihren Vorgesetzten Zielvereinbarungen abschließen. Der Grad der Zielerreichung ist zumindest hinsichtlich der Entlohnung belanglos, da Prämien oder Leistungszulagen nicht daran gekoppelt werden.

B) Verbindliche, nicht entgeltwirksame Zielvereinbarungen

Im Rahmen eines zumeist jährlich stattfindenden Mitarbeitergespräches werden der Grad der Zielerreichung des abgelaufenen Vereinbarungszeitraumes beurteilt und neue Ziele für die kommende Periode festgelegt. Neben fachlichen Zielen werden in der Regel auch persönliche Entwicklungsziele definiert, die durch die Übernahme besonderer Herausforderungen oder durch spezielle Entwicklungs- und Fördermaßnahmen zur Realisation kommen sollen. Die Verbindlichkeit besteht darin, für einen feststehenden Personenkreis ein formalisiertes und damit relativ einheitliches Verfahren zu vereinbaren.

C) Freiwillige, entgeltwirksame Zielvereinbarungen

In dieser Variante erhalten in der Regel vorwiegend hochqualifizierte Mitarbeiter die Möglichkeit, ihr Gehalt als sogenanntes Jahreszielgehalt selbst vorzuschlagen. Hiervon ausgehend werden mit ihnen Zielvorgaben abgesprochen und das Jahreszielgehalt dann entsprechend festgelegt. Tarifliche Sonderzahlungen wie etwa Weihnachtsgeld, Urlaubsgeld werden zumeist verrechnet. Hinsichtlich der Freiwilligkeit ist es vielfach nur eine Frage der Zeit, bis »Verweigerer« von Zielvereinbarungen den »materiellen Verlockungen« oder dem Druck der eigenen Kollegen bzw. der Vorgesetzten nachgeben.

D) Verbindliche, entgeltrelevante Zielvereinbarungen:
Per Tarifvertrag und/oder ergänzenden Betriebsvereinbarungen gehören Zielvereinbarungen zum verbindlichen Bestandteil für einzelne Beschäftigtengruppen oder alle Beschäftigten eines Unternehmens. Die Verbindlichkeit besteht zudem darin, daß in den jährlichen Mitarbeitergesprächen nach vorher festgelegten Kriterien die Zielerreichungen kontrolliert, bewertet werden und die Höhe des Leistungsentgeltes festgelegt wird. Die Koppelung des Ergebnisses an das Entgelt kann auf zwei Wegen erfolgen:

- Über eine Prämien- oder Bonusregelung – zumeist »on Top« auf das tarifliche Gehalt
- Eingebunden im Rahmen des tariflichen Leistungsentgelts.

Die unterschiedlichen Grundtypen zeigen, das »eine richtige« Zielvereinbarungssystem gibt es nicht. Vielmehr muß jedes System an die jeweilige Unternehmenskultur und die vorhandenen gesetzlichen, tariflichen und vertraglichen Rahmenbedingungen genau angepaßt werden. Im Moment befinden sich die meisten Unternehmen noch in Experimentierphasen und durchlaufen Zwischenstufen.

2. Zielvereinbarungen aus Sicht der Beschäftigten

Viele Mitarbeiterinnen und Mitarbeiter haben Zielvereinbarungssystemen gegenüber erhebliche Ambivalenzen. Einerseits gibt es durchaus berechtigten Anlaß, Zielvereinbarungen als ein »subtiles System der Selbstausbeutung« zu anzusehen. Bei »richtiger« Anwendung hingegen bieten sie die Chance für größere Selbstmotivierung und höhere Zufriedenheit am Arbeitsplatz. Wie bereits dargestellt, sind Zielvereinbarungssysteme oft mit einer deutlicheren Wahrnehmung und Würdigung von Leistung, mit finanzieller Honorierung oder stärkeren Berücksichtigung bei Personalentwicklungsmaßnahmen verbunden. Darüber hinaus werden Mitarbeiter ihren Führungskräften gegenüber zu wesentlich stärkeren Diskussionspartnern, wenn es darum geht, Beurteilungen vorzunehmen oder innerbetriebliche Karriereschritte zu vollziehen.

Die folgende Übersicht ist eine Zusammenstellung der Chancen und Risiken von Zielvereinbarungen aus Sicht der Beschäftigten. Sie wurde in zahlreichen Workshops und Seminaren zusammengetragen und diskutiert.

2.1 Zielvereinbarungen aus Sicht der Mitarbeiter

Chancen	Risiken/Befürchtungen
Orientierung/Transparenz der Anforderungen	Anspruchsvollere und komplexere Leistungsanforderungen, permanente Leistungsschraube
Erleichterung der Prioritätensetzung	Einseitige Zielvorgaben Schein-Zielvereinbarungen
Einbindung in Entscheidungsprozesse	Individualisierung der Arbeitsbedingungen Eigene Interessen stärker selbst vertreten müssen; Mehr Konkurrenz durch Kollegen
Größere Gestaltungsrahmen, Eigeninitiative, Verantwortung	Mehr Verantwortung; Verlust kollektiver Schutzregelungen; Weniger institutionelle Mitbestimmung
Objektivere Beurteilung der Zielerreichung/Rückmeldung, Anerkennung, Bestätigung	In persönlichen Defiziten, Entwicklungsbereichen und »Versagen« erkennbarer werden
Definition der Arbeitsbedingungen	Zu enge Terminabsprachen
Abbau von Bevormundung durch Vorgesetzte/Bessere Kommunikation mit Vorgesetzten	Sich allein und auf sich selbst zurückgeworfen fühlen
Höhere Motivation	Selbstausbeutung
Förderung von Teambildung und Kommunikation	Kollegiale Hilfe anderen Gruppen gegenüber sinkt; Mobbing bei Gefährdung der Gruppenziele; Schlechtere Kooperation
Chancen der persönlichen Entwicklung	Überforderung und Leistungsverdichtung

Zwei Punkte erscheinen von besonderer Bedeutung:

2.2 Die »neue Schutzlosigkeit«

Nicht jeder fühlt sich der Situation gewachsen, Ziele, Standards oder sogar sein eigenes Gehalt jedes Jahr aufs neue allein mit seinem direkten Vorgesetzten auszuhandeln. Hier werden den Beschäftigten eine Reihe außerordentlich anspruchsvoller Kompetenzen abverlangt wie:

- Realistische Selbsteinschätzung der eigenen Fähigkeiten und des persönlichen Leistungsniveaus
- Organisatorische, z. T. strategische Planungskompetenz
- Weitblick, Kreativität, Antizipations- und Reflexionsvermögen, vernetztes Denken
- Persönliches Standing in kontroversen Situationen
- Wirkungsvolle Verhandlungstechniken und Durchsetzungsstrategien
- Konfliktlösefähigkeiten
- Gesundes Eigeninteresse und die Fähigkeit, sich dafür einzusetzen.

Diese Kompetenzen sind für viele Beschäftigten etwas, das sie in ihren bisherigen betrieblichen Alltag relativ wenig benötigten und das möglicherweise nur über den Weg langjähriger Personalentwicklungsmaßnahmen erlernbar ist.

Während Führungskräfte in der Implemetierungsphase durch Seminare auf die neuen Aushandlungssituationen zumindest vorbereitet werden, müssen Mitarbeiterinnen und Mitarbeiter in der Regel besonders dafür qualifiziert werden.

Etliche Aufgaben, die zuvor kollektiv von betrieblichen Interessenvertretern oder Gewerkschaften übernommen wurden, sind jetzt den einzelnen in eigener Regie übertragen. Das birgt für diese nicht nur das Problem, sich der Situation möglicherweise nicht gewachsen zu fühlen. Die Isolation einzelner Verhandlungspartner verhindert zumeist eine Vergleichbarkeit der Verhandlungsergebnisse. Für Mitarbeiterinnen und Mitarbeiter besteht eine keineswegs geringe Gefahr, absichtlich oder unbeabsichtigt gegeneinander ausgespielt und zu für sie ungünstigeren Verhandlungsergebnissen gebracht zu werden.

2.3 These der »Neuen Egozentrik«?

Was passiert eigentlich, wenn jeder Mitarbeiter sich als »Unternehmer im Unternehmen« insbesondere auf das positive Ergebnis seiner eigenen Zielvereinbarungen konzentriert? Meine These: Der Blick für das Ganze und die Identifikation mit dem Ganzen gehen verloren!

Die Gefahren eines solchen »Einzelkämpfertums« sind lange bekannt. Man versucht, ihnen durch folgende Maßnahmen zu begegnen:

1. Entwicklung und ständige Überprüfung eines in sich konsistenten und transparenten Zielgerüstes
2. Vermehrte Aufnahme von Leistungsbeurteilungsmerkmalen, wie »Teamfähigkeit«, »Kooperationsbereitschaft« oder »Konfliktlösefähigkeit«.

Trotzdem ist feststellbar, daß Zielvereinbarungen zu einer überwiegenden Orientierung an den sogenannten »Leistungsträgern« führen, an die hohe Anforderungen gestellt werden und die von sich aus hohe Maßstäbe setzen. Ältere, Leistungsschwächere und vor allem Leistungsgeminderte dagegen haben mit der Angst zu kämpfen, den permanenten Leistungsanforderungen nicht gerecht zu werden.

3. Neue Aufgaben für betriebliche Interessenvertretungen

Blicken wir zurück, was sind die zentralen Errungenschaften aus gut hundert Jahren betrieblicher Interessenvertretungsarbeit? Es sind vor allem:

- Schutz vor Willkür
- Begrenzte Arbeitszeiten
- Arbeits- und Gesundheitsschutz und
- Kollektive Lohn- und Gehaltsregelungen.

Individuelle Zielvereinbarungen mit einzelnen Beschäftigten schaffen jetzt die Situation, daß Arbeitnehmerinnen und Arbeitnehmer mit Blick auf kurzfristige persönliche Vorteile und Einkommensverbesserungen bereit sind, mühsam erkämpfte kollektive Schutzbestimmungen völlig aus den Augen zu verlieren und damit längerfristig aufzugeben. Die alten und neuen Herausforderungen betrieblicher Interessenvertretungen sind daher:

3.1 Bestehende Schutzgesetze und Tarifverträge erhalten und weiter ausbauen

Wenn durch Zielvereinbarungen eine Aushandlung von Leistungskompromissen immer stärker direkt zwischen Vorgesetztem und Mitarbeiter entsteht, treten kollektivvertragliche Regelungen in den Hintergrund oder werden gar durch individuelle Vereinbarungen konterkariert. Nirgends wird das so deutlich wie bei der Arbeitszeit: Hier führen eng terminierte Projekte häufig zu Konflikten. Je stärker der Druck gegen Ende des Projekts wird, um so weniger spielt die tarifliche Arbeitszeit erfahrungsgemäß eine Rolle. Auch die betriebsverfassungsrechtlich gesicherte Mitbestimmung, etwa bei der Einhaltung gesetzlicher und tariflicher Höchstnormen der Arbeitszeit oder die Gestaltung von Arbeitszeitmodellen wird dann zunehmend umgangen und wirkungsloser. Angesichts dieser Tatsachen fragt man sich, was nutzen klug ausgearbeitete Arbeitszeitmodelle, wenn ein Wildwuchs an direkten Vereinbarungen diese außer Kraft setzt und so kaum noch eine Transparenz und Kontrolle über die tatsächlich geleisteten Arbeitszeiten möglich ist?

Hinsichtlich bestehender Schutzgesetze und Tarifverträge ist es von hoher Bedeutung, diese im Betrieb zu kommunizieren und ihren Wert zu erläutern. So werden die Voraussetzungen dafür geschaffen, die kollektive Bereitschaft zur Einhaltung herzustellen. Das heißt im Umkehrschluß allerdings auch: dort, wo geltende Regelungsbestandteile inzwischen anachronistische Züge tragen, an einer Veränderung mitzuwirken.

3.2 Leistungsschwächere besonders schützen

Zielvereinbarungssysteme bergen in sich die Gefahr, nach jeder Vereinbarungsperiode automatisch steigende Ausgangsleistungen abzufordern. Diese dynamische Leistungsintensivierung führt dazu, temporär Leistungsgeminderte oder Leistungsschwache tendenziell aus dem Arbeitsprozeß auszugrenzen. Kein Mensch ist in der Lage, über die gesamte Zeit seines Arbeitsprozesses persönliche Spitzenleistungen zu vollbringen. Daher geht es allgemein darum, die Bedingungen dafür zu schaffen, daß Menschen in der Lage sind, ihre »Lebensarbeitszeit« auch tatsächlich durchzuhalten. Der Schutz Leistungsschwacher und Älterer hat dabei eine herausragende Bedeutung.

3.3 Mitbestimmungsrechte nutzen

Die Einführung von Zielvereinbarungen ist häufig mit einer Flucht aus hochgradig genormten und mit komfortabler Mitbestimmung ausgestatteten Entgeltgrundsätzen (z. B. Akkord, Prämie) in weniger mitbestimmungsreiche Entgeltsysteme wie etwa Zeitlohn verbunden. Eine solche Veränderung muß nicht widerstandslos hingenommen werden. Mit dem § 87.11 Betriebsverfassungsgesetz besteht ein eindeutiges Mitbestimmungsrecht des Betriebsrats bei Fragen der Entgeltgestaltung und Leistungsvergütung. Im Prinzip ist jeder konfliktorientierte Betriebsrat damit in der Lage, einseitige Unternehmensentscheidungen wenn nicht ganz zu verhindern, so doch zumindest über lange Strecken zu blockieren. Dabei sollte den Akteuren allerdings bewußt sein: Eine nicht lösungsorientierte Lähmung solcher Prozesse führt mit hoher Wahrscheinlichkeit zu einer Demotivation bei den Beteiligten und kann darüber hinaus sehr kostenintensiv werden. Das Ziel sollte daher nicht darin bestehen, ein neues Entgeltsystem auf Biegen und Brechen zu verhindern, sondern durch Betriebsvereinbarungen ein sauberes Verfahren zu regeln, das die Mitbestimmung auch zukünftig sichert und ausbaut.

3.4 Einzel- und Kollektivinteressen ausbalancieren

Durch Zielvereinbarungen werden die betrieblichen Aushandlungsprozesse immer undurchsichtiger. Das bedeutet, daß Leistungen nicht mehr bis ins kleinste Detail zu regeln sind. Betriebsräte sind nicht in der Lage, jede Zielvereinbarung zu kontrollieren. Das kann auch nicht ihre Aufgabe sein. Vielmehr müssen sie eine Kontrolle und Steuerung der Leistungsprozesse übernehmen. Zentraler Ansatz muß sein, »Spielregeln« zu schaffen, die sich im Rahmen bestehender Gesetze, Tarifverträge und Betriebsvereinbarungen bewegen und dabei individuelle Freiräume gestatten. Dazu ist es sinnvoll, Beschäftigte zu »Experten in eigener Sache« zu machen, ihre Problemlösekompetenz zu nutzen und zu unterstützen. Letztlich geht es auch darum, neue Formen der Ausfechtung unterschiedlicher Interessen innerhalb einer Belegschaft zu erproben und zu stabilisieren.

3.5 Gestaltungsinitiative ergreifen

Ein selbstbewußter Betriebsrat darf sich nicht nur auf die Rolle der Reklamationsinstanz zurückziehen. Er muß vielmehr versuchen, vor der Implementierung des Zielvereinbarungssystems die Initiative zu ergreifen. Hier gilt es, bereits in der Planungsphase einzugreifen, die erforderliche Transparenz einzufordern und der Belegschaft gegenüber herzustellen und eigene Vorschläge zu entwickeln. Damit kann der Betriebsrat eine zentrale Rolle im innerbetrieblichen Informations- und Entscheidungsprozeß einnehmen. Dazu gehört, daß der Betriebsrat in einem entsprechenden Steuerungsgremium vertreten ist. Es ist bemerkenswert, wie viele Unternehmen es sich heute noch leisten, Betriebsräte bei Veränderungsprozessen nicht rechtzeitig einzubinden. In der

Regel rächt sich dies zu einem anderen Zeitpunkt, wenn bereits begonnene Verfahren in Frage gestellt oder blockiert werden.

Für seine eigene Vorbereitung kann die folgende Checkliste hilfreich sein.

Zielvereinbarungen
– Checkliste für den Betriebsrat –

- Welche Art von Zielvereinbarungen soll eingeführt werden?
  - ausschließlich freiwillig
  - nicht entgeltwirksam
  - freiwillig, entgeltwirksam
  - verbindlich, entgeltwirksam.
- Für welchen Personenkreis sollen Zielvereinbarungen eingeführt werden?
- Was genau möchte die Unternehmensleitung damit erreichen?
- Welche Vorstellung hat die Geschäftsleitung?
- Welche vorhandenen Betriebsvereinbarungen sind davon betroffen?
- Welche tariflichen Bestimmungen sind davon betroffen?
- Muß der Entgeltgrundsatz geändert werden?
- Welche Mitbestimmungsrechte können herangezogen werden?
- Ist der Betriebsrat bereits in der Implementierungsphase eingebunden?
- Mit welchen Kompetenzen ist die Steuerungsgruppe ausgestaltet?
- Wann und wie werden die Beschäftigten informiert?
- Wie werden Vorschläge der Mitarbeiterinnen und Mitarbeiter aufgenommen?
- Welche Informationen brauchen wir als Betriebsrat noch?
- Woher bekommen wir noch weitere Informationen?
- Ausarbeitung eines eigenen Entwurfs einer Betriebsvereinbarung (vgl. Eckpunkte)
- ...

3.6 Betriebsvereinbarung abschließen

Um für alle Beteiligte transparente Spielregeln zu schaffen, ist es unumgänglich, eine entsprechende Betriebsvereinbarung abzuschließen. Im Mittelpunkt sollen dabei Verfahrensregelungen stehen. Die folgenden Eckpunkte sollten einbezogen werden:

Eckpunkte für eine Rahmenbetriebsvereinbarung

I. Allgemeines

- Geltungsbereich, evtl. Zeitraum der Einführungsphase
- Projektbezogene Einführung unter Beteiligung des Betriebsrates und der Mitarbeiter/innen
- Die Zielvereinbarung darf nicht zur Überforderung und zu fortschreitender Leistungsverdichtung führen

- Die erforderlichen Arbeitsbedingungen zur Erreichung der Ziele müssen gegeben sein (Ressourcen, Arbeitsmittel, Arbeitszeiten etc.)
- Zielvorgaben sind keine Zielvereinbarungen
- Ältere und Leistungsgeminderte dürfen nicht benachteiligt werden
- Die Förderung und Qualifizierung der Mitarbeiter/innen findet nach nachvollziehbaren Kriterien statt
- Die Vorgesetzten und Mitarbeiter/innen müssen hinsichtlich der Anwendung des System ausreichen qualifiziert sein
- Vereinbarungen mit der nächsthöheren Ebene müssen bekannt sein (Zielerreichung der Vorgesetzten)

II. Inhalte

- Festlegung, Zielvereinbarungen auf freiwilliger Ebene oder verbindlich für alle bzw. ausgewählte Gruppen/Personen vorgesehen ist
- Zuordnung von Leistung und Entgelt
- Festlegung des Zeitraumes der individuellen Zielvereinbarung
- Die vereinbarten Ziele müssen sich auf die von den Beschäftigten ausgeübten Tätigkeiten beziehen. Die Ziele müssen möglichst quantifizierbar oder qualitativ bewertbar sein
- Die Ziele müssen durch die Mitarbeiter/innen unmittelbar zu beeinflussen sein
- Die Ziele müssen mit zumutbarem Arbeitsaufwand und Arbeitseinsatz erreichbar sein
- Festlegung der Kriterien, die für die Zieldefinition herangezogen werden können. (Dazu gehören: Kennziffern/Standards für einzelne Beschäftigtengruppen sowie die Gewichtung der Kriterien untereinander)
- Festlegung, ob Einzel- oder Gruppenbewertung
- Verfahrensweisen bei erforderlichen Zielkorrekturen
- Kontrolle der vereinbarten Ziele
- Neben Geschäftszielen auch individuelle Personalentwicklungsziele vereinbaren

III. Verfahrensregelungen

- Ziele, Zielerreichungsgrad und Bewertung werden schriftlich vereinbart
- Form der Mitarbeitergespräche (z. B. Einzel-/Gruppengespräche)
- Beteiligungsrechte des Betriebsrates
- Konfliktlösungsmechanismus bei Meinungsverschiedenheiten (z. B. paritätische Kommissionen)

3.7 Neues Selbstverständnis der Interessenvertretung

Durch neue Managementkonzepte, wie etwa Zielvereinbarungen, entstehen keine neuen Herrschaftsformen. Es ändern sich lediglich die Methoden zur Vereinbarung unternehmerischer Ziele. Diese Methoden sind allerdings mehr als in der Vergangenheit auf

Transparenz, bessere Einbeziehung und vor allem auf Akzeptanz aller Betroffenen angewiesen. Damit wird sich auch die Arbeit der betrieblichen Interessenvertretung ändern. Der Betriebsrat als stellvertretender Problemlöser ist weniger gefragt. Von ihm wird stärker erwartet, Kontroversen nach zwei Seiten einzugehen, sie aushalten und lösen zu können. Dazu gehört unter anderem auch die Auseinandersetzung mit einzelnen Mitarbeitern zu deren eigenen Schutz vor Selbstausbeutung.

Hier muß vor allem das Verständnis dafür neu entwickelt werden, daß direkte Partizipation und institutionelle Mitbestimmung keine Gegensätze sind, sondern sich gegenseitig bedingen. Damit werden traditionelle Aufgaben des Betriebsrates bei weitem nicht aufgegeben. Vielmehr werden sie komplexer, sicher auch schwieriger. Darin kann aber auch gerade eine besondere Herausforderung für Betriebsräte liegen. Denn zukünftig werden Betriebsratsmitglieder wie auch Betriebsratsgremien stärker als je zuvor von der eigenen Belegschaft daran gemessen, inwieweit sie in der Lage sind, alle Interessen zunächst einmal aufzunehmen, politische Prioritäten zu setzen, diese nachvollziehbar zu machen und sich für deren Umsetzung wirkungsvoll einzusetzen.

4. Tarifpolitische Bedeutung

4.1 Wandel der Entgeltsysteme

Tarifverträge in der Metall- und Elektroindustrie spiegeln im wesentlichen die betrieblichen Strukturen der sechziger und siebziger Jahre wider und sind damit bezogen auf die Anforderungen durch neue Arbeitsorganisationsformen nicht mehr ausreichend brauchbar. Dies veranlaßt seitdem eine Reihe von Unternehmen, mit Erfolg tarifliche Bestimmungen zu ignorieren, sie bewußt zu verletzen oder gar zu versuchen, eigene Leistungsregelungen auf die betriebliche Ebene herunterzubrechen. Eine Vorgehensweise, die vielleicht dem einzelnen Unternehmen in der aktuellen Situation kurzfristig helfen mag, die aber mittelfristig zu einem Wildwuchs an tariflichen Leistungsstandards und zu einer weiteren Erosion der Flächentarifverträge führt

(Nicht ursächlich aber sicherlich unterstützend wirkte dabei die Krise in der Metall- und Elektroindustrie in den Jahren 1991 bis 1994. Es ist die Zeit, wo erstmals massive Eingeständnisse der Belegschaften hinsichtlich tariflicher Leistungen durch sogenannte »Bündnisse für Arbeit« auf betrieblicher Ebene vorgenommen wurden und bestehende Flächentarifverträge letztlich an realer Substanz einbüßten.)

Daran kann aber weder den Unternehmen noch den Beschäftigten gelegen sein, wenn Flächentarifverträge in einem ihrer zentralen Bereiche, nämlich der Leistungsentlohnung, weiterhin eine ordnende und gestaltende Wirkung haben sollen. Den Tarifparteien ist die Tatsache überholter Tarifregelungen schon lange bekannt. Fast genauso lange verhandeln sie auch zu einem neuen gemeinsamen Entgelttarifvertrag für Arbeiter und Angestellte. Kernstück dieses Vertrages ist die Neubewertung von Arbeit und Leistung. Für gleichwertige Tätigkeiten und Leistungen soll ein gleiches Entgelt geschaffen werden. Darüber hinaus sollen neue Arbeitsorganisationsformen wie etwa Gruppenarbeit, Projekt- und teamorientierte Arbeit geregelt werden. In diesem Zusammenhang steht auch das Thema Zielvereinbarung auf der Tagesordnung. Ursprünglich lastete der Druck auf beiden Tarifparteien gleichermaßen, einen den neuen Arbeitsbedingungen Rechnung tragenden Tarifvertrag abzuschließen. Inzwischen scheint der Druck für Arbeitgeber und ihre Verbänden nicht mehr so hoch zu sein. Dafür sind vor allem zwei Gründe entscheidend: Zum einen gibt es inzwischen zahlreiche Arbeitgeber, die die politische Stoßrichtung verfolgen, den Wert der Flächentarifverträge zu verringern und insbesondere stärker betriebliche Regelungen zuzulassen, die bisher Gegenstand von Tarifverträgen waren.

Zum anderen scheinen viele Unternehmen mit ihrem »selbstgestrickten« Entgeltsystem relativ gut über die Runden zu kommen, zumal sie in der Regel geringere Personalkosten als bisherige tarifliche Vereinbarungen verursachen. Für den Produktionsbereich ist auffallend, daß zumeist eine Flucht in den Zeitlohn stattfindet. Das heißt, bestehende Entgeltgrundsätze wie Akkord, Prämie etc., die mit einer relativ komfortablen Mitbestimmung des Betriebsrates ausgestattet sind, werden zuungunsten der im Zeitlohn bedeutend weniger vorhandenen Mitbestimmungsmöglichkeiten verlassen. Die zentralen Veränderungen finden allerdings im Leistungsentgelt statt. Ausgangspunkt ist hier eine von den Unternehmern geforderte stärkere Variabilisierung. Die allgemeine Stoßrichtung ist offensichtlich: das Leistungsentgelt soll sich in einer variablen Höhe von etwa 10–30% des Grundeinkommens bewegen. Als Gründe werden genannt: Dies führe zu einer gerechteren individuellen Leistungsentlohnung und schaffe größere Motivationsanreize. Zum anderen behinderten zu starre Tarifvertragsregelungen die sofortige Kürzung bzw. Anhebung von Leistungszulagen bei veränderter Leistung: So steht beispw. in vielen Manteltarifverträgen, daß Angestellte beim Betriebsrat Einspruch gegen die Höhe der festgelegten Leistungszulage einlegen können. Der Einspruch ist dann zwischen Betriebsrat und Arbeitgeber zu prüfen.

Bei näherer Betrachtung stellt man allerdings fest, daß in den wenigsten Leistungsbeurteilungsverfahren Vorgesetzte überhaupt die Auseinandersetzung um eine Differenzierung in der Leistungszulage führen. In der Regel haben sich die variablen Leistungszulagen auf ein bestimmtes, fast unumstößliches Niveau eingependelt, das Zulagensystem ist damit erstarrt. Ursache dafür sind aber weniger zu starre Tarifverträge, sondern in erster Linie die geringe Bereitschaft oder auch das Unvermögen von Vorgesetzten, entsprechende Konflikte um Leistungsbeurteilungen offen auszutragen. Ob durch ein höheres variables Leistungsentgelt Vorgesetzte besser in der Lage sind, unterschiedliche Leistungen differenzierter zu honorieren und zugleich eine höhere Motivation herzustellen, kann bezweifelt werden. Zunächst einmal müssen z. B. durch intensive Schulungen die Voraussetzung geschaffen werden, mögliche Beurteilungskonflikte zuzulassen und sie in entsprechender Form auszutragen. Auch bei Zielvereinbarungsgesprächen ist dieses Problem nicht aus der Welt geschaffen. Zwar bieten Zielvereinbarungen durch die ergebnisorientierte Bewertung und Beurteilung grundsätzlich einen »objektiveren« Maßstab als die herkömmlichen, von vielen Angestellten nicht ganz unzutreffend als »Nasenprämie« bezeichneten Leistungsbeurteilungssysteme. Doch die Nutzung variablerer Leistungsentgelte hängt davon ab, inwieweit Leistungsdifferenzen bei einzelnen Mitarbeitern transparent und vergleichbarer und zudem offensiver von Vorgesetzten und Mitarbeiter vertreten werden. Eine Variabilisierung alleine bewirkt also noch nichts. Sie schafft bestenfalls die formale Voraussetzung dafür, daß leistungsgerechtere Entlohnung stattfinden könnte.

Völlig offen bleibt dabei noch die Frage, wieviel Variabilisierung Mitarbeiter ertragen können. Grundsätzlich liegt es im Interesse eines jeden Beschäftigten, auch über einen längeren Zeitraum abschätzen zu können, wie hoch der Verdienst ist. Für einen Spitzenmanager ist ein variabler Gehaltsanteil von 30 v. H. sicherlich eher verkraftbar als für eine Bandarbeiterin mit einem monatlichen Nettogehalt von etwa zweitausend DM.

4.2 Tarifliche Regelungen notwendig

Wie bereits erwähnt, finden sich in den wenigsten Tarifverträgen Bestimmungen zu Zielvereinbarungen. In konkreten Beratungssituationen erhalten daher Betriebsräte von Gewerkschaftsvertretern oft die Empfehlung, die Einführung von Zielvereinbarungen zu verhindern nach dem Motto: »Was nicht drin ist, darf auch nicht sein.« Daß dies eine sehr kurzsichtige Denkweise ist, bedarf keiner ausführlichen Erläuterung. Die intendierte Hoffnung, damit etwas abzuwehren, verkehrt sich spätestens mittelfristig ins Gegenteil: Betriebsräte, die nach einer betrieblichen Lösung suchen und von ihrer Gewerkschaft keine befriedigende Hilfestellung erhalten, holen sich unter Umständen an anderer Stelle Rat, oder schließen Betriebsvereinbarungen ab, die gewerkschaftlichen Vorstellungen zuwiderlaufen. Diese Erfahrung mußte z. B. die IGMetall in der Vergangenheit im Umgang mit der Gleitzeit machen. Um also gestaltenden Einfluß zu nehmen, ist die offensive Auseinandersetzung mit dem Thema und entsprechende tarifliche Initiativen notwendig. Zumal gerade Betriebsräte am intensivsten einfordern, Zielvereinbarungen tariflich zu regeln, um erweiterte Mitbestimmungsrechte zu erhalten und tarifkonform agieren zu können. Wenn also von Flächen-Tarifverträgen weiterhin eine ordnende und gestaltende Wirkung ausgehen soll, muß das Thema Zielvereinbarungen aufgegriffen werden.

4.3 Gefahr der Überregulierung?

Von Unternehmensseite wird oft darauf hingewiesen, daß im Falle tariflicher Regelungen die Gefahr bestünde, an Stelle eines einfach handhabbaren Instrumentes ein aufgeblähtes, formalisiertes Verfahren der Zielfindung und Leistungsermittlung entstehen könnte. Tatsächlich wird es nicht möglich sein, in Tarifverträgen jedes Detail der betrieblichen Ausgestaltung festzulegen. Dies ist im übrigen auch bei bisherigen Tarifverträgen nicht der Fall. Vielmehr müssen Tarifverträge Mindestnormen definieren, die bei der Anwendung von Zielvereinbarungen zu berücksichtigen sind. Sie müssen kollektive Rahmenbestimmungen schaffen, die eine wirksame Steuerung und Kontrolle der dezentralen Einzelvereinbarungen durch den Betriebsrat ermöglichen. Dazu gehört an erster Stelle der zwingende Abschluß einer ergänzenden Betriebsvereinbarung. Inwieweit in dieser eine hochgradige Regulierung festgelegt wird, hängt auch davon ab, inwieweit eine Belegschaft und ihre Interessenvertretung dem neuen System gegenüber mißtrauisch ist, und daher eher zum eigenen Schutz auf eine detaillierte Festlegung von Regularien besteht. Im übrigen hat es sich in der betrieblichen Praxis bewährt, vor Beginn der Einführung von Zielvereinbarungssystemen gründlich die beabsichtigte Vorgehensweise zu formalisieren. Der Grundsatz lautet daher: So wenig Formalien wie möglich, so viele Formalien wie nötig.

4.4 Bestandteile tariflicher Regelungen

Grundsätzliches Ziel ist es, neben einer Erweiterung der individuellen Beteiligungsrechte der Beschäftigten, Initiativ-, Kontroll- und Reklamationsrechte des Betriebsrates abzusichern. Im einzelnen sind dabei zu nennen:

1. Grundsätze:
   - Zielvereinbarungen sollen als Führungsinstrument dienen, die die Beteiligung der einzelnen Mitarbeiterinnen und Mitarbeiter in Unternehmensprozesse erweitert, ohne die vorhandenen Mitbestimmungsrechte des Betriebsrates einzuschränken.
   - Ausschluß einer dynamischen Leistungsintensivierung, d. h., einmal erreichte Ziele dürfen nicht automatisch im darauffolgenden Vereinbarungszeitraum zur Normalleistung werden.
   - Ausschluß risikoreicher Ziele, die etwa die Gesundheit beeinträchtigen oder Personalabbau vorsehen.
   - Zielvereinbarungen dürfen nicht zur weiteren Leistungsverdichtung führen und den Einzelnen überfordern.
   - Ältere und Leistungsgeminderte dürfen nicht benachteiligt werden.
   - Zielvereinbarungen sollen grundsätzlich aus fachlichen und persönlichen Zielen bestehen.
   - Neben fachlichen und persönlichen Zielen sollen auch Ziele zur Verbesserung der Arbeitsbedingungen, der Kooperation der Mitarbeiter und des Umweltschutzes berücksichtigt werden.
2. Vor Einführung von Zielvereinbarungen ist eine Betriebsvereinbarung abzuschließen.
3. Bei entgeltabhängigen Zielvereinbarungen ist der dafür vorgesehene variable Anteil des Gehaltes festzulegen. Der Anteil muß sich nicht zwangsläufig auf eine fixe Größe beziehen, sondern kann sich innerhalb einer Marge bewegen (z. B. 5 v. H. bis max. 20 v. H. des Grundentgeltes).
4. Festlegung des Leistungsbeurteilungssystems nach quantitativen und qualitativen Kriterien (Kennzahlen und Beurteilung).
5. Zielvereinbarungen können mit einzelnen Mitarbeitern oder mit Gruppen geschlossen werden.
6. Festlegung von Konfliktlösungsverfahren, zwischen denen die Betriebsparteien wählen und sie ggf. ergänzen können*: Dazu gehören mindestens:
   - beiderseitige schriftliche Zustimmung zu Zielvereinbarungen,
   - zeitliche Festlegung, in welchem Zeitraum ein Dissens zu klären ist,
   - keine Benachteiligung durch Anwendung des Konfliktlösungsverfahrens,
   - die Bearbeitung von Konfliktfällen und die Weiterentwicklung betrieblicher Verfahrensregelungen zu Zielvereinbarungen erfolgt in paritätischen Kommissionen.
7. Kontrollrechte des Betriebsrates, abgeschlossene Zielvereinbarungen jederzeit einsehen und von einem sachlich begründeten Vetorecht Gebrauch machen zu können.

---

* vgl. ausf. in: Hlawaty, P./Hlawaty, A., Zielvereinbarungsgespräche führen, Führungshandbuch Gruppenarbeit im Fertigungsbetrieb, Stadtbergen 1998: 119 ff

Die hier genannten Eckpunkte legen bewußt den Schwerpunkt auf die Absicherung von Verfahrensregeln bei der Anwendung von Zielvereinbarungen. Damit sollen »Leitplanken« definiert werden, innerhalb derer die betriebliche Umsetzung mit ausreichendem Spielraum erfolgen kann. Inwieweit im Rahmen der gegenwärtigen Verhandlungen zu einem gemeinsamen Entgelt-Tarifvertrag für die Metall- und Elektroindustrie diese Eckpunkte Eingang in einen zukünftigen Tarifvertrag finden, kann mit Skepsis betrachtet werden. Denn zur Zeit wird zumindest auf Verbandsebene der Arbeitgeberseite jede Forderung kategorisch abgelehnt, die auch nur den leisesten Verdacht einer erweiterten Mitbestimmung hegt.

Letztlich wird sich aber an dieser Haltung zeigen, wie ernst es die Arbeitgeber mit neuen Partizipationskonzepten wirklich meinen. Das Fazit aus gewerkschaftlicher Sicht lautet daher:

Zielvereinbarungen brauchen Mitbestimmungsregeln, die sowohl einen kollektiven Schutz bieten als auch individuelle Aushandlungsprozesse unter sozialverträglichen Gesichtspunkten handhabbar, transparent, korrigierbar und konfliktlösungsfähig machen.

Literatur

Abel, J. u. a.: Wandel der Arbeitsregulation, Akademie für Technikfolgenabschätzung in Baden-Württemberg; Arbeitsbericht Nr. 118, Juli 1998

Bahnmüller, R.: Trends betrieblicher Entgelt- und Leistungsregulierung, in: Die Mitbestimmung, Heft 1 u. 2, 1999: 19

Bender, G.: Lohnarbeit zwischen Autonomie und Zwang – Neue Entlohnungsformen als Element veränderter Leistungspolitik, Frankfurt am Main/New York 1997

Bertelsmann Stiftung/Hans-Böckler-Stiftung (Hrsg.): Mitbestimmung und neue Unternehmenskulturen – Bilanz und Perspektiven, Gütersloh 1998

Bispinck, R. (Hg.): Tarifpolitik der Zukunft – Was wird aus dem Flächentarifvertrag? Hamburg 1995

Braczyk, H.-J./Renz, C. (Hg.): Neue Organisationsformen – Herausforderungen für Betriebsräte. Workshop-Dokumentation; Akademie für Technikfolgenabschätzung in Baden-Württemberg, Arbeitsbericht Nr. 119, Juli 1998

Bundesmann-Jansen, J./Frerichs, J.: Betriebspolitik und Organisationswandel – Neuansätze gewerkschaftlicher Politik zwischen Delegation und Partizipation, Münster 1995

Hlawaty, P./Hlawaty A.: Aushandlung und Implementierung von Zielvereinbarungsgesprächen, in: Kämpf, Rainer (Hg.): Führungshandbuch Gruppenarbeit im Fertigungsbetrieb, Stadtbergen 1998: 36 ff

Hlawaty, P./Hlawaty, A.: Zielvereinbarungsgespräche führen; in: Kämpf, Rainer (Hg.): Führungshandbuch Gruppenarbeit im Fertigungsbetrieb, Stadtbergen 1998: 119 ff

Aus Unternehmensbereichen lernen, in denen Zielvereinbarungen nichts zu suchen haben: Warum Zielvereinbarungen bei Akkordarbeit und bei Projektarbeit unangebracht sind

Hans Waschkau

Da sich bei mehreren Diskussionen gezeigt hat, daß mit Betriebsräten große Schwierigkeiten bestehen, zu einer einheitlichen Beurteilung von Zielvereinbarungen zu kommen, soll zunächst der Versuch unternommen werden, Gründe dafür herauszufinden, warum die Erörterung dieses Themas so kompliziert ist.

Vermutlich sind Diskussionen von Beschäftigten mit unterschiedlichen Berufen über scheinbar gleiche Probleme deshalb so schwierig geworden, weil die Arbeitsteilung in großen Unternehmen wie in München z. B. die BMW AG eine extrem starke Ausprägung angenommen hat. Abhängig vom persönlichen Erfahrungshintergrund in der Arbeit kann daher die Beurteilung von Zielvereinbarungen ganz verschieden ausfallen.

Wie sich dies praktisch auswirkt, soll anhand von zwei sehr unterschiedlichen Beispielen gezeigt werden: Für Beschäftigte, die Akkordarbeit am Fließband als Erfahrungshintergrund haben, bedeuten Zielvereinbarungen etwas ganz anderes als für Beschäftigte, die in Entwicklungsbereichen tätig sind. Mit diesen beiden Beispielen soll demonstriert werden, daß sich für die Beurteilung von Zielvereinbarungen keine einheitlichen Regeln finden lassen, sondern daß vielmehr bei jeder Arbeit unter Berücksichtigung von deren konkreten Bedingungen über Sinn oder Unsinn von Zielvereinbarungen entschieden werden muß. Insbesondere ist dabei von Bedeutung, was die Beschäftigten selbst darüber denken.

1. Akkordarbeit und Ziele

Akkordarbeit zeichnet sich dadurch aus, daß die Arbeit bis ins Detail vorgegeben ist und deshalb den Beschäftigten praktisch keine Ziele in der Arbeit zugestanden werden, die sie eigenständig verfolgen könnten. Eine solche Entmündigung wirkt in der Regel quälend. Zielvereinbarungsgespräche (z. B. über Qualitätsziele) hingegen erlauben den

Beschäftigten aber ausdrücklich wieder Ziele und können daher auch als etwas Positives erscheinen.

Da Akkordarbeit zwar nicht sehr angenehm ist, aber immerhin durch die Akkordzulagen besser als Arbeit im Zeitlohn bezahlt wird, besteht immer die Gefahr, daß Maßnahmen, die das Quälende der Akkordarbeit reduzieren, zu Entgeltkürzungen führen, weil der Wegfall der Zulagen droht. Entgeltwirksame Zielvereinbarungen könnten einen Ausweg aus dieser Situation bieten, wenn sich damit der höhere Akkordlohn retten läßt.

Das Hauptproblem, das mit diesem Erfahrungshintergrund bei Zielvereinbarungen gesehen wird, ist die Gefahr von Leistungsverdichtung. Die ohnehin schon extrem harte Akkordarbeit kann unerträglich werden, wenn über Ziele zur bisherigen Arbeit neue Tätigkeiten hinzu kommen, ohne daß dafür woanders eine Entlastung stattfindet. Ist es möglich, Regelungen über Zielvereinbarungen zu vereinbaren, mit denen diese Gefahr abgewehrt werden kann? Wenn sich ein Weg finden läßt, wie diese (keineswegs einfache) Frage mit Ja beantwortet werden kann, dann steht Zielvereinbarungen eigentlich nichts im Wege.

2. Besonderheiten von Entwicklungsarbeit

Entwicklungsarbeit wie Fahrzeug- oder Softwareentwicklung sieht allerdings ganz anders aus als die Arbeit an Fließbändern. Entwickelt werden muß immer etwas Neues, bisher noch nicht Vorhandenes. Damit sind die einzelnen Arbeitsschritte nur noch sehr grob planbar. Täglich kann etwas Unvorhergesehenes passieren, auf das flexible Reaktionen nötig sind. Ständig muß der geplante Entwicklungsablauf angepaßt werden. Eine wichtige Eigenschaft, die von Entwicklern gefordert wird, ist daher die Flexibilität. Zu dieser Art von Arbeit passen Zielvereinbarungen nicht besonders gut. Insbesondere, wenn die Wünsche der Kunden, für die entwickelt wird, stark von Marktentwicklungen abhängig sind, ist der Wunsch von Vorgesetzten unerfüllbar, voll flexible Untergebene zu haben und dennoch ihre Arbeit für ein ganzes Jahr im voraus zu planen und zu vereinbaren.

Da bei Entwicklungsarbeiten immer Neuland betreten wird, sind Zeitschätzungen nur sehr grob möglich und außerdem praktisch immer zu niedrig, da Basis für Zeitaussagen immer bisher gemachte Erfahrungen sind, die aber für neuartige Arbeiten noch gar nicht vorliegen. Bei Zeitschätzungen wird daher das Neue meistens überhaupt nicht berücksichtigt, allenfalls wird die Schätzung um einen Zeitfaktor ergänzt, dies aber immer mit schlechtem Gewissen, da er auf keiner soliden Schätzung beruht. Deshalb sind auch solche Zeitaussagen in der Regel noch zu niedrig, wobei die Größe des Fehlers davon abhängt, wie hoch der Anteil von Neuem jeweils ist.

3. Projektarbeit und Zielvereinbarungen

Natürlich kommt auch Entwicklungsarbeit nicht ohne Planung aus. Vor allem in Projekten mit mehreren Mitarbeitern wird immer mit Zeitschätzungen gearbeitet. Dies ist erforderlich, weil verschiedene Einzelarbeiten in einem Projekt voneinander abhängen, und deshalb vor Beginn der Arbeit geplant werden muß, in welcher Reihenfolge die Einzelarbeiten am besten durchzuführen sind.

Gerade weil die Schätzungen im Detail aber oft nicht stimmen, sind der Projektleiter und regelmäßige Teambesprechungen entscheidend für Verlauf und Erfolg eines Projektes, da auf jede Abweichung rasch reagiert werden muß mit Änderungen im Projektablauf. An die Stelle von vorher bis ins Einzelne geplanter Arbeit ist ein Arbeitsprozeß getreten, der gesteuert werden muß. Diese neue Qualität von Entwicklungsarbeit spiegelt sich wider in der gegenüber der traditionellen Führungsebene stark gewachsenen Bedeutung von Projektleitern.

In Projekten sind Zielvereinbarungen somit ein nur bedingt geeignetes Instrument. Da die Anzahl der Ziele, die in einer Zielvereinbarung stehen, nicht zu groß sein soll, hat eine solche Vereinbarung nicht den zur Projektsteuerung erforderlichen Detaillierungsgrad. Durch die Häufigkeit von Änderungen wird zudem der Charakter von Vereinbarungen ad Absurdum geführt. Denn was sind Vereinbarungen wert, die ständig geändert werden müssen? Im Grunde handelt es sich um Selbstbetrug, wenn die Zeitschätzungen der Projektmitarbeiter gleich als Zielvereinbarung formuliert werden, da doch jeder weiß, daß sich noch Änderungen ergeben können.

Wenn in Projekten mit Zielvereinbarungen gearbeitet wird, geht außerdem das Gefühl dafür verloren, welche Bedeutung Termine für das Projekt haben, weil alle Termine gleich behandelt werden. So kommen dann die unsäglichen politischen Termine zustande, die Führungskräfte losgelöst von der Praxis vereinbaren. Alle Beteiligten arbeiten unter äußerster Kraftanspannung, um den Termin zu halten, wenn dann aber die Arbeit rechtzeitig fertig ist, interessiert sich kein Mensch dafür. Passiert dies mehrmals, dann führt dies dazu, daß die Mitarbeiter Termine nicht mehr ernst nehmen. So werden dann aber auch Termine behandelt, die wirklich wichtig sind, weil z. B. andere nicht weiterarbeiten können, wenn etwas nicht rechtzeitig fertig wird.

Speziell in Großprojekten mit vielen Mitarbeitern kann der hierarchische Ansatz von Zielvereinbarungen sich negativ auf die notwendige Zusammenarbeit der Mitarbeiter auswirken. Nötig wäre eigentlich, daß sich die Mitglieder eines Projektteams untereinander über alle Änderungen informieren, wenn sie gemeinsame Schnittstellen haben, während durch Zielvereinbarungen das Verhältnis zum Vorgesetzten in den Vordergrund gestellt und so isoliertes Arbeiten gefördert wird. Ganz verheerend wird es, wenn Zielvereinbarungen genutzt werden sollen, um die Konkurrenz der Mitarbeiter untereinander zu schüren, wie dies in den Überlegungen im Siemens-Konzern zur Einführung von dieser Führungsmethode eine Rolle spielt. Die dringend notwendige Kooperation der Mitarbeiter wird dadurch nicht nur nicht gefördert, sondern fast schon zerschlagen.

3.1 Die Rolle von Führungskräften bei der Entwicklungsarbeit

In der Regel aber sind Führungskräfte gar nicht in die unmittelbare Projektarbeit eingebunden, sondern ihre Arbeit ist übergeordnet. Die schlechte Planbarkeit von Entwicklungsarbeiten bereitet der Management-Ebene jede Menge Probleme. Denn bei ihren Planungen benötigen sie feste Zeit- und auch Kostenaussagen für Entscheidungen wie z. B.: Wann kommt eine Neuentwicklung auf den Markt? Lohnt sich eine Neuentwicklung überhaupt?

Zielvereinbarungen sind ein Versuch, die Probleme, die sich aus der schlechten Planbarkeit ergeben, auf die Mitarbeiter abzuwälzen. Es ist kein Zufall, daß sich bei einer Zielvereinbarung nur die Untergebenen zu etwas verpflichten müssen, die Vorgesetzten aber in der Regel nicht. Hintergedanke bei Zielvereinbarungen ist die Kalkulation, daß Mitarbeiter, die sich dazu verpflichtet haben, abgegebene Zeit-Schätzungen auch einzuhalten, sich nicht trauen werden, ihre Zusage zu brechen, weil sie ansonsten Nachteile zu befürchten haben. Diese Methode, die sich schon fast als Nötigung bezeichnen läßt, geht oft auch auf. Der Preis dafür ist aber hoch, denn Entwicklungen, die unter Termindruck durchgeführt werden, sind qualitativ deutlich schlechter.

Führungskräfte haben nach ihrem eigenen Selbstverständnis die Aufgabe, zukunftsweisende Strategien zu entwickeln, während die Lösung von konkreten Problemen in der Verantwortung ihrer Untergebenen liegt. Dieses Selbstverständnis ist eine Reaktion darauf, daß Arbeit im Entwicklungsbereich mittlerweile so kompliziert geworden ist, daß sich nicht mehr alles bis ins Detail verfolgen und schon gar nicht vorgeben läßt. Zielvereinbarungen sind ein Versuch, dieses Problem zu lösen, indem die Schnittstelle zwischen unten und oben sauber definiert wird. Unten sollen die Detailaufgaben eigenverantwortlich erledigt werden, während es dann oben – so die Hoffnung – wieder möglich ist, alles zu planen und zu steuern.

Diese Methode soll zugleich das bereits ins Wanken geratene hierarchische Verhältnis von Vorgesetzten und Untergebenen wiederherstellen. Die Unmöglichkeit, die Arbeitsschritte der Untergebenen vorzugeben, führte in den letzten Jahren oft dazu, daß sich Vorgesetzte gar nicht mehr darum gekümmert haben, was ihre Untergebenen machen. Dies ging einher mit einer starken Reduzierung der Anzahl der Führungskräfte. Unter diesen Rahmenbedingungen von Zielvereinbarungen in der Projektarbeit soll der gläserne Mitarbeiter wiederhergestellt werden, dessen Tätigkeiten für die Führungsebene transparent und kontrollierbar sind, nicht mehr im Detail, sondern nur noch in den Ergebnissen, womit die Vorgesetzten vom Tagesgeschäft entlastet sind, sich ganz auf globale strategische Planungen konzentrieren können und damit gleichzeitig über eine bisher nicht vorstellbare Machtfülle verfügen.

3.2 Der Mythos »Meßbarkeit« – Der Blick auf den Arbeitsprozeß ist wichtiger als der Blick auf die Arbeitsergebnisse

Nichts zeigt deutlicher, auf welchem geistigen Nährboden Zielvereinbarungen gewachsen sind als die ständig aufgestellte Forderung, vereinbarte Ziele müßten meßbar sein. Wo ständig Neues gemacht wird, sind die einzelnen Arbeiten nicht mehr miteinander vergleichbar. Damit sind sie aber auch nicht meßbar. Die Forderung nach Meßbarkeit der Ziele ist Ausdruck der tiefen Sehnsucht der Führungskräfte zurück ins Zeitalter des

Taylorismus, als die Menschen noch berechenbar waren, wenn auch um den Preis, daß auf ihre wichtigste Fähigkeit, die Kreativität, verzichtet wurde.

Wenn in Entwicklungsbereichen Zielvereinbarungen abgeschlossen werden, kommen praktisch nie meßbare Ziele dabei heraus. Anstatt jetzt auf Zielvereinbarungen zu verzichten, wird, um aus einer durchzuführenden Tätigkeit ein Ziel zu machen, als Ausweg oft die banale Aussage »fertig« oder »nicht fertig« genommen. Außerdem werden Termine darüber festgelegt, wann etwas fertig sein soll, und so der Versuch unternommen, die Meßbarkeit über die Zeit wiederherzustellen, mit deren Hilfe scheinbar alles vergleichbar ist, während es doch in Wirklichkeit notwendig wäre zu betrachten, was in dieser Zeit passiert.

4. »Top down – Bottom up« – Wenn Vorgesetzte sich etwas völlig Unsinniges vorgenommen haben ...

Bei der BMW AG beispielsweise hat sich Anfang 1997 ein Zentralbereich nach DIN EN ISO 9001 zertifizieren lassen und dazu ein dafür vorgeschriebenes Qualitätssystem einrichten lassen. Darin wurde als Qualitätskriterium aufgenommen, ob sich die Arbeiten der Mitarbeiter in die Ziele der Vorgesetzten einordnen lassen und ob eine Durchgängigkeit der Ziele von oben nach unten vorhanden ist. Erst damit ist es dann gelungen, Zielvereinbarungen für alle Mitarbeiter abzuschließen, während dies vorher teilweise als lästige Pflichtübung angesehen wurde. Durchgängigkeit der Ziele von oben nach unten bedeutet aber, daß oben getroffene Fehlentscheidungen unten nicht korrigiert werden können, sondern umgesetzt werden müssen. Warum dies ein Zeichen der Qualität von Führung sein soll, bleibt ein Geheimnis.

Immerhin ist es inzwischen auch aufgefallen, daß es Probleme bereiten könnte, wenn es keine Rückkoppelung zwischen den strategischen Planungen der Management-Ebene und der Art und Weise, wie diese umgesetzt werden, gibt. Damit bei der Aufstellung von Zielen auch die Erfahrungen der Mitarbeiter berücksichtigt werden, soll dabei die Methode »Top down – Bottom up« angewendet werden. Bei »Top down« (von oben nach unten) werden die Vorgaben der Führungskräfte auf die einzelnen Mitarbeiter runtergebrochen. »Bottom up« (von unten nach oben) bedeutet, daß die Mitarbeiter anschließend die Vorgaben korrigieren dürfen. So soll dann insgesamt ein praktikables Vorgehen dabei herauskommen.

Richtig neu ist dieses Verfahren nicht. In der DDR und in anderen realsozialistischen Staaten wurde es jahrzehntelang unter dem Namen »Demokratischer Zentralismus« praktiziert. So ist es denn auch kein Wunder, daß ein bei der Präsentation von Zielvereinbarungen häufig verwendetes Symbol, der Handschlag zweier Hände, aus dem Parteiabzeichen der SED entlehnt ist. Nichts spricht dafür, daß die Methode, die in anderen Ländern schon lange gescheitert ist, in deutschen Großkonzernen unter dem Namen »Top down – Bottom up« besser funktionieren wird.

Im Grunde geht diese Methode davon aus, daß vom Management im wesentlichen richtige Planungen gemacht werden, an denen nur noch kleine Korrekturen durchzuführen sind. Bei Entwicklungsarbeit liegt aber das Know-how überwiegend bei den

Ausführenden, die deshalb auch am ehesten beurteilen können, ob Pläne überhaupt realistisch sind. Wenn Pläne und Strategien nicht in enger Kooperation mit den Ausführenden erstellt werden, verlieren sie oft den Bezug zur Realität und sind undurchführbar. Die Untergebenen müßten dann bei dem Schritt »Bottom up« ihrem Vorgesetzten beibringen, daß er sich etwas völlig Unsinniges vorgenommen hat. Die Hierarchie schafft aber Abhängigkeitsverhältnisse, die dafür sorgen, daß sich dies niemand traut.

5. Ausblick: Durch Zielvereinbarungen neue Formen der Zusammenarbeit entwickeln

Nur in den angesprochenen Bereichen von Akkordarbeit und Projektarbeit hat das Führen mit Zielvereinbarungen die entsprechenden Folgen wie eben angedeutet. Oft nehmen Führungskräfte ihre Machtposition nur dem Schein nach ein, nicht aber real. Die übergeordneten Ziele für die Management-Ebene werden so allgemein und schwammig formuliert, daß sie zu nichts verpflichten. Das hat immerhin den Vorteil, daß die Aufgaben der Untergebenen nicht mehr aus den Zielen des Vorgesetzten abgeleitet werden müssen, sondern es reicht, die Arbeit jedes Mitarbeiters intelligent einem übergeordneten Allgemeinplatz zuzuordnen. Damit ist zumindest die Gefahr gebannt, daß Mitarbeiter unsinnige Vorgaben als Ziele vereinbaren und umsetzen müssen. Aber auch bei diesem Verfahren geraten die Mitarbeiter unter Druck. Mit ihnen werden knallharte Termine vereinbart, während sich die Führungskräfte ihrer Verantwortung entledigt haben, da bei als Phrasen formulierten Zielen praktisch immer behauptet werden kann, sie seien erfüllt.

Zielvereinbarungen werden so zum reinen Herrschaftsritual, das den Schein von traditionellen hierarchischen Führungsverhältnissen wahren soll, obwohl die Realität damit schon längst nicht mehr übereinstimmt. Durch das krampfhafte Festhalten der Management-Ebene an den althergebrachten Verhältnissen (Vorgabe von Zielen, statt Ziele wirklich beteiligungsorientiert und dialogorientiert zu vereinbaren) werden die Beziehungen von Vorgesetzten zu Mitarbeitern durch diese Verlogenheit vergiftet, während es doch vielmehr nötig wäre, neue Formen der Zusammenarbeit zu entwickeln, die dem gewandelten Charakter von Arbeit bei Entwicklungstätigkeit gerecht werden.

5.1 Ein gemeinsamer Zielfindungsprozeß ist erforderlich

Eigene Ziele richten sich vor allem auf die Befriedigung eigener Bedürfnisse. Ich will etwas und werde tätig, damit ich dies auch bekomme. Dieser Zusammenhang ist durch die Arbeitsteilung zerrissen worden. Wer Bedürfnisse hat, kauft in der Regel das, was andere für die Befriedigung von Bedürfnissen gefertigt haben. Besonders schlimm gestört ist dieser Zusammenhang in Großkonzernen, in denen nur noch eine kleine Minderheit Einfluß darauf hat, welche Gebrauchswerte überhaupt produziert werden. Damit die Bedeutung von eigenen Zielen in der Arbeit wieder gestärkt wird, sollten die

Mitwirkungsmöglichkeiten der Mitarbeiter so groß wie möglich sein, bis hin zur Entscheidung darüber, was für Produkte überhaupt zu entwickeln und zu produzieren sind. Die Notwendigkeit dafür ist um so größer, je höher der Anteil an Neuem ist, das bei der Arbeit entsteht und das es so bisher noch nicht gegeben hat, weil dabei immer weniger auf Kreativität verzichtet werden kann.

Reflexion über die Bedeutung von Zielen kann zweifellos hilfreich bei der Suche nach neuen Formen der Zusammenarbeit sein. Auch wenn in diesem Beitrag versucht wurde darzulegen, warum die Führungsmethode Zielvereinbarungen zur Steuerung von Entwicklungsarbeit und Akkordarbeit nicht geeignet ist, soll dennoch der damit verbundene Versuch, die Bedeutung von Zielen der Mitarbeiter wieder zu stärken, ausdrücklich positiv gewürdigt werden. Die Möglichkeit, in der Arbeit eigene Ziele verfolgen zu können, ist eine entscheidende Voraussetzung dafür, daß sich die Kreativität der Beschäftigten in der Arbeit entfalten kann. Allerdings scheint das Verständnis dafür, was eigene Ziele sind, nicht sehr stark ausgeprägt zu sein.

Denn das Aufstellen von Zielen nach den Regeln der Hierarchie von oben nach unten gesteht im Grunde nur den Führungskräften Ziele zu, während die Untergebenen diese Ziele umsetzen sollen. Der Realität entspricht dies aber nicht. Praktisch alle, die arbeiten, identifizieren sich in irgendeiner Weise mit ihrer Arbeit und haben deshalb bei dem, was sie zu tun haben, auch eigene Ziele. Diese Ziele müssen als gleichberechtigt mit den Zielen der Management-Ebene anerkannt werden. Gemeinsame Ziele müssen aus den vielen Einzelzielen kooperativ erarbeitet werden. Damit die Methode »Zielvereinbarungen« Sinn ergibt, muß sie als gemeinsamer Zielfindungsprozeß – in Teambesprechungen und in Personalgesprächen – durchgeführt werden.

Zielvereinbarungen – Ein neues mitbestimmungspolitisches Thema

Karin Tondorf

1. Zielvereinbarungen – Ein neues mitbestimmungspolitisches Thema

Neben dem Arbeitsvertrag sowie den Kollektivverträgen Betriebs-/Dienstvereinbarungen und Tarifvertrag hat sich in den letzten Jahren eine weitere vertragliche Form der Regulierung von Leistung und Entgelt verbreitet: die Zielvereinbarungen.

Hinter dem Begriff »Zielvereinbarungen« verbergen sich unterschiedliche Grundverständnisse und vielfältige Praxisvarianten, so daß sich die Frage »Was sind Zielvereinbarungen?« nicht durch eine griffige Kurzformel beantworten läßt. Auf den kleinsten gemeinsamen Nenner gebracht, können Zielvereinbarungen allenfalls umschrieben werden als mehr oder weniger verbindliche dezentrale Absprachen über Ziele zwischen Leitungspersonen und Beschäftigten-(gruppen), die in einem bestimmten Zeitraum gemeinsam in der Unternehmung bzw. in der Verwaltung zu erreichen sind. Bei der Anwendung von Zielvereinbarungen lassen sich drei verschiedene Formen und Funktionen unterscheiden:

- In vielen Betrieben bilden sie die Grundlage von Mitarbeitergesprächen und Beurteilungen. Wo Beurteilungen auf der Basis von Zielvereinbarungen eingeführt werden, lösen sie meist Beurteilungssysteme ab, die sich an bestimmten Leistungsmerkmalen orientieren. Die Beurteilungsergebnisse werden damit nicht mehr (allein) von statischen Merkmalen wie Arbeitsgüte, Eigeninitiative oder Kooperationsfähigkeit abhängig gemacht, sondern von den jeweils ausgehandelten Zielen und dem Grad der Zielerreichung.
- Daneben gewinnt eine andere Anwendungsform dieser Leistungsabsprachen an Bedeutung: Leistungsbezahlung auf Basis von Zielvereinbarungen.
- Darüber hinaus werden Zielvereinbarungen für jene Arbeitgeber attraktiv, die nach Wegen suchen, ihre Grundlohn- und Gehaltssysteme von senioritätsbezogenen Aufstiegsmechanismen zu »bereinigen« und stärker leistungsabhängig zu gestalten; diese dritte Form ließe sich als »leistungszielorientierter Stufen- oder Gruppenaufstieg« bezeichnen. Bei dieser Variante beeinflussen Zielvereinbarungen die Differenzierung der Grundentgelte.

Den Arbeitgebern bieten zielorientierte Systeme – so die »reine« Lehre – eine Reihe von Vorteilen: Die Beschäftigten haben bei der Arbeit ein konkretes Ziel vor Augen – dieses schafft Orientierung, Motivation und setzt Leistungsreserven frei. Die Selbstverpflichtung der Beschäftigten und die Verknüpfung mit dem Entgelt sorgen dafür, daß die Beschäftigten die Zielabsprachen wirklich ernst nehmen und sich stärker mit den Strategien der Organisation identifizieren. Aufwendige Anweisungen und Regeln entfallen. Zugleich liefern die vereinbarten Ziele einen brauchbaren Maßstab für die Feststellung und Bewertung von erreichten Leistungen.

Für die Regelung von Zielvereinbarungen ist für Arbeitgeber und Arbeitnehmervertretungen von Bedeutung, wie diese dezentralen Leistungsvereinbarungen in mitbestimmungspolitischer Perspektive zu beurteilen sind. Für eine differenziertere Erörterung kann diese Frage in zwei Richtungen aufgeschlüsselt werden:

1. Zum einen interessiert, welche Wirkungen Zielvereinbarungen auf das kollektivvertragliche Regulierungsprinzip haben. Vertreter der IG Metall befürchten, daß Zielvereinbarungen das *Prinzip der kollektiven Regulierung* aushebeln und es durch das Kräftemessen zwischen Führungskraft und Beschäftigten ersetzen. Im Unterschied hierzu findet sich im gewerkschaftlichen Meinungsspektrum – so z. B. bei der Gewerkschaft ÖTV – auch die Position, daß Zielvereinbarungen durchaus kollektiv gestaltbar sind und tarifvertraglich verankert werden sollten. Daran knüpft sich die Erwartung, daß durch geschickte Verzahnung von zentralem Rahmenvertrag und dezentraler Zielvereinbarung ein Zugewinn an Mitbestimmung entsteht, der letztlich die Institutionen »Betriebs- bzw. Personalrat« und »Gewerkschaft« stützt.

   Die positive Sichtweise von Zielvereinbarungen ist vor allem auf die gewerkschaftliche Erfahrung zurückzuführen, daß die herkömmliche Beurteilung durch Vorgesetzte von den Beschäftigten im Organisationsbereich vehement kritisiert wird, weil sie die ihr zugedachten Funktionen nicht erfüllt und zur Aufrechterhaltung eines hierachisch-autoritären Führungsstils beiträgt. Daher sollen die einseitigen Beurteilungen alten Stils zukünftig zugunsten zweiseitiger Leistungsvereinbarungen abgeschafft werden. Vereinzelt finden sich unter den Beiträgen Stimmen, die den kooperativen Charakter von Zielvereinbarungen betonen und auf Mitbestimmungspotentiale von Zielvereinbarungen hinweisen. Unter bestimmten Anwendungsbedingungen könnten zielorientierte Beurteilungsverfahren einen wichtigen Beitrag zur Mitbestimmung der Arbeitnehmer am Arbeitsplatz leisten.

2. Untersuchungen zum Mitbestimmungspotential von Zielvereinbarungen müssen auch die Frage einbeziehen, worüber die Beschäftigten eigentlich mitentscheiden können, welcher Maßstab bei der Bewertung der Zielerreichung zugrundeliegt, und wie die Zielinhalte unter mitbestimmungspolitischer Perspektive zu bewerten sind.

2. Neue Aspekte für Vereinbarungen

Im Hinblick auf die betriebliche Mitbestimmung ist hervorzuheben, daß Zielvereinbarungen zwei mitbestimmungsrelevante Themenbereiche tangieren: Beurteilungsgrundsätze und leistungsbezogene Entgelte. Im Unterschied zur herkömmlichen Beurteilungs- und Leistungsentgeltpraxis ist zu berücksichtigen:

- Beurteilung und Vergabe von Leistungsentgelten orientieren sich nun an konkreten Zielgrößen statt an bestimmten Merkmalen.
- Es gibt ergänzend zur Betriebsvereinbarung dezentrale, zweiseitige Vereinbarungen zwischen Beschäftigten-(gruppen) und Vorgesetzten, die die Leistungsseite näher bestimmen; solche Beteiligungschancen der Beschäftigten gibt es bei den herkömmlichen Systemen nicht.
- Die vereinbarten Ziele bilden den Maßstab für die Bewertung der Leistungen (Soll-Ist-Vergleich). Ein solcher aushandelbarer Maßstab existiert bei merkmalorientierten Beurteilungssystemen nicht.
- Bei der Vereinbarung meßbarer Ziele kann auf eine subjektive Beurteilung durch Vorgesetzte verzichtet werden. Dies bietet insbesondere Angestellten und Zeitlöhnern die Möglichkeit, ihre Leistungsergebnisse selbst zu überprüfen und »Nasenprämien« weitgehend zu verhindern.

Aus diesen Veränderungen ergeben sich für die Betriebs- bzw. Tarifparteien zusätzliche Fragen und Regelungsnotwendigkeiten:

1. *Beteiligungsintensität der Beschäftigten*
   Zunächst geht es um die Kompetenzen, die die Beschäftigten beim Abschluß von Zielvereinbarungen erhalten sollen. Ein Zugewinn an Partizipation wäre dann möglich, wenn die Beschäftigten über die Art der Ziele, ihre Gewichtung, die Leistungsstandards und über die Leistungsbedingungen mitentscheiden könnten.
   Durch diese Partizipation wird den Beschäftigten eine neue Rolle in der betrieblichen Leistungspolitik zugewiesen: Bei Fragen der Leistung müssen sie sich eine Meinung bilden über Möglichkeiten und Grenzen ihrer Leistungsfähigkeit, sie müssen ihre Belange gegenüber dem Vertragspartner auf Arbeitgeberseite verhandeln und durchsetzen und für die Einhaltung des Kontraktes sorgen. Bei Fragen der Leistung sind sie nun auf sich selbst gestellt, sie müssen ihre Interessen selbst vertreten.
2. *Einbettung der Zielvereinbarungen in einen kollektiven Rahmenvertrag*
   Entscheidend für die Frage der Mitbestimmungsqualität ist zusätzlich, ob bzw. inwieweit die Leistungsabsprachen »vor Ort« durch eine kollektivvertragliche Rahmenvereinbarung gesteuert werden.
   Was die inhaltliche Gestaltung von Tarif- bzw. Betriebs-/Dienstvereinbarungen anbetrifft, konzentrieren sich die Möglichkeiten der zentralen Regulierung auf vier Komplexe:
   - Der erste Komplex betrifft die Beteiligungsrechte der Beschäftigten.
   - Ein zweiter Regelungskomplex bezieht sich auf die Zielkriterien.
   - Ein dritter Regelungskomplex zielt auf die einheitliche Handhabung der Zielvereinbarungen.
   - Ein vierter Regelungspunkt auf zentraler Ebene behandelt die Bewertung der erreichten Leistungen.
3. *Mitbestimmungsfähige Zielinhalte*
   Das Spektrum der Ziele, die vereinbart werden können, ist weit gesteckt: Möglich sind personenbezogene Zielkriterien, die persönliche Fähigkeiten, Verhaltensweisen oder Motivationen der Beschäftigten betreffen, aber auch arbeits-

ergebnisbezogene Out-put-Kriterien wie Mengen, Zeiten, Qualitätsstandards. Darüber hinaus gewinnen betriebswirtschaftliche Erfolgskennziffern an Bedeutung. Unter dem Blickwinkel der Mitbestimmung haben die jeweiligen Zielinhalte unterschiedliche Bedeutung, da sie mehr oder weniger individuell beeinflußbar sind bzw. unterschiedliche Implikationen für die Überprüfbarkeit der Zielerreichungsgrade und die Nachvollziehbarkeit der Bewertungsentscheidungen enthalten. Problematisch in dieser Hinsicht sind im wesentlichen betriebswirtschaftliche Erfolgskriterien. Für das Management hat die Vereinbarung solcher Ziele in Zeiten eines zunehmenden Kostendrucks einen besonderen Reiz, denn sie sind besser als alle anderen Zielkriterien geeignet, die Belegschaften dazu veranlassen, bei ihrer Arbeit stärker in Kosten-, Ertrags- und Ergebniskalkülen zu denken und sich mitverantwortlich für die Gesamtentwicklung des Unternehmens bzw. der Verwaltung zu fühlen. In finanzieller Hinsicht haben solche Zielkriterien für den Arbeitgeber außerdem den Vorteil, daß Aufwendungen für eine leistungsorientierte Vergütung nur dann anfallen, wenn auch tatsächlich ein betriebswirtschaftlicher Nutzen entstanden ist. Werden die Beschäftigten prozentual an erzielten Kostensenkungen, Einnahmesteigerungen oder Betriebsergebnisverbesserungen beteiligt, geht das finanzielle Risiko eines solchen Leistungsentgeltsystems gegen Null. Für die Beschäftigten sind betriebswirtschaftliche Zielkriterien dagegen risikoreich, weil etliche Ziele dieser Art nur begrenzt durch ihre Leistung beeinflußbar sind. Ob bestimmte Kostenpositionen (z. B. Reparatur-, Reklamations-, Personal-, Energie-, Abfallkosten) gesenkt, Einnahmen (z. B. Umsätze, Erträge, Gebühreneinnahmen) gesteigert oder unterm Strich Betriebsergebnisse verbessert werden können, hängt meist nicht von Einzel- oder Gruppenleistungen ab, sondern unterliegt wirtschaftlichen oder politischen Faktoren, auf die z. T. nicht einmal das Management Einfluß nehmen kann. In materieller Hinsicht bedeutet dies für die Beschäftigten, daß ihre Leistungsanstrengungen allein nicht mehr ausreichen, um eine gute Beurteilung oder eine Leistungsprämie auszulösen. Sie gehen unter Umständen leer aus, wenn ihre erhöhten Leistungen durch äußere Umstände oder durch die Einwirkungen Dritter wieder nivelliert werden.

Unter dem Blickwinkel der Mitbestimmung stellt sich für die Beschäftigten dann die berechtigte Frage, was Entscheidungskompetenzen wert sind, wenn sich die Gegenstände der Entscheidung letztlich ihrem Einfluß entziehen. In diesem Sinne wäre es nur konsequent, wenn die Interessenvertretung solche Zielkriterien von vornherein aus dem Katalog der möglichen Ziele ausschlöße.

3. Arbeitnehmerorientierte Anforderungen an Zielvereinbarungen

Bei der Einführung von Zielvereinbarungen sollten folgende fünf Mindestanforderungen erfüllt sein.

1. *Einbettung in eine kollektive Rahmenregelung*
   Dezentrale Verhandlungen über zu erreichende Leistungsziele – ob mit oder ohne Bezug zum Entgelt – sollte es nicht ohne eine Betriebs- oder Tarifvereinbarung geben, in der wichtige Grundsätze zum Schutz der Beschäftigten vor Leistungsintensivierung und Disziplinierung geregelt werden. Eine kollektive Regelung kann auch einen wichtigen Beitrag zur Gleichbehandlung der Beschäftigten leisten.
2. *Gleichberechtigte Verhandlungsposition der Beschäftigten*
   Aus Arbeitnehmersicht machen Zielvereinbarungsgespräche nur dann einen Sinn, wenn die Beschäftigten mehr Mitspracherechte als bisher über leistungspolitische Fragen ihres Bereiches erhalten. Es muß daher gesichert sein, daß die Beschäftigten ihre Vorstellungen über sinnvolle Ziele und zumutbare Leistungsniveaus in die Verhandlungen einbringen können und daß mit der Absicht verhandelt wird, einen Konsens zu finden.
3. *Berücksichtigung der Leistungsbedingungen*
   Zielvereinbarungen sind nur dann sinnvoll, wenn die Leistungsbedingungen während des Zielvereinbarungszeitraums so gestaltet sind, daß die vereinbarten Ziele auch erreicht werden können. Das Unbesetzen von Stellen, längere Fehlzeiten, Absatzprobleme oder Managementfehler können jedoch dazu führen, daß die Ziele nicht mehr erreichbar sind. Sind die Beschäftigten hierfür nicht verantwortlich, muß über ein erreichbares Ziel neu verhandelt werden können.
4. *Keine negativen Konsequenzen für das Arbeitsverhältnis*
   Es ist klarzustellen, daß das Nichterreichen von vereinbarten Zielen keinen Einfluß auf die Rechte und Pflichten aus dem Arbeitsvertrag hat. Abmahnungen oder etwa Kündigungen wegen »Minderleistung« sind unzulässig.
5. *Beeinflußbare, erreichbare und objektiv überprüfbare Ziele*
   An die zur dezentralen Verhandlung freizugebenden Zielgrößen sind bestimmte Anforderungen zu stellen:
   - Die Ziele müssen durch die Beschäftigten direkt beeinflußbar sein. Auszuschließen sind Ziele, deren Erreichung maßgeblich durch Dritte (Management, andere Beschäftigte), durch Marktentwicklungen oder Politik beeinflußt wird (z. B. Betriebsergebnis, Umsatz und anderes mehr). Es kann dadurch vermieden werden, daß Beschäftigte trotz hoher Leistungsanstrengungen nur ein niedriges Leistungsentgelt bzw. keine angemessene Anerkennung ihrer Leistungen erhalten.
   - Die Ziele müssen erreichbar, d. h. realistisch und in biologischer und sozialer Hinsicht zumutbar sein. Es darf keine Regel geben, nach der einmal erreichte Ziele im nächsten Zielvereinbarungszeitraum zur Normalleistung werden.
   - Die Ziele sollen objektiv überprüfbar ein. Dies schränkt den subjektiven Bewertungsspielraum ein.

4. Resümee

Bei Befürchtungen von Interessenvertretungen der Arbeitnehmer, daß Zielvereinbarungen die Mitbestimmung aushöhlten, kann nur nachdrücklich darauf verwiesen werden, daß eine kollektive Gestaltung von Zielvereinbarungen nicht nur möglich, sondern nach den Bestimmungen vom BetrVG/PersVG sogar gefordert ist.

Bestehende Rahmenvereinbarungen zeigen, daß auf zentraler Ebene wichtige Vorentscheidungen für Inhalte und Prozesse getroffen werden können, so daß mögliche Risiken dezentraler Leistungsabsprachen vermeidbar sind.

Dialog über Vorgesetztenbeurteilungen – Feedback für Führungskräfte in Zielvereinbarungsgesprächen

Sabine Kall

Zielvereinbarungen sehen vor, gemeinsam Ziele zu verabreden. Im Vordergrund steht eine faire Verhandlung bzw. Verabredung. Ziele werden nicht diktiert, sondern im Sinne einer Teamorientierung gemeinsam erarbeitet.

Heute geht man davon aus, daß Vorgesetzte eher die Rolle eines Animateurs oder Coachs übernehmen. In die Teamorientierung und bei der Betonung der *gemeinsamen* Verantwortung von Vorgesetzten und Mitarbeitern bei der Gestaltung der Arbeitsbeziehung paßt die einseitige und klassische Vorgehensweise der Beurteilung von oben, also durch den Vorgesetzten »nach unten« zum Mitarbeiter hin, nicht mehr.

Verfolgt man diesen Gedanken, müßte man konsequenterweise sagen: In der partnerschaftlichen Zusammenarbeit erfolgt die Beurteilung sowohl von oben nach unten als auch von unten nach oben.

Der oder die MitarbeiterIn müssen dem Vorgesetzten folglich ein Feedback geben, wie die Führung, die Führungsqualität, das Führungsverhalten gemeinhin aufgefaßt wird. Der Leitgedanke der wechselseitigen Beurteilung ist hier, daß auch die Führungskräfte eine individuelle Einschätzung ihres Führungsverhaltens durch jeden Mitarbeiter bekommen und Hinweise auf eventuellen Veränderungsbedarf erhalten.

Führungskräfte, Vorgesetzte oder Meister stehen heute vor einer Fülle an Anforderungen, denen sie nachkommen sollen. Doch das sind häufig Menschen, die bisher jahrelang in ihrem alten Stil der Top-down-Führung gearbeitet haben.

Plötzlich soll man die verschiedensten Dinge beherrschen. Das setzt erst einmal voraus, daß man überhaupt weiß, wie man von den Mitarbeitern eingeschätzt wird. Soziale Kompetenzen sind in einem gewissen Rahmen lernbar. Um jedoch ein verwertbares Feedback zu bekommen, ist es wichtig zu wissen, wo man steht und wie man eingeschätzt wird.

Ein Beispiel aus der Praxis liefert eine Begründung für den Sinn einer Vorgesetztenbeurteilung: In einer Studie der Bertelsmann-Stiftung werden die Gründe für Krankmeldungen in 32 Stadtverwaltungen untersucht. Der Trend dieses Ergebnisses macht deutlich, daß die Mitarbeiter, die mit ihrem Abteilungsleiter unzufrieden sind, überdurchschnittlich häufig krank sind.

Die Untersuchung besagt, daß weder die Arbeitsbelastung noch körperlich anstrengende Arbeiten als Gründe für die Krankmeldung genannt werden. An erster Stelle steht: die Beschäftigten sind unzufrieden, wenn sie sich ungleich behandelt fühlen, wenn sie zu wenig Mitspracherechte haben oder wenn Vorgesetzte Aufgaben nicht vernünftig delegieren.

Dieses Ergebnis ist vor allem für kleinere Betriebe als sehr wesentlich zu erachten, da die Arbeitsgesundheit als kostenträchtiger Punkt eine große Rolle spielen kann.

Woher weiß nun aber der Vorgesetzte oder Abteilungsleiter, daß seine Mitarbeiter unzufrieden sind, ohne daß er sich den Krankenstand ansieht? Man könnte dies bei den Mitarbeitern einfach durch eine Mitarbeiter- oder Arbeitszufriedenheitsbefragung erforschen.

Bislang herrscht in den wenigsten Betrieben eine Kultur, bei der der Vorgesetzte an den Arbeitsplätzen vorbeischaut und nachfragt, ob die Mitarbeiter zufrieden mit ihm sind. Diese Philosophie ist in Klein- und Mittelunternehmen bisher noch wenig verbreitet. Man stößt sicherlich an Grenzen, weil auch die Mitarbeiter in einer Arbeitsbeziehung, die den Namen »Vertrauenskultur« noch nicht verdient, nicht gewohnt sind, selbständig konstruktive Kritik und Verbesserungsvorschläge zum Führungsverhalten zu äußern.

In einem Arbeitsbereich, in dem man jahrelang etwas von oben angeordnet wird und in dem ein bestimmtes Klima vorherrscht, kann man nicht sofort mit einer Vertrauenskultur anknüpfen. So etwas ist ein Prozeß und muß sich entwickeln. Ein erster Ansatzpunkt könnte sein, solch eine Vorgesetztenbeurteilung einzuführen.

1. Durchführung einer Mitarbeiterbefragung zur Vorgesetztenbeurteilung

Bei der Vorgesetztenbeurteilung soll das Verhalten der Führungskraft beurteilt werden, nicht seine Leistungen oder seine Kompetenzen. Die Dialogbereitschaft und das Feedback stehen im Vordergrund. Es geht um Klimaverbesserung, um das Verhältnis zwischen Vorgesetzten und Mitarbeitern.

Es existieren einige Unterschiede, wie solch eine Vorgesetztenbeurteilung initiiert und durchgeführt werden kann. Das hängt auch immer von der Unternehmenskultur ab. Wie sieht also so eine Befragung aus?

In Bezug auf die inhaltliche Gestaltung der Fragebögen sind nach wissenschaftlicher Diskussion folgende Kriterien von Bedeutung:

- *Akzeptanz:* Der Vorgesetzte und die Mitarbeiter müssen die Durchführung, die Instrumente und die Ergebnisse akzeptieren können.
  Weiterhin ist von Bedeutung:
- *Anonymität,*
- *Respekt:* Die Fragen und Aussagen dürfen die persönliche Integrität des Vorgesetzten nicht verletzen. Sie müssen vom Respekt vor anderen Personen getragen werden.
- *Verständlichkeit:* Die Fragen müssen klar verstanden werden können.
- *Begrenzung:* Der Umfang der Informationen darf die Aufnahmekapazität des Vorgesetzten und der Mitarbeiter nicht überschreiten.

Die Gestaltung des Fragebogens hängt letztlich von den spezifischen Zielen des Unternehmens ab. Grundsätzlich sollte aber nur das Führungsverhalten abgefragt werden, genauer: das beobachtbare Verhalten. Häufig werden weiterhin folgende Kriterien erfaßt:

- Delegation
- Information
- Motivation
- Entscheidung.

Meistens werden Fragebögen mit weitgehend standardisierten Fragen ausgeteilt. Es sind aber auch offene Fragen möglich, z. B.: Wie wünschen Sie sich Ihren Vorgesetzen? Damit hat der Mitarbeiter die Möglichkeit, eigene Gedanken zu äußern.

Abgefragt wird sehr häufig das gegenwärtig gezeigte Führungsverhalten. Es gibt aber auch Unternehmen, die das gewünschte Verhalten abfragen, z. B.: Wie ist der Vorgesetzte heute und wie soll er sein?

Dazu noch einige Beispiele aus der Praxis, wie Unternehmen dieses Instrument für positive Veränderungen einsetzen:

- Bei *Siemens in Mühlheim* beteiligte sich die Hälfte der Gruppenleiter an einer Befragung und äußerte sich u. a. zu den Fragen bzgl. des Vorgesetzten: Überträgt er Verantwortung? Orientiert er sich am Kunden? Kann er Wesentliches von Unwesentlichem unterscheiden? Die Skala ging hier von Ja/Nein bis nicht einschätzbar. Aus den eigenen Reihen wird eine Vertrauensperson gewählt und anschließend diskutiert. Ist die Offenheit beim ersten Gespräch noch nicht so groß, dann kann sich dieses von Gespräch zu Gespräch ändern, bis offen Kritik geübt wird.
- Bei *Proctor & Gamble* sollte über die Vorgesetztenbefragung ein Feedback eingeholt werden. Fehlte die Bewertung in der Personalakte, konnte es zu Schwierigkeiten bei der Beförderung kommen. Gemeinsam mit dem nächsthöheren Vorgesetzten werden nun drei bis fünf Mitarbeiter ausgewählt, die namentlich beurteilen sollten. Die Idee ist auch, daß sich herausstellen soll, welche Mitarbeiter anonym bleiben wollen. Der Vorgesetzte soll dann mit dem Mitarbeiter sprechen und klären, warum dieser seine Beurteilung nicht unterschreiben möchte. So werden auch die ins Boot gezogen, auf die es genau ankommt: Die unzufriedenen Mitarbeiter.
- Bei *Karstadt* haben Abteilungsleiter die Erfahrung gemacht, daß Mitarbeiter den anonymen Fragebogen unterschreiben, weil sie sagen, daß sie zu ihrer Bewertung stehen.

Gleichermaßen ist es aber auch wichtig, den Mitarbeitern zu versichern, daß es sich nicht nur um eine einmalige Aktion handelt, sondern daß dieses Instrument ernsthaft eingesetzt wird, um kontinuierlich Verbesserungsprozesse vorantreiben zu können. Das Lernziel, das sich dabei beiläufig ergibt, ist auch das Einüben von fairen Verhandlungen, wie sie für Zielvereinbarungen Voraussetzung sind.

Die meisten Unternehmen, in denen Vorgesetztenbefragungen durchgeführt werden, machen dies verbindlich in einem gewissen Turnus, z. B. im Rhythmus von einem Jahr oder zwei Jahren, um vergleichen zu können. Dies gibt dem Vorgesetzten dann eine gewisse Sicherheit, um zu sehen: Hat sich etwas verändert?

Jedes Unternehmen muß für sich ein »Strickmuster« finden.

Da sowohl Arbeitgeber als auch Arbeitnehmer von einer solchen Umfrage profitieren, sollten die Gründe für die Befragung und die Vorgehensweisen des Instruments kein Geheimnis der Unternehmensführung bleiben.

2. Stolpersteine bei der Einführung einer Mitarbeiterbefragung zur Vorgesetztenbeurteilung

Die Vorgesetzten sind entweder Protagonisten oder Boykotteure der Mitarbeiterbefragung und Vorgesetztenbeurteilung. Ihre Bereitschaft ist ausschlaggebend. Der Vorgesetzte gibt bei einer solchen Befragung natürlich auch sehr viel von sich preis. Viele fürchten sicherlich einen Verlust ihrer Autorität. Doch ist das so schlimm?

Die Frage ist: Was macht Autorität aus? Werde ich anerkannt und akzeptiert *als ein Mitarbeiter* in einem Team? Werde ich akzeptiert in der Hierarchie aufgrund meiner Qualifikation? Oder werde ich nur akzeptiert, weil ich Sanktionsmöglichkeiten habe? Im Sinne einer Teamorientierung ist es nicht nötig, z. B. immer mit Abmahnungen zu drohen. Allerdings soll nicht abgestritten werden, daß ein gewisser Autoritätsverlust durchaus möglich ist, doch auf der Habenseite steht ein Zugewinn an Teamorientierung.

Eines soll dabei betont werden: Mit Objektivität, die viele erwarten, hat das Verfahren nichts zu tun. Eine Personalbeurteilung und somit auch eine Beurteilung von Führungskräften kann nicht objektiv sein. Würde man diese Problematik unter dem Gesichtspunkt der Objektivität angehen, wäre sie zum Scheitern verurteilt. Es geht vielmehr um Stimmung und um Kommunikation im Unternehmen.

3. Die Präsentation der Umfrage-Ergebnisse und Besprechung in Zielvereinbarungsgesprächen

Die erste Aufarbeitung der Ergebnisse erfolgt mit dem Vorgesetzten und einer neutralen Person, z. B. einem externen Moderator oder einem Mitarbeiter aus dem Personal- oder Weiterbildungsbereich.

Danach wird den Mitarbeitern das Ergebnis in der Gruppensituation präsentiert. Die ganze Bandbreite des Führungsverhaltens bzw. der Beurteilung wird erörtert und gemeinsam mit dem Vorgesetzten besprochen.

Die Personalabteilung erhält i. d. R. keine Ergebnisse. Sollte dies doch geschehen, so wird dies meist eingebettet in eine Qualifizierung für die beurteilte Führungskraft. Hier wird dann meist die nächsthöhere Führungskraft in einem Zielvereinbarungsgespräch mit Weiterbildungszielen hinzugezogen, um gemeinsam Maßnahmen zur Weiterbildung zu planen.

Ein Moderator, nach Möglichkeit ein externer, übernimmt dann die Präsentation der Ergebnisse. Eine solche Gruppe setzt sich aus dem Vorgesetzten und den Mitarbeitern zusammen. Normalerweise sind die Vorgesetzten des beurteilten Vorgesetzten nicht mit dabei.

In der ersten Runde bespricht der Vorgesetzte mit dem Moderator die Gruppenergebnisse und die Selbsteinschätzung, damit erste Problemfelder aufgedeckt werden können.

Im Rahmen der Rückmeldung wird der Vorgesetzte häufig aufgefordert, eine Selbsteinschätzung abzugeben, d. h. er füllt den gleichen Fragebogen aus und gibt an, wie er sein eigenes Führungsverhalten einschätzt.

Dieses Vorgehen wird von den Vorgesetzten häufig als unangenehm empfunden, da die Selbsteinschätzung ebenfalls präsentiert wird, es hat aber wesentliche Vorteile:

- Der Vorgesetzte kann nach der Befragung nicht behaupten, die vorliegenden Ergebnisse erwartet zu haben.
- Die Selbstwahrnehmung und die Auseinandersetzung mit den eigenen Stärken und Schwächen werden gefördert und die Fähigkeit zur realistischen Selbstbeurteilung, die eine wichtige Voraussetzung für effektive Führung darstellt, wird entwickelt.
- Der Vorgesetzte ist aktiv am Beurteilungsverfahren beteiligt und ist nicht passives Opfer, womit man seiner Rolle gerechter wird.

Durch die Gegenüberstellung der Selbst- und Fremdbeurteilung können interessante Erkenntnisse gewonnen werden. Einem skeptischen Vorgesetzten kann entgegengehalten werden, daß dieser mutige Schritt zur Offenheit von den Mitarbeitern als sehr positiv bewertet wird, vor allem, wenn man die Mitarbeiter bittet, sich in die Situation des Vorgesetzten hineinzudenken.

4. Ausblick zur Beurteilung von Vorgesetzten

Aus der Organisationspsychologie ist bekannt, daß die Entwicklungsprozesse, die mit einer solchen Befragung angestoßen werden sollen, nur funktionieren, wenn den Befragten ihre Ergebnisse widergespiegelt werden.

- Die Beurteiler sollen einen Überblick über die Gemeinsamkeiten, aber auch Unterschiede zwischen ihrer eigenen Bewertung und der Gesamteinschätzung gewinnen. Dazu ist die Einschätzung der anderen Gruppenmitglieder notwendig.
- Die Beurteiler sollen die Selbsteinschätzung kennen, um eventuell Klärungsbedarf zu erkennen.
- Veränderungsprozesse zwischen Mitarbeitern und Vorgesetzten setzen eine beiderseitige Bereitschaft voraus. Beide Parteien müssen über die Ergebnisse informiert sein, um in einen Dialog darüber treten zu können.

Der Hauptpunkt bei dieser Methode ist der Dialog, daß Mitarbeiter mit ihrem Vorgesetzten offen reden, und natürlich, daß der Vorgesetzte weiß: Wie werde ich eingeschätzt? Wie bin ich? und sein Verhalten dann entsprechend ändern kann. In den meisten Betrieben gibt es keine Sanktionsmechanismen, das heißt, wenn Fehlverhalten nicht in der Personalakte vermerkt wird und auch kein höherer Vorgesetzter davon weiß, gibt es für den Vorgesetzten oft keinen Grund für eine Verhaltensänderung.

Der Dialog und die Diskussion über Befragungsergebnisse in persönlichen Zielvereinbarungsgesprächen kann zu neuen Teamzielen führen: In manchen größeren Unternehmen wird im Anschluß eine zweite Runde mit den nächsthöheren Vorgesetzten durchgeführt, in der dann Maßnahmen vereinbart werden, wie der Beurteilte seine Qualifikation im Sinne sozialer Kompetenzen verbessern kann, so können Schulungen für Führungskräfte in Zielvereinbarungsgesprächen für Vorgesetzte mit der Geschäftsführung vereinbart werden.

Der Anstoß durch eine Mitarbeiterbefragung und Vorgesetztenbeurteilung – die als Umfrage gestaltet oder auch als Feedback in einem Zielvereinbarungsgespräch durch die Führungskraft selbst eingeholt werden kann – liegt darin, sich an einen Tisch zu setzen und gemeinsam Probleme zu erörtern und das Betriebsklima durch das Vereinbaren von Teamzielen zu verbessern.

Literatur

Beiersdorf AG: Beurteilungsverfahren für Führungskräfte, in: Personalwirtschaft, Heft 10/1997

Vornberger, E.: Vorgesetztenbeurteilung in 19 deutschen Großunternehmen, Studie Bertelsmann, Gütersloh 1995

Kall, S.: Feedback für Führungskräfte, in: Die Mitbestimmung, Heft 9/1998: 48 f

König, R./Schirmer, S.: Feedback im offenen Dialog – Die ARAL AG hat die Beurteilung von Vorgesetzten durch ihre Mitarbeiter mit einer Betriebsvereinbarung geregelt und fördert damit neben Zielvereinbarungsgespräche die offene Kommunikation, in: Personalführung Heft 2/1998: 46 ff

Ausblick zur Verbindung von Zielvereinbarungen mit Entgeltfragen

Gestaltung von Zielvereinbarungen bei Teamarbeit – ein empirischer Überblick

Alexandra H. Hey

1. Führung mit Zielen bei Teamarbeit

Eine gemeinsame Vereinbarung von Zielen bei Teamarbeit ist sinnvoll, um eine kooperative Zusammenarbeit und eine Problemlösung in Gruppen zu realisieren. Die Unternehmensziele sollten in allen Bereichen deutlich gemacht werden, mit Arbeitsgruppen vereinbart und auf die Gruppenleistung bezogen werden. Berücksichtigung müssen jedoch auch die organisationalen Bedingungen für die Führung von Gruppen mit Zielvereinbarungen finden.

Heute haben sich die Organisationsstrukturen in den Betrieben grundlegend geändert und das Interesse an einer Führung der Mitarbeiter durch Zielvereinbarungsgespräche ist aktuell. Neue Organisationsstrukturen, zu denen die Einführung von Teamarbeit in besonderem Maße gehört, fordern ein Nachdenken über bisherige Formen der Führung, des Geführtwerdens und damit auch der Motivation der Mitarbeiter (Hofmann & Schmitz 1994).

1.1 Vergleich mitarbeiterbezogener Ziele bei Teamarbeit und Goal Setting

Um festzustellen, wie die beiden Konzepte »Teamarbeit« und »Führung durch Zielvereinbarungen« optimal aufeinander abgestimmt werden können, ist es notwendig, die Konzepte auf Kompatibilität bezüglich der mitarbeiterbezogenen Ziele zu prüfen. Ein Vergleich bezüglich mitarbeiterbezogener Kriterien zeigt entscheidende Gemeinsamkeiten.

Die Zielkongruenz der beiden Konzepte bedeutet, daß die beiden Konzepte nicht nur kompatibel sind, sondern daß sie sich gegenseitig sehr gut ergänzen können. Der Vergleich macht deutlich, daß beide Ansätze darauf ausgelegt sind, die Arbeit motivierender, partizipativer und qualifizierender zu gestalten. Es geht also nicht darum, sich für einen der beiden Ansätze zu entscheiden, sondern darum, Synergieeffekte zu nutzen.

Diese Synergieeffekte werden deutlich, wenn man die vier Faktoren betrachtet, die die Arbeitsleistung im wesentlichen bestimmen (Hofmann & Schmitz 1994):

- »Das Können«: Leistungsfähigkeit
- »Das Dürfen«: Leistungsentfaltungsmöglichkeiten
- »Das Sollen«: Transparenz der Leistungserwartungen
- »Das Wollen«: Leistungsbereitschaft

Teamarbeit	Ziele	Goal Setting/Zielvereinbarung
■ sinnvolle und befriedigende Tätigkeit	Motivation	■ Feedback über die Zielerreichung
■ Selbstbestimmung am Arbeitsplatz	Autonomie	■ Selbstkontrolle der Zielerreichung
■ Partizipation an Entscheidungen am Arbeitsplatz	Partizipation	■ Zielvereinbarung/Partizipation
■ Zugehörigkeit zum Team	Compliance	■ (Selbst-)Verantwortung für die Zielerreichung
■ Interaktion der Teammitglieder	Sozialkontakte	■ Kommunikation über Ziele
■ kooperativer Führungsstil ■ Delegation von Verantwortung	Führungsstil	■ kooperativer Führungsstil ■ Delegation von Verantwortung
■ komplexe, ganzheitliche Aufgaben	Qualifikation	■ unternehmerisches Denken und Handeln

Tab. 1: Konzepte und ihre mitarbeiterbezogenen Ziele im Vergleich

Die *Leistungsfähigkeit* bezieht sich auf den Aspekt des »Könnens« und schließt sowohl Eignung als auch Qualifikationen und Erfahrungen des Mitarbeiters ein. Sie durch eine entsprechend gestaltete Personalauswahl und Personalentwicklung dauerhaft sicherzustellen, ist im Rahmen von Teamarbeit eine sehr wichtige Aufgabe.

Leistungsfähigkeit allein stellt aber noch keine hinreichende Bedingung für das Zustandekommen einer Arbeitsleistung dar. Die Arbeitssituation muß dem Mitarbeiter Möglichkeiten bieten, seine Fähigkeiten erfolgreich einzusetzen. *Leistungsentfaltungsmöglichkeiten* beziehen sich auf den Aspekt des »Dürfens«. Nur ein Mitarbeiter, der seine Leistungsfähigkeit in seine Arbeit einbringen kann, wird motiviert sein und eine hohe Leistung erbringen. Dies ist der Punkt, an dem Teamkonzepte ansetzen. Den Teams werden Spielräume gewährt, innerhalb derer die Mitarbeiter eigenständig entscheiden und handeln können.

Gerade diese Handlungs- und Entscheidungsspielräume sind es jedoch, die es notwendig machen, daß die Mitarbeiter die an sie gerichteten *Leistungserwartungen* kennen. In tayloristischen Arbeitsstrukturen wurden Leistungserwartungen in Form von Vorschriften und Anweisungen explizit gemacht. Bei Team- oder Gruppenarbeit ist es ebenfalls notwendig, daß die Mitarbeiter wissen, an welchen Anforderungen sie ihr Arbeitshandeln ausrichten sollen. Da dies in weiten Teilen nicht mehr durch Anweisungen geschehen kann, da sonst der Handlungs- und Entscheidungsspielraum der Mitarbeiter eingeschränkt würde, ist es sinnvoll, Ziele für die Teams festzulegen, die aus den Unternehmenszielen abgeleitet werden. Diese Ziele sollten mit den Mitarbeitern besprochen und vereinbart werden. Sind die Ziele eines Teams gar nicht oder nur vage formuliert, so bilden die Mitarbeiter eigenständige Arbeitsziele, die unter Umständen mit den Unternehmenszielen kollidieren. Ziele können damit die Selbstregulation der Teams unterstützen, indem sie Leistungsniveaus definieren (Latham & Locke 1991).

Diese drei Faktoren reichen aber auch noch nicht aus, denn letztlich muß noch die *Leistungsbereitschaft* der Mitarbeiter hinzukommen, das heißt, die Mitarbeiter müssen die Leistung auch erbringen wollen. Zentral für den Motivationsprozeß sind wiederum Ziele. Denn Ziele haben eine doppelte Funktion. Sie nehmen einerseits den Endzustand des Handelns gedanklich vorweg und stellen andererseits die Energie zur Verfügung, die das Handeln aufrecht erhält.

Die Bedeutung von Zielen innerhalb der Umsetzung von Teamarbeit ergibt sich also unmittelbar aus der Schaffung von erweiterten Verantwortungsbereichen und Aufgabeninhalten für die Mitarbeiter. Außerdem wird die Motivation bei Teams zunehmend wichtiger, da Kontrollen im herkömmlichen Sinn an Bedeutung verlieren. Gespräche über Ziele sind damit ein Führungsinstrument, das Team- und Gruppenarbeit sehr gut unterstützen kann, da Ziele den Mitarbeitern einerseits die nötige Handlungsorientierung geben und sie andererseits zur Leistung motivieren (Bungard/Jöns 1997; Hey/Jöns/Pietruschka 1997).

Durch die Ziele wird eine Identifikation der Mitarbeiter mit den Zielen des Unternehmens ermöglicht und damit unternehmerisches Denken, eigenverantwortliches Handeln und das Erkennen und Aufgreifen von Problemen gefördert sowie das Können und Wissen, die Erfahrungen und Fertigkeiten sowie die Leistungsfähigkeit der Mitarbeiter bzw. des Teams besser genutzt und weiterentwickelt. Durch Kombination von Teamarbeit und einer Führung durch Zielvereinbarungen können somit aus ursprünglich gegensätzlichen Zielen von Unternehmen und Mitarbeitern gleiche, vom Konsens getragene Ziele entstehen, auf die das Leistungsinteresse der Mitarbeiter ausgerichtet ist (Pritchard et al. 1988).

Becker/Engländer (1994a) betonen, daß es vorteilhaft sei, das Prinzip der Führung durch Zielvereinbarung auch auf den übergeordneten Leitungsebenen zu praktizieren. Bei der Einführung von Zielvereinbarungen solle – zunächst – ein Top-down-Vorgehen angestrebt werden, da die Fähigkeit und der Wille der Führungskräfte, mit den ihnen unterstellten Mitarbeitern Ziele zu vereinbaren, größer sei, wenn diese eigene Erfahrungen mit der Festlegung und Beurteilung von Zielen mit ihren Vorgesetzten gesammelt haben.

1.2 Inhalte von Zielen

Grundsätzlich geht es bei Zielen darum, das Handeln der Mitarbeiter auf die Verbesserung des Ist-Zustandes bzw. die Erfüllung eines Soll-Zustandes auszurichten. In der Vergangenheit dominierten eindimensionale Vorgaben (z. B. Mengenorientierung) das Arbeitshandeln des Mitarbeiters. Da heute von den Mitarbeitern Kreativität, Mitdenken und Engagement im Unternehmen erwartet werden, treten an deren Stelle nun mehrere Ziele, die gleichzeitig erreicht werden sollen. Beispielsweise kann ein Team die Aufgabe haben, eine bestimmte Anzahl von Teilen auf einem hohen Qualitätsniveau termingerecht zu fertigen (Hofmann/Schmitz 1994).

Es werden daher mit den Teams sowohl quantitative als auch qualitative Ziele vereinbart. Quantitative Ziele sind aus den Unternehmenszielen abgeleitete individuelle oder teambezogene Leistungsziele, die vom einzelnen Mitarbeiter bzw. dem Team beeinflußbar sind. Die Bewertungsgröße ist in der Regel direkt meßbar. Als quantitative Ziele kommen beispielsweise in Frage (Becker/Engländer 1994b):

- Produktionsziele (z. B. Reduktion der Durchlaufzeit, höhere Maschinennutzung)
- Betriebswirtschaftliche Ziele (z. B. Kostensenkung)
- Erzeugnisbezogene Ziele (z. B. Ausschußreduktion)
- Marktbezogene Ziele (z. B. Senkung der Reklamationsrate).

Qualitative Ziele sind dagegen Entwicklungsziele, die sich nur mittelbar aus den Unternehmenszielen ableiten und in erster Linie dazu dienen, Qualifikationen zu erweitern. Da bei ihnen das Bewertungsmerkmal nicht direkt durch eine Kennzahl quantifiziert werden kann, muß die Zielerreichung meist durch Beurteilung festgestellt werden. Qualitative Ziele sind z. B.:

- Personelle Ziele (z. B. Einarbeitung eines neuen Mitarbeiters, Erlernen einer neuen Arbeitstätigkeit)
- Organisatorische Ziele (z. B. Übernahme der Arbeitszeiteinteilung durch das Team).

Bei der Auswahl der Ziele sollte darauf geachtet werden, daß nicht nur besondere Aufgaben als Ziele festgelegt werden, weil dann die Tagesarbeit vernachlässigt wird. Andererseits sollten nicht nur Ziele aus der Tagesarbeit abgeleitet werden, weil dann keine temporären Schwerpunkte gesetzt werden können.

Wieviele Ziele vereinbart werden sollten, hängt u. a. ab vom Zeitraum, in dem die Ziele erfüllt werden sollen, von der kognitiven Kapazität und der Fähigkeit bei der Aufgabenerfüllung, der Komplexität, Schwierigkeit und Interdependenz der Ziele. In der Praxis scheint es sich bewährt zu haben, für einzelne Mitarbeiter nicht mehr als fünf und für Teams nicht mehr als drei Ziele festzulegen (Becker/Engländer 1994a; Eyer 1996), um eine Übersichtlichkeit und eine Konzentration auf die vereinbarten Ziele zu gewährleisten und Zielkonflikte zu reduzieren. Durch eine Variation und Erhöhung der Ziele können fast automatisch Prozesse der kontinuierlichen Verbesserung (KVP) realisiert werden (Reichel/Cmiel 1994). Dies soll keine Leistungsverdichtung nach sich ziehen, sondern sollte vor allem bedeuten, intelligentere Lösungen für die Bewältigung der Arbeitsaufgaben zu finden.

2. Verbreitung und Ausgestaltung von Zielvereinbarungen in der Praxis

Um zu erfahren, ob und in welcher Weise in der Praxis Teams durch Ziele geführt werden, führten wir eine Umfrage durch bei betrieblichen Experten in verschiedenen deutschen Industrieunternehmen, die die Organisationsform der selbstregulierten Teamarbeit eingeführt hatten.

Von dem eigens für diese Untersuchung konstruierten Fragebogen wurden 211 Exemplare an die für Teamarbeit zuständigen Mitarbeiter (z. B. Gruppenbetreuer, Personalentwickler) der Unternehmen verschickt, 85 davon kamen beantwortet zurück. Die Stichprobe repräsentiert Unternehmen unterschiedlicher Branchen, vor allem KfZ und KfZ-Zulieferer (26%), Maschinenbau (25%), Chemie/Pharmazie (19%), Metall (12%) und Elektrotechnik (11%). Die meisten Betriebe weisen eine Größe zwischen 500 und 5000 Mitarbeitern auf, 80% haben Teamarbeit bereits seit über einem Jahr eingeführt.

Anhand der Daten aus unserer bundesweiten Umfrage soll gezeigt werden, wie Unternehmen ihre selbstregulierten Teams durch Ziele führen und dieses in der Praxis realisiert wird. Es wird untersucht, wie verbreitet Ziele für selbstregulierte Teams in der Industrie sind, ob die Ziele für die Teams spezifisch sind, inwieweit die Teams bei der Zielfestlegung partizipieren, ob sie Feedback über die Zielerreichung erhalten und ob die Zielerreichung mit einer Belohnung gekoppelt ist (vgl. Artikel Pietruschka in diesem Werk). Daran schließen sich die Erfahrungen an, die die Praktiker mit der Führung von selbstregulierten Teams durch Ziele gemacht haben.

Die überwiegende Zahl der Unternehmen (84%) praktizieren Zielvereinbarungen. Von diesen führen 72% auch selbstregulierte Teams durch Ziele. Es finden also bei knapp ¾ der befragten Unternehmen Zielvereinbarungen für die Teams statt, was zeigt, daß viele Unternehmen die damit verbundenen Vorteile erkannt haben und dieses Führungsinstrument einsetzen.

Um nicht nur die Verbreitung von Zielvereinbarungen zu kennen, sondern auch zu erfahren, für wie sinnvoll betriebliche Experten dieses Führungsinstrument für selbstregulierte Teams halten, wurden die befragten Betriebspraktiker gebeten, eine Einschätzung auf einer Rating-Skala von 1 (= »gar nicht sinnvoll«) bis 5 (= »sehr sinnvoll«) vorzunehmen. Da fast alle Experten bezeichneten Zielvereinbarungen für die Teams als »sinnvoll« bis »sehr sinnvoll«, so daß sich im Mittel ein hoher Wert von 4,58 ergab (n=79, s=.71).

2.1 Inhalte von Zielen

Betrachtet man die Inhalte der Ziele für die Teams (s. Abb. 1), so zeigt sich, daß für neun von zehn Teams aus den befragten Betrieben Qualitätsziele vereinbart werden. Qualität ist somit das wichtigste Ziel und zeigt, daß es die Teams selbst sind, die die Verantwortung für die Qualität tragen. Das zweithäufigste Ziel ist Wirtschaftlichkeit, an dritter Stelle stehen Leistungsziele. Ziele wie Qualifikation und Zusammenarbeit werden nur von weniger als der Hälfte der Unternehmen vereinbart. Unter den sonstigen Zielen nannten vier Unternehmen Terminziele. Es fällt auf, daß leichter operationalisierbare quantitative Ziele überwiegen und die Möglichkeit, qualitative, entwicklungsbezogene Ziele für die Teams festzulegen, deren Erfüllung z. B. über Beurteilungen erfaßt werden kann, bislang noch wenig genutzt wird.

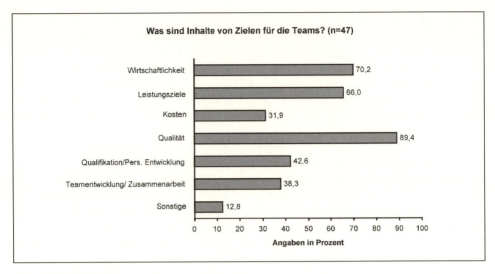

Abb. 1: Ziele der Teams

2.2 Zielschwierigkeit und Zielspezifität

Da die Schwierigkeit der in den Unternehmen vereinbarten Ziele von den zu erfüllenden Aufgaben und den Kenntnissen und Fertigkeiten der Teams abhängt, erscheint es unmöglich, in einem abstrakten Durchschnittswert über alle Teams eines Unternehmens hinweg anzugeben, wie hoch die Ziele sind. Im Fragebogen wurde daher auf die Frage nach der Schwierigkeit der Ziele verzichtet. Es kann aber zu Recht vermutet werden, daß es sich in der Praxis eher um schwierige Ziele handeln wird, da die Anforderungen an die Teams angesichts der heutigen wirtschaftlichen Lage hoch sind und die Erfüllung hoher Ziele damit eher im Interesse der Betriebe liegen dürften als die Erfüllung niedriger. Es dürfte eher ein Problem sein, die Ziele nicht zu hoch zu setzen und die Mitarbeiter nicht zu demotivieren, wenn sie die Ziele nicht erfüllen können.

Die Spezifität der Ziele konnte durch zwei Fragen recht gut erfaßt werden. In der ersten Frage ging es darum, ob für Ziele die Bewertungskriterien und der Erfüllungszeitraum festgelegt werden, d. h. ob es sich um spezifische Ziele handelt, und ob eine Priorisierung bei verschiedenen Zielen vorgenommen wird (s. Abb. 2).

Es sei darauf hingewiesen, daß zur Ausschaltung von Inkonsistenzen in die nachfolgenden Analysen jeweils nur die Unternehmen einbezogen wurden, die angegeben hatten, Zielvereinbarungen mit den Teams durchzuführen.

Die Auswertung verdeutlicht, daß es keinesfalls bei allen Unternehmen üblich ist, für die Ziele festzulegen, in welchem Zeitraum sie erreicht sein sollen und an welchen Kriterien die Zielerfüllung gemessen werden wird. Dies macht deutlich, daß es sich bei vielen Unternehmen nicht um spezifische Ziele im Sinne der Goal-Setting-Theorie handelt, sondern allenfalls um sogenannte ›do your best‹-Ziele. Betrachtet man außerdem, welche Unternehmen sowohl Bewertungskriterien als auch Zeiträume festlegen, zeigt sich, daß dies nur bei der Hälfte der Unternehmen (50,8%) der Fall ist. Eine zusätzliche Gewichtung der Ziele nehmen nur 42,9% vor.

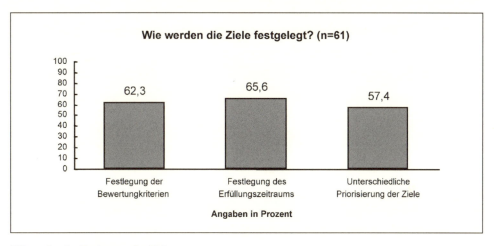

Abb. 2: Art der Festlegung der Ziele

Sieben von zehn Unternehmen, die Ziele für die Teams vereinbaren, legen diese dabei regelmäßig schriftlich fest. Bei einem Fünftel der Unternehmen geschieht dies nur unregelmäßig und bei rund 12% der Unternehmen sogar gar nicht.

Insgesamt sind bei der Festlegung der Zeiträume und der Kriterien der Ziele bei der Hälfte der Unternehmen also erhebliche Defizite festzustellen. Den Mitarbeitern ist kein Zeitraum bekannt, in dem sie die Ziele erfüllen sollen und/oder es wird nicht festgelegt, an welchem Maßstab die Zielerreichung gemessen werden soll. Nur bei der Hälfte der Unternehmen handelt es sich um klar operationalisierte Ziele, die somit auch erfolgversprechend sind. Eine schriftliche Fixierung der Ziele für die Teams nehmen zwar gut zwei Drittel der Unternehmen vor, jedoch auch hier ist bei einem Drittel noch Handlungsbedarf zur Beratung für das Instrument Zielvereinbarungen gegeben.

2.3 Partizipation

Da es mit Hilfe des vorwiegend quantitativen Fragebogens nicht möglich war, den Prozeß der Zielvereinbarung detailliert zu erfassen, sollte zumindest eine der gestellten Fragen Aufschluß darüber geben, ob die Ziele den Teams autoritär vorgegeben werden oder ob es sich um tatsächliche partizipative Zielvereinbarungen handelt (s. Abb. 3):

Die Analyse zeigt, daß 17% der Unternehmen Ziele ausschließlich vorgeben, ohne die Teammitglieder in irgendeiner Weise an der Zielfestlegung zu beteiligen. Bei einem Viertel der Unternehmen ist das Team in die Zielfestlegung voll einbezogen. Bei weiteren 17% hat das Team immerhin ein Recht auf Stellungnahme. Die übrigen 40,5% der Unternehmen praktizieren Mischformen aus Zielvorgabe und Zielvereinbarung. Diese Zahl ist verhältnismäßig hoch, so daß die Vermutung nahe liegt, daß in vielen Unternehmen noch nicht geklärt wurde, inwieweit die Teams bei der Zielfestlegung einzubeziehen sind oder daß die Regelungen hierzu uneinheitlich sind. Hier besteht entsprechender Handlungsbedarf. Zielvereinbarungsgespräche können nicht umgesetzt werden, ohne die Mitarbeiter einzubeziehen.

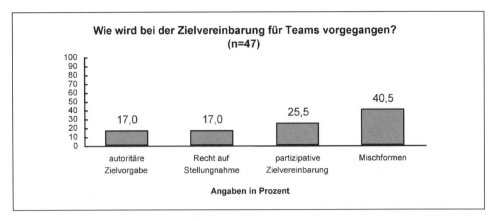

Abb. 3: Zielvereinbarung oder doch noch Zielvorgabe?

Nur ein Viertel der Unternehmen bezieht die Teams bei der Zielfestlegung bislang also grundsätzlich aktiv mit ein und nutzt die motivationalen und kognitiven Vorteile, die damit verbunden sind. Die Betriebe, die die Ziele autoritär vorgeben, nutzen damit bereits bei der Zielvereinbarung nicht das Potential des Teams zur Entwicklung von Lösungsstrategien. In diesen Unternehmen besteht außerdem die Gefahr, daß die Ziele von den Teams nicht akzeptiert werden oder daß die Teams durch die Zielvorgabe in ihrer Selbstregulation eingeschränkt werden.

Bei einigen Betrieben haben die Teams zumindest die Möglichkeit, sich zu den Zielen zu äußern, wobei nicht ersichtlich ist, wie oft diese Möglichkeit in der Realität in Anspruch genommen wird und welchen Einfluß eine solche Stellungnahme auf die Ziele hat. Bei den Unternehmen, die Mischformen aus Zielvorgabe und Zielvereinbarung praktizieren, ist es möglich, daß das Verfahren der Zielfestlegung im Unternehmen nicht verbindlich geregelt ist und daher von Team zu Team, je nach Führungsstil des Vorgesetzten, unterschiedlich vorgegangen wird. Es ist jedoch auch möglich, daß es Ziele gibt, auf die das Team mehr Einfluß hat als auf andere. Diese Vermutungen können anhand der Daten jedoch nicht weiter überprüft werden.

Zielvereinbarungen sind somit auch eine Gesprächsform, die der konkreten Einübung in situative, personelle und betriebliche Zusammenhänge bedürfen.

2.4 Feedback

Da es für die Teams sehr wichtig ist, überprüfen zu können, wie weit die Ziele bereits erreicht sind, um gegebenenfalls bei Fehlentwicklungen noch während des Erfüllungszeitraums gegensteuern zu können, wurde auch hiernach gefragt. Nahezu alle Teams (95,6%), mit denen Ziele vereinbart werden, haben diese Möglichkeit. Nur bei zwei Unternehmen ist in dieser Beziehung noch Handlungsbedarf gegeben.

Um zu erfahren, wie die Experten die Notwendigkeit dieser Überprüfungsmöglichkeit einschätzen, wurden sie an dieser Stelle wieder gebeten, eine Einschätzung auf einer fünfstufigen Rating-Skala vorzunehmen. Im Durchschnitt ergab sich ein sehr hoher

Wert von 4,76 (n=75, s=.57), d. h. die Befragten bewerteten die eigene Überprüfung der Ziele durch das Team als sehr sinnvoll.

Diese Ergebnisse sind als sehr positiv zu bewerten. Alle Unternehmen haben erkannt, wie wichtig ein kontinuierliches Feedback für die Teams ist und haben in der überwiegenden Mehrzahl auch entsprechende Möglichkeiten geschaffen, anhand derer die Teams den Erfüllungsstand ihrer Ziele überprüfen können.

2.5 Belohnung

Mit einer weiteren Frage sollte ergründet werden, ob die befragten Firmen die Zielerreichung der Teams belohnen.

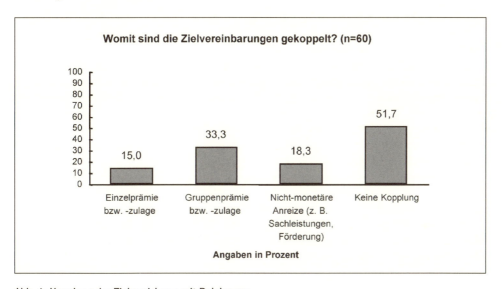

Abb. 4: Kopplung der Zielerreichung mit Belohnung

Lediglich ein Drittel der Betriebe verbindet die Zielerreichung mit der Entlohnung durch eine entsprechende Prämie oder Zulage. In Sachleistungen oder in die allgemeine Förderung der Mitarbeiter (z. B. über die Mitarbeiterbeurteilung) fließen die Leistungen nur bei 18,3% der Unternehmen ein. Über die Hälfte gibt an, die Zielerreichung mit keinerlei Anreizen zu verbinden. Hier ist also bei einer großen Zahl von Unternehmen noch Handlungsbedarf gegeben, um zu schauen, inwieweit das Konzept der Zielvereinbarungen mit Entgeltregelungen vereinbart werden kann.

3. Zusammenfassung der Ergebnisse

Zusammenfassend ergab die Befragung, daß bereits fast 3/4 der Teams durch Ziele geführt werden und daß die Experten dieses Führungsinstrument als sehr sinnvoll erachten. Es ist also damit zu rechnen, daß in nächster Zeit noch mehr Unternehmen Zielvereinbarungen implementieren werden.

Die Untersuchung zeigte weiterhin, daß die Inhalte von Zielen bei 60% der Unternehmen zu einseitig auf Quantität ausgerichtet sind und qualitative Ziele seltener festgelegt werden, was wahrscheinlich durch das Fehlen geeigneter Beurteilungsinstrumente bedingt ist.

Die Ziele sollten spezifisch sein, d. h. sowohl mit einem Leistungsstandard als auch mit einem Erfüllungszeitraum versehen sein. Daß dies nur bei der Hälfte der Unternehmen der Fall ist, zeigt, daß das System Zielvereinbarungen in vielen Unternehmen noch nicht optimal gestaltet ist.

Um zu verhindern, daß die Ziele für die Teams zu hoch sind, um Ziel-Commitment und Zielakzeptanz zu erhöhen und positive kognitive Effekte zu nutzen, wurde für eine Partizipation der Teams an der Zielfestlegung argumentiert. Offenbar haben nur ein Viertel der Teams diese Möglichkeit.

Eine weitere Forderung der Goal-Setting-Forschung, das Feedback über die Zielerreichung, wird von allen Experten als sehr wichtig gesehen und wird den Teams auch in nahezu allen Unternehmen gewährt.

Die letzte wichtige Variable in der Ausgestaltung der Zielvereinbarungen ist die Belohnung der Zielerreichung. Es zeigte sich, daß bei der Hälfte der Unternehmen keine Kopplung der Zielerreichung an die Entlohnung vorgenommen wird.

Anhand der Daten aus zwei offen gestellten Teilfragen des Fragebogens soll nun resümierend gezeigt werden, welche Erfahrungen Praktiker mit Zielvereinbarungen für selbstregulierte Teams gemacht haben:

3.1 Verbesserungswürdige Aspekte der Zielvereinbarungen bei Teamarbeit

Einige größere Problembereiche stellen die Festlegung der Zielinhalte, ihre Operationalisierung und Überprüfung und die Frage der Kopplung der Zielerreichung an die Entlohnung dar. Für zwei Unternehmen scheint es schwierig, überhaupt Ziele zu finden. Berücksichtigt man jedoch, daß die Ziele für die Teams idealerweise mit den Unternehmenszielen korrespondieren, so könnte es sein, daß bei diesen Unternehmen das Problem eigentlich nicht darin besteht, keine Ziele zu haben, sondern vielmehr das Unternehmen noch nicht in der Lage war, sich ein Zielsystem zu geben und daraus ein Leitbild für das Unternehmen zu formulieren.

Generell erscheint es oft schwierig, für die Ziele Meßgrößen festzulegen. Dies mag daran liegen, daß adäquate Beurteilungssysteme für die Messung qualitativer Ziele in den Unternehmen meist noch fehlen. Diese zu entwickeln, wird eine wichtige zukünftige Aufgabe sein. Aber auch eine Weiterentwicklung der EDV-Systeme, mit denen die Leistungsgrößen der Teams erfaßt und fortlaufend veranschaulicht werden können, erscheint notwendig, da einige Experten hier Schwierigkeiten sehen.

Auf Mitarbeiterseite mangelt es teilweise am Verständnis der Ziele. Diesem Problem kann einerseits dadurch begegnet werden, daß man bei komplexeren Zielen, die z. B. betriebswirtschaftliche Kenntnisse erfordern, eine entsprechende Qualifizierung vorsieht und andererseits wiederum dadurch, daß man die Teams bei der Zielfestlegung mit einbezieht und in der Diskussion der Ziele Verständnisprobleme klärt. Die Partizipation der Teams wird dann wahrscheinlich auch dazu führen, daß die Ziele nicht zu hoch werden und damit Umsetzungsprobleme und Demotivation verhindert werden.

Eine weitere Schwierigkeit liegt in den Rahmenbedingungen für die Zielvereinbarungen. Beispielsweise finden sich viele Führungskräfte noch nicht in ihrer neuen Rolle zurecht. Viele ehemalige Meister praktizieren noch nicht den kooperativen Führungsstil, wie er bei selbstregulierten Teams und insbesondere für Zielvereinbarungen mit diesen notwendig ist. Auch hier besteht noch Qualifizierungsbedarf.

3.2 Positive Aspekte der Zielvereinbarungen bei Teamarbeit

Eine weitere Teilfrage zielte auf die Aspekte der Zielvereinbarungen für die Teams, die sich nach Ansicht der Experten besonders bewährt hatten.

Die überwiegende Mehrheit der Experten ist der Meinung, die Partizipation der Teams an der Festlegung der Ziele habe sich besonders bewährt. Dagegen heben nur zwei der Befragten autoritäre Zielvorgabe als besonders sinnvoll hervor.

Am stärksten betonen die Experten die positiven Effekte, die die Ziele auf die Mitarbeiter haben. Fast die Hälfte der Experten macht hierzu eine Äußerung. Zielvereinbarungen unterstützen die Teams vor allem in ihrer Selbstorganisation. Sie machen die Ziele des Unternehmens deutlich, zeigen den Teams, was von ihnen erwartet wird, und geben ihnen Feedback darüber, ob sie diese Erwartungen erfüllt haben. Ziele fördern das unternehmerische Denken und Handeln und die Motivation der Mitarbeiter und fördern die Identifikation mit dem Unternehmen. Sie dienen außerdem dazu, die Mitarbeiter weiter zu qualifizieren. Die bereits diskutierten positiven psychologischen Effekte von Zielvereinbarungen (vgl. Pietruschka-Artikel in diesem Werk) werden von den befragten Experten also ganz klar hervorgehoben.

3.3 Resümee

Eine Führung selbstregulierter Teams durch Ziele erscheint aus vielen Gründen heraus sinnvoll. Dies bestätigen auch die befragten Praktiker. Die Goal-Setting-Theorie gibt Hinweise, wie Zielvereinbarungen hinsichtlich Schwierigkeit, Spezifität, Partizipation, Feedback und Belohnung gestaltet werden können, um die gewünschten Effekte hervorzurufen. Die Expertenumfrage hat gezeigt, daß die Ausgestaltung der Ziele für selbstregulierte Teams in den meisten Betrieben noch nicht den aus der Theorie abgeleiteten Kriterien genügt. Auch die Praktiker selbst sehen noch einige Probleme im Zusammenhang mit den Zielvereinbarungen, für die noch Lösungen gefunden werden müssen. Insgesamt überwiegen jedoch die positiven Effekte, die die Führung durch Ziele sowohl für die Mitarbeiter der Teams als auch für die Unternehmen mit sich bringt. Eine Gestaltung der Zielvereinbarungen unter Berücksichtigung psychologischer Faktoren kann dazu beitragen, diese in Zukunft noch effektiver zu gestalten.

Literatur

Becker, K./Engländer, W.: Leistungsbeurteilung als eine Methode zur Ermittlung des leistungsabhängigen Entgelts, in: Institut für angewandte Arbeitswissenschaft e. V. (Hg.), Leistungsbeurteilung und Zielvereinbarung, Köln 1994a: 11–33

Becker, K./Engländer, W.: Zielvereinbarung – Ein Weg zu motivierten Mitarbeitern, in: Angewandte Arbeitswissenschaft, 141, 1994b: 23–42.

Bungard, W./Jöns, I.: Gruppenarbeit in Deutschland – eine Zwischenbilanz, in: Zeitschrift für Arbeits- und Organisationspsychologie, 41(3), 1997: 104–119.

Eyer, E.: Entlohnung in teilautonomen Arbeitsgruppen, in: C. H. Antoni (Hg.), Gruppenarbeit in Unternehmen, Weinheim 1996: 100–114

Hey, A. H., Jöns, I./Pietruschka, S.: Unterstützung selbstregulierter Gruppenarbeit – Entwicklung eines Modells, in: Mannheimer Beiträge zur Wirtschafts- und Organisationspsychologie, 14(2), 1997: 2–10.

Hofmann, A./Schmitz, U.: Motivation der Mitarbeiter als wesentlicher Erfolgsfaktor von Lean Production, in: Institut für angewandte Arbeitswissenschaft e. V. (Hg.), Lean Production: Erfahrungen und Erfolge in der M + E-Industrie. Köln 1994: 108–120

Latham, G. P./Locke, E. A.: Self-regulation through goal setting, in: Organizational behavior and human decision processes, 50, 1991: 212–247

Pritchard, R. D./Jones, S. D./Roth, P. L./Stuebing, K. K./Ekeberg, S. E.: Effects of group feedback, goal setting and incentives on organizational productivity, in: Journal of Applied Psychology, 73(2), 1998: 337–358

Reichel, F.-G./Cmiel, H.-G.: Ermittlung leistungsabhängiger Entgeltbestandteile auf der Grundlage von Zielvereinbarungen in Unternehmen der Metall- und Elektro-Industrie, in: Angewandte Arbeitswissenschaft, 141, 1994: 13–22

Durch Zielvereinbarungsgespräche zu einem neuen Führungsverständnis in der Deutschen Bank

Michael Svoboda

1. Die neue Organisationskultur in der Deutschen Bank

Unternehmen können nur dann erfolgreich arbeiten, wenn sie sich flexibel auf die für sie bedeutsamen Umfeldbedingungen einstellen. Da sich diese weltweit in immer kürzeren Zeittakten verändern, müssen die Unternehmen Organisationsstrukturen (und -kulturen) schaffen, die ihre Fähigkeit stärken, auf Trends, Kundenanforderungen und veränderte Wettbewerbskonstellationen zu reagieren oder diese gar vorwegzunehmen. Struktur und Kultur müssen Ordnung und Stabilität schaffen, aber auch Raum für kritische Diskussionen geben, in denen Bestehendes kontinuierlich überprüft und verbessert wird.

Die Verwirklichung hoher Dienstleistungsqualität erfordert daher die Neugestaltung verkrusteter Strukturen und die konsequente Abkehr von einer starren Beamtenkultur hin zu einer flexiblen, kundenorientierten Kultur.

Über alle Branchen hinweg besteht die entscheidende Herausforderung darin, durch flache Hierarchien den offenen und schnellen Austausch von Informationen zu fördern, die Kooperation durch ein internes Dienstleistungsbewußtsein zu verbessern und leistungsorientierte Personalsysteme zu implementieren, die von den Mitarbeitern als gerecht empfunden werden und die sie anspornen.

Für die Banken gilt überdies: Ihre Produkte sind weitgehend austauschbar, erst in der individuellen Beratung entsteht eine unverwechselbare Dienstleistung, die den Kunden überzeugt und an ein Institut bindet. Erstklassige Fachkenntnisse und Professionalität sind die notwendige, keineswegs aber hinreichende Grundlage dafür.

Es kommt entscheidend darauf an, daß die Mitarbeiter einerseits konsequent leistungsbezogen denken und sich am Kundennutzen orientieren, andererseits mit ihrer Aufgabe und ihrem beruflichen Umfeld zufrieden sind und dies auch auf ihre Kunden ausstrahlen. Mitarbeitercommitment und Servicequalität sind die zwei Seiten einer Medaille.

2. Das neue Führungs- und Karriereverständnis in der Deutschen Bank

Die Bank ist auf Mitarbeiter angewiesen, die ein entsprechendes Umfeld im Unternehmen fordern, zugleich aber auch den Anspruch an ihr eigenes Verhalten erkennen und erfüllen. Wir brauchen Mitarbeiter, die sich in wechselnden Projektgruppen wohlfühlen, Statussymbole nicht mit Karrierezielen verwechseln und die bereit sind, ihre Leistungen selbstkritisch auf den Prüfstand zu stellen, um kontinuierlich aus Feedback zu lernen und sich zu verbessern. Dazu gehört auch, für die eigene Entwicklung Verantwortung zu tragen, anstatt nur vorgefertigte Bildungsangebote und Karrierewege in Anspruch zu nehmen. Diejenigen, die Führungsverantwortung übernehmen wollen, müssen wissen, daß es nicht Aufgabe von Vorgesetzten ist, ihre Mitarbeiter zu überwachen. Ihre entscheidende Herausforderung ist es vielmehr, eine Leistungsgemeinschaft mit einem starken Qualitätsbewußtsein zu schaffen und den Mitarbeitern zu helfen, dies in ihrer täglichen Arbeit umzusetzen und sie bei selbstgesteuertem Lernen, persönlicher Entwicklung und Kompetenzzuwachs zu unterstützen.

Führung heißt in diesem Verständnis, seinen Mitarbeitern zu helfen, gute Arbeit zu leisten. Führung heißt hingegen nicht, ihnen konkret vorzugeben, was sie zu tun haben oder sie gar zu kontrollieren. Führung ist eine Dienstleistung für die Mitarbeiter.

In der Deutschen Bank sind die Voraussetzungen dafür geschaffen worden, solche Mitarbeiter künftig wieder vermehrt zu gewinnen und zu fördern. Über lange Zeit hinweg waren beruflicher Erfolg und hierarchischer Aufstieg – wie in fast allen Großunternehmen – noch untrennbar miteinander verknüpft. Titel, vom »Prokuristen«, »Abteilungsdirektor« und »stellvertretender Direktor« bis hin zum »Direktor« – um nur einige zu nennen – waren die äußeren Symbole einer erfolgreichen beruflichen Entwicklung, die in der Regel langsam und Schritt für Schritt verlief. Sie anzustreben war ein selbstverständliches Ziel, war doch das Erreichen der nächsthöheren Stufe auf der Titelleiter die Voraussetzung für ein höheres Gehalt und höhere Anerkennung. Dies hat sich heute grundlegend geändert.

Einstellungen, die früher breite Akzeptanz erfuhren, erscheinen heute weniger attraktiv. Die Vorstellung etwa, sich in einer Hierarchie erst über einen langen Zeitraum zu entwickeln, betrachten heute viele jüngere Mitarbeiter mit Skepsis, weil sie in jeder Phase ihrer beruflichen Entwicklung – also auch schon zu Beginn – anspruchsvolle Aufgaben haben möchten.

Zudem hat ein ausschließlich vertikales Karriereverständnis auch sachlich keine Berechtigung mehr. Denn die Notwendigkeit, die Markt- und Kundennähe kontinuierlich zu verbessern, erfordert flachere Strukturen. Entscheidungen werden dezentralisiert, Berichtswege verkürzt und die gewohnte Linienorganisation durch ein verstärktes Projektmanagement ergänzt, bisweilen sogar weitgehend substituiert.

In flachen Organisationen ist ein hierarchischer Aufstieg nicht mehr in dem Maße möglich, wie dies früher der Fall war, weil die Zahl der Berichtsebenen deutlich abgenommen hat. Er ist aber auch vielfach nicht mehr notwendig, weil berufliche Ambitionen – seien sie inhaltlicher oder finanzieller Art – auch ohne Aufstieg auf ein- und derselben Hierarchiestufe verwirklicht werden können.

Eine logische Folge der Rückführung der Hierarchiestufen ist, daß Mitarbeiter, die bisher unterschiedliche Titel hatten, jetzt in derselben Verantwortungsstufe sein können – und umgekehrt: Mitarbeiter, die in der Vergangenheit denselben Titel führten, können nun unterschiedlichen Verantwortungsstufen zugehören.

Sicherlich bedeutet Karriere auch künftig für manche noch Aufstieg im Sinne einer Beförderung auf eine Funktion der nächsthöheren Verantwortungsstufe. Zunehmend wichtiger wird jedoch eine neue Sichtweise von Karriere: Übernahme immer verantwortungsvollerer Aufgaben, Entwicklung der Persönlichkeit und der eigenen Fähigkeiten, Verbreiterung der Wissensbasis und Erwerb von Vertrauen und Spielräumen – bei Kunden, Kollegen, Mitarbeitern und Vorgesetzten.

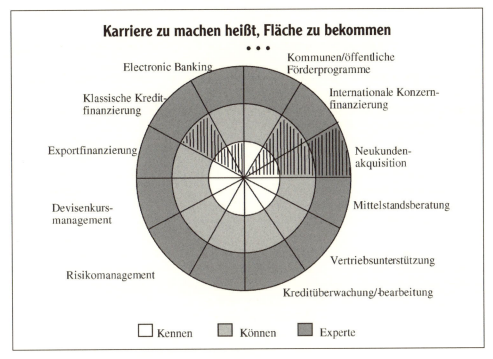

Abb. 1: Karriere zu machen heißt, Fläche zu bekommen

Statussymbole und Titel sind hingegen nur äußere Etiketten, keineswegs aber Karriereschritte an sich. Im neuen System wird das einseitig auf vertikalen, hierarchischen Aufstieg gerichtete Karriereverständnis durch eine horizontale Entwicklungsperspektive ergänzt, die die Kategorien von »oben« und »unten« teilweise hinter sich läßt. Eine anspruchsvolle berufliche Entwicklung mit herausfordernden Aufgaben und einer attraktiven, leistungsgerechten Vergütung wird künftig wesentlich häufiger auf derselben Verantwortungsstufe stattfinden. Bildlich gesprochen bedeutet berufliche Entwicklung in unserem Verständnis, Kenntnisse und Fähigkeiten auf allen relevanten Gebieten fortzuentwickeln und zu vertiefen, eben »Fläche zu gewinnen«. Eine solche Know-how-Karriere zu planen, heißt demzufolge, die erfolgskritischen Kompetenzen zu identifizieren, in denen sich ein Mitarbeiter zum »Könner« oder zum »Experten« weiterentwickeln soll.

3. Die Führungsmethode in der Deutschen Bank: Führen durch Zielvereinbarung

Um die neuen Freiräume in den flacheren Strukturen richtig zu nutzen und die freigesetzten motivationalen Energien auf die für die Bank wichtigen Ziele auszurichten, wurden Zielvereinbarungsgespräche als zentrales Führungsinstrument zur Verbindung der Unternehmensziele mit dem Leistungswillen der Mitarbeiter und ihrem Streben nach Eigenverantwortung eingeführt.

Die Führung durch Zielvereinbarungsgespräche wird zum Ausdruck eines modernen Verständnisses von Personalentwicklung und stärkt die Attraktivität als Arbeitgeber im Wettbewerb um motivierte und qualifizierte Mitarbeiter.

Führen durch Zielvereinbarung hat eine lange Tradition. Diese Methode hat sich bereits für eine große Zahl von Unternehmen als vorteilhaft erwiesen. Auch in der Deutschen Bank wird sie inzwischen in vielen Bereichen praktiziert. Mit der konsequenten und systematischen Anwendung in möglichst allen Organisationseinheiten werden wir künftig noch stärker davon profitieren. Natürlich müssen wir einen Lernprozeß durchlaufen.

Vor der Einführung des neuen Führungssystems wurden insgesamt 2.600 Führungskräfte in einem Zeitraum von drei Monaten auf die Führung durch Zielvereinbarung und die variable Vergütung durch Leistungsboni vorbereitet. Während der zweieinhalbtägigen Workshops gab es spielerische Übungen, die den Beteiligten nicht nur Spaß machten, sondern auch die Augen öffneten: Jeweils drei der Führungskräfte – also ein Team – sollten einen markierten Weg entlanggehen, wobei einer von ihnen allerdings verbundene Augen hatte, also geführt werden mußte. Keiner durfte ein Wort reden. Der Dritte hatte die Aufgabe, das Geschehen zu beobachten und folgte den beiden auf Schritt und Tritt. Ziel dieses »Compass-Walk« war es, hautnah zu spüren, was es heißt, geführt zu werden und solches zu coachen. Die Teilnehmer sollten aber auch erfahren, wie wichtig es ist, klare Vereinbarungen zu treffen, um nicht das Ziel zu verfehlen.

Darüber hinaus wurde in Rollenspielen geübt, wie Zielvereinbarungs- und Ergebnisbewertungsgespräche geführt werden – in der Rolle des Mitarbeiters wie des Vorgesetzten – und ausführlich diskutiert, welche Konsequenzen das neue Bonussystem für den gesamten Führungsprozeß in der Bank und für die eigene Vergütung haben würde. Bonussystem und Führen durch Zielvereinbarung bauen aufeinander auf und bedingen sich gegenseitig und bilden zusammen ein integriertes Gesamtkonzept der leistungs- und ergebnisorientierten Führung in der Deutschen Bank.

Durch den Zielvereinbarungsprozeß werden die Führungskräfte verpflichtet, ausführliche jährliche Rückmeldegespräche und während des Jahres öfter kürzere Umsetzungs- und Kontrollgespräche zu führen (Feedback-Kultur). Dadurch »wissen die Mitarbeiter, woran sie sind«, die Leistungseinschätzung ihres Vorgesetzten wird transparent. Zielvereinbarungen sind die beste Basis für den leistungsgerechten Ausbau der variablen Vergütung, weil der systematische Abgleich zwischen Zielvereinbarung und gemeinsam festgestellter Zielerreichung die fairste Form der Leistungsbeurteilung ist (wahrgenommene Gerechtigkeit).

Folgende Faktoren sind in diesem Zusammenhang wesentlich:

- An Entscheidungen teilhaben, die einen selbst betreffen.
- Anspruchsvolle Aufgaben zu übernehmen und etwas bewegen zu können.
- Die Eigenverantwortung des einzelnen wird gestärkt und seine Initiative herausgefordert.
- Die Vergütung durch eigene Leistungen maßgeblich beeinflussen zu können.
- Eigenverantwortlich arbeiten und die Aufgabe im Rahmen von Zielvereinbarungen selbst gestalten zu können, ohne im Detail überwacht und kontrolliert zu werden.
- Es sollen Ziele formuliert werden, die die Verbesserung der Zusammenarbeit zwischen den Teams und Bereichen zum Inhalt hat.
- Experimentieren dürfen und Feedback erhalten, um sich fachlich und persönlich weiterentwickeln zu können.
- Führen durch Zielvereinbarung trägt entscheidend dazu bei, die Leistungen der verschiedenen Bereiche, Teams und jedes einzelnen Mitarbeiters besser zu bündeln.
- Gefragt zu sein und als Dienstleister anerkannt zu werden.
- Jeder Mitarbeiter hat die Chance und Verpflichtung, selbst Lösungswege zu suchen, Maßnahmen zu planen und die eigenen Energien effektiv einzusetzen.
- Ob Führungskraft oder Mitarbeiter – von beiden Seiten ist ein kontinuierlicher und konstruktiver Dialog gefordert.
- Vertrauen des Vorgesetzten erfahren.
- Zielvereinbarungen ermöglichen eine Steuerungsfunktion des Unternehmens im Wettbewerbs des Marktes.

Führung auf der Basis von Zielvereinbarungen wird auch als Dienstleistung am Mitarbeiter verstanden: Freiräume geben, Ressourcen bereitstellen, Hindernisse beseitigen, coachen. Führen durch Zielvereinbarung bedeutet, daß Vorgesetzte und Mitarbeiter zu Beginn des Jahres gemeinsam eine verbindliche Vereinbarung über die persönlichen Ziele treffen und der Vorgesetzte den damit verbundenen, leistungsorientierten Zielbonus mitteilt. Wohin die Reise gehen soll, wird für jeden einzelnen festgelegt.

Pro Mitarbeiter werden in der Regel

- drei bis fünf Ziele aus drei Zielbereichen vereinbart.

Es soll sich dabei um mindestens jeweils

- ein operatives Ergebnis- und Geschäftsziel,
- ein organisatorisches oder strategisches Ziel,
- und ein Personalentwicklungs- oder Führungsziel

handeln.

Wichtig ist, daß jeder seine Grundaufgaben unabhängig von den Zielvereinbarungen ernst nimmt und sich um Fortschritte und Verbesserungen bemüht. Dazu sollte der Dialog im Vordergrund stehen.

Dabei ergeben sich die Ziele aus der jeweiligen Funktion des Mitarbeiters (bottom up) und den strategischen Zielen, die der Vorstand für die Gesamtbank gesetzt hat (top down) sowie Teamziele (horizontal und vertikal).

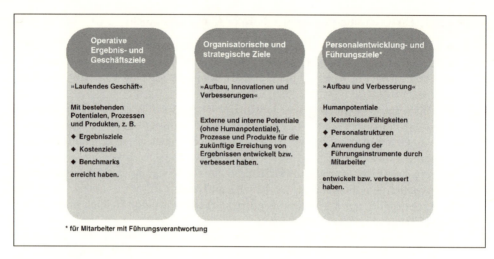

Abb. 2: Definition der Zielbereiche

Im Idealfall haben die Zielvereinbarungen den Charakter eines Kompasses, der den Mitarbeitern hilft, die Wegstrecke zu finden. Voraussetzung dafür ist allerdings, daß die Richtung festgelegt wird. Die Zielvereinbarung ist Teil eines ganzheitlichen Führungsprozesses, der bankweit nach einheitlichen Standards ablaufen soll, mit je nach Bereich, Aufgabe und Person unterschiedlichen Inhalten.

Nicht von ungefähr sollte der »Compass-Walk« den Führungskräften im Training vermitteln, was passiert, werden keine klaren und nachvollziehbaren Vereinbarungen getroffen. Hatte das Team für den Walk mit verbundenen Augen nicht vereinbart, daß ein leichter Druck auf den linken oder rechten Arm bedeutet, in diese Richtung zu

Abb. 3: Die Zielvereinbarung ist Teil eines ganzheitlichen Führungsprozesses

gehen, landeten die Teilnehmer unweigerlich im Gestrüpp. Wichtig war auch die Erfahrung, daß im voraus geplant werden muß.

4. Ziele mit Bonus verbinden: Mehr Flexibilität für markt- und leistungsorientierte Gehaltsentwicklung

Mit der Einführung von »Führen durch Zielvereinbarung« wurde ein variabler Bonus als Antrieb zur Zielerreichung und als weiterer Baustein des leistungs- und ergebnisorientierten Vergütungssystems der Deutschen Bank verbunden.

Damaliger Ausgangspunkt für die Überlegungen, ein variables Vergütungselement einzuführen, war der zunehmende Wettbewerb um die Mitarbeiter. Es ging bei der Konzeption auch darum, die Attraktivität der Bank als Arbeitgeber zu stärken. Die Bank möchte die Besten vom Arbeitsmarkt holen bzw. auf Dauer an sich binden. Insbesondere die jungen, überdurchschnittlich leistungsbereiten Mitarbeiter erwarten heute mehr als früher direkte Honorierung ihrer persönlichen Leistungen. Vor diesem Hintergrund war es notwendig, ein flexibles System zu entwickeln, das leistungsorientierte Bezahlung zuläßt. So sind die Führungskräfte heute in die Lage versetzt, diejenigen wirklich anzuspornen, die bereit sind, mit ihrer Leistung stärker zum Erfolg der Bank beizutragen als andere. Gute Leistungen werden gut, außerordentliche Leistungen außerordentlich gut honoriert. Wer allerdings hinter den Erwartungen zurückbleibt, muß auch einmal finanzielle Einbußen hinnehmen.

Durch die Einstufung einer Funktion in eine Verantwortungsstufe wird das Gehaltsband definiert, innerhalb dessen sich das *Grundgehalt* des Funktionsinhabers bewegen kann. Wie ein Mitarbeiter das Entwicklungspotential seines Gehaltsbandes ausschöpft, hängt von seiner Initiative und Leistung sowie von seinem Kompetenzzuwachs ab. Die weite Spreizung des Gehaltsbandes macht es möglich, eine erfolgreiche, fortschrittsorientierte, quasi unternehmerische Ausgestaltung der Funktion weitaus besser zu honorieren als die bloße Bestandsverwaltung vorgegebener Arbeitsinhalte. Wer mit seinem Grundgehalt im unteren Bereich des Gehaltsbandes liegt, kann bei guter Leistung und Entwicklung sein Gehalt schneller steigern als im bisherigen System. Andererseits steigt der Anspruch an die Führungskräfte als verantwortliche Gehaltsentwickler.

Grundlage der *variablen Vergütung* ist statt der früheren Abschlußvergütung nunmehr der Zielbonus, dessen Auszahlung jedem AT-Mitarbeiter im voraus zugesagt wird, wenn er die mit ihm vereinbarten Ziele erreicht und der Geschäftsverlauf der Bank insgesamt (bezogen auf die Ergebnisplanung) den Erwartungen entspricht.

Je nach Verantwortungsstufe kann der Zielbonus zwischen 10 und 55, in einzelnen Bereichen auch mehr Prozent der Gesamtvergütung (Richteinkommen bei Zielerreichung) betragen.

Je höher die Verantwortungsstufe ist, desto prozentual größer sollte mittelfristig auch der Bonus-Anteil an der Gesamtvergütung einer Führungskraft sein.

- *Verantwortungsstufe 4:* Geringe Verantwortung und somit liegt die Bandbreite des Zielbonus prozentual von der Gesamtvergütung bei 10–25 Prozent

- *Verantwortungsstufe 3:* mittlere Verantwortung und somit liegt die Bandbreite des Zielbonus prozentual von der Gesamtvergütung bei 20–35 Prozent
- *Verantwortungsstufe 2:* höhere Verantwortung und somit liegt die Bandbreite des Zielbonus prozentual von der Gesamtvergütung bei 30–45 Prozent
- *Verantwortungsstufe 1:* sehr hohe Verantwortung und somit liegt die Bandbreite des Zielbonus prozentual von der Gesamtvergütung bei 40–55 Prozent.

Dabei gilt der Grundsatz: Je höher die Verantwortungsstufe, desto höher der Anteil des Zielbonus an der Gesamtvergütung. Er wird in regelmäßigen Abständen überprüft und angepaßt.

Der tatsächlich gezahlte Bonus nach Ablauf eines Geschäftsjahres resultiert aus dem Zusammenspiel zwischen

- individuellem Zielbonus,
- persönlichem Leistungsergebnis des Mitarbeiters (Leistungsfaktor) und dem
- Geschäftsverlauf auf Unternehmensbereichs- und Konzernebene (Ergebnisfaktor),

nach folgender Spielregel:

$$\text{Bonus} = \text{Zielbonus} \times \text{Leistungsfaktor} \times \text{Ergebnisfaktor}$$

Bei guter Leistung des Mitarbeiters (gemessen am Zielerreichungsgrad der vereinbarten Ziele unter fairer Berücksichtigung der Rahmenbedingungen) und erwartetem Geschäftsverlauf auf Unternehmensbereichs- und Konzernebene (bezogen auf die Ergebnisplanung) sind der Leistungs- und Ergebnisfaktor jeweils gleich 1, so daß der tatsächliche Bonus in Höhe des Zielbonus zur Auszahlung kommt.

Bessere bzw. schlechtere Leistungen werden vom Vorgesetzten durch höhere bzw. niedrigere Festsetzung des Leistungsfaktors berücksichtigt, der zwischen 0 und 2 schwanken darf.

Bei unerwartet gutem bzw. schlechtem Geschäftsverlauf kann der Vorstand den Ergebnisfaktor herauf- bzw. herabsetzen. Die Spannweite des Ergebnisfaktors ist mit 0,5 bis 1,5 begrenzt.

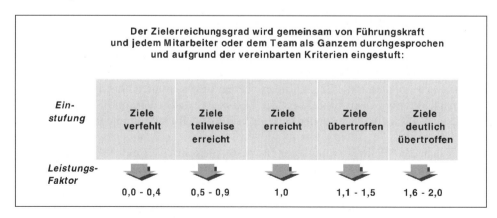

Abb. 4: Bewertung der Zielerreichung

Ergänzend zum Ist-/Planvergleich berücksichtigt der Vorstand bei der Festlegung des Ergebnisfaktors diskretionär außergewöhnliche Situationen, Marktschwankungen, Performance der Wettbewerber, erschwerende (oder erleichternde) Rahmenbedingungen oder besondere Projektereignisse.

Mit dem Leistungsfaktor wird natürlich auch die Erreichung der finanziellen Ergebnisziele des persönlich verantworteten Bereichs einer Führungskraft erfaßt. Der Ergebnisfaktor im Sinne unserer Spielregel bindet darüber hinaus das Interesse des Einzelnen in das Interesse eines größeren Ganzen ein. In diesem Sinne ist er ein »Marktbeteiligungsfaktor«, über den der Bonus des Einzelnen auch in gewissem Maß an den wirtschaftlichen Erfolg auf Bereichs- und Konzernebene gekoppelt ist.

Durch die multiplikative Verknüpfung von Ergebnis- und Leistungsfaktor kann ein hervorragender Mitarbeiter durch hervorragende Leistungsbeiträge auch bei ungünstigem Geschäftsverlauf seinen Zielbonus erreichen oder übertreffen. Umgekehrt ist sichergestellt, daß bei gutem Geschäftsverlauf schwache Mitarbeiter nicht als »Trittbrettfahrer« des Teams einen Bonus aus einem Ergebnis erhalten, das andere erwirtschaftet haben.

Grundgehalt 170.000	Grundgehalt 170.000	Grundgehalt 170.000
Alte Abschlußvergütung: z. B. DM 20.000	Alte Abschlußvergütung: z. B. DM 20.000	Alte Abschlußvergütung: z. B. DM 20.000
Heutiger Zielbonus: DM 20.000	Heutiger Zielbonus: DM 20.000	Heutiger Zielbonus: DM 20.000
Ziele erreicht: Leistungsfaktor = 1	Ziele deutlich untertroffen: Leistungsfaktor = 0,5	Ziele deutlich übertroffen: Leistungsfaktor = 2,0
Geschäftsentwicklung erwartungsgemäß: Ergebnisfaktor = 1	Geschäftsentwicklung unter den Erwartungen: Ergebnisfaktor = 0,8	Geschäftsentwicklung weit über den Erwartungen: Ergebnisfaktor = 1,5
20.000 x 1 x 1 = DM 20.000 ausgezahlter Bonus	20.000 x 0,5 x 0,8 = DM 8.0000 ausgezahlter Bonus	20.000 x 2,0 x 1,5 = DM 60.000 ausgezahlter Bonus
Gesamteinkommen DM 190.000 (Richteinkommen)	Gesamteinkommen DM 178.000	Gesamteinkommen DM 230.000 Maximum

Zur Risikobegrenzung für die Mitarbeiter wurde jedoch zunächst ein »Floor« in Höhe von 50 Prozent des Zielbonus eingeführt. Damit kann der Mitarbeiter seinen jeweiligen Bonus im günstigsten Fall verdreifachen, im ungünstigsten Fall bekommt er nur die Hälfte ausgezahlt. Daß jemand seinen gesamten Bonus verwirkt, wurde durch diese Übergangsregelung vorläufig abgemildert.

5. Klärungsprozesse durch Dialog

Die Führung durch Zielvereinbarung verbessert die Zusammenarbeit in der Deutschen Bank dadurch, daß Vorgesetzte und Mitarbeiter in einen kontinuierlichen Dialog treten müssen. Da es gilt, erreichbare Ziele verbindlich festzulegen, ist es zwingend notwendig, miteinander zu reden, gegenseitige Erwartungen offenzulegen und Konflikten zu begegnen. Da der Bonus vom Erreichen der formulierten Ziele abhängig ist, fordern die Mitarbeiter ihre Mitsprache ein. Sie wollen wissen, woran und wie sie gemessen werden und warum dieses oder jenes Ziel wichtig für die Bank ist und eigene Vorstellungen einbringen.

Nach den Erfahrungen der ersten beiden Jahre behaupten daher nicht wenige, der Hauptnutzen des Bonussystems sei die Regelmäßigkeit des Dialogs.

6. Gute Absprachen fördern die Motivation – nicht den Egoismus: Teamziele stärken den Teamgeist und gehören auch zu den Zielvereinbarungen

Es gibt Ziele, die ein Vorgesetzter mit einem Mitarbeiter individuell vereinbaren kann, weil es von dessen persönlicher Leistung abhängt, ob sie erreicht werden oder nicht. Bei anderen Zielen jedoch wäre dies nicht angemessen, weil sie nur von mehreren Mitarbeitern gemeinsam erreicht werden können und der Erfolg oder Mißerfolg nicht einem einzelnen zugerechnet werden kann.

In solch einem Fall würde eine individuelle Zielvereinbarung dazu führen, daß jeder einzelne Mitarbeiter sich nur auf seine persönlichen, individuellen Ziele konzentrieren und dadurch die Gesamtleistung unter dem Strich schwächen könnte. Diese Ziele sollten daher als Teamziele vereinbart werden, d. h., das Ziel des Teams ist gleichzeitig das individuelle Ziel jedes einzelnen Teammitglieds.

Es gibt Aufgabenstellungen, die nur gemeinsam erfolgreich bearbeitet werden können. In diesen Fällen kann es sinnvoll sein, neben den Individualzielen auch Teamziele zu vereinbaren. Das bedeutet, daß alle Teammitglieder das gleiche Ziel haben.

Es hängt von der Situationskenntnis jedes Vorgesetzten ab zu entscheiden, wann Ziele mit dem einzelnen und wann mit mehreren Mitarbeitern vereinbart werden können bzw. müssen. Ein Patentrezept gibt es dafür nicht.

Ein Team, mit dem Ziele vereinbart werden, kann, muß aber nicht unbedingt aus einer Abteilung im Sinne des Organigramms bestehen. Genauso gut können damit auch Mitarbeiter aus zwei oder mehreren unterschiedlichen Abteilungen gemeint sein, die zur Erreichung eines übergeordneten Ziels zusammenarbeiten müssen.

Zur Zielvereinbarung für solche Teams müssen sich dann drei oder mehr Vorgesetzte – mit dem jeweiligen Team – auf das oder die Teamziele gemeinsam verständigen.

Aus Sicht der Organisationsentwicklung unterstützen wir das Vereinbaren von Teamzielen, fördert es doch die Teamarbeit, die wir – und in Zukunft noch mehr – als notwendige Voraussetzung für den geschäftlichen Erfolg erachten.

Neue Entgeltstrukturen mit vereinbarten Zielen und Leistungskomponenten als Diskussionsgrundlage für tarifpolitische Reformen

Rainer Skrotzki

Fortschrittliche Entgeltsysteme beinhalten Leistungskomponenten und bieten Führungskräften wie Mitarbeitern Anreize, ihre Leistungsfähigkeit permanent zu verbessern und gehen weit über die Entgeltregularien wie sie zum Beispiel im Öffentlichen Dienst herrschen (BAT/BMT-G) hinaus, bei denen eine Leistungskomponente keine Berücksichtigung findet.*

Mittel und Wege, Leistung zu beurteilen, stellen Zielvereinbarungsgespräche zwischen Geschäftsführung und Führungskräften bzw. Führungskräften und Mitarbeitern dar. Ziele sollten nicht nur gemeinsam vereinbart, sondern zu deren Erreichung sollte auch gemeinsam hingearbeitet werden. Bliebe es bei einer puren Zielvereinbarung ohne flankierende Maßnahmen, wie die Zahlung einer Leistungsprämie bei Erreichen des Zieles, dürfte der Motivationseffekt gegen Null gehen. Das Instrument Zielvereinbarungsgespräche würde eher als Kontrollinstrument, denn als Möglichkeit zur Verbesserung der eigenen Kompetenzen gesehen. Somit muß eine erfolgreiche Zielerreichung immer auch gerecht entlohnt werden.

Dabei gilt festzuhalten, daß es eine ausschließliche Bezahlung nach Leistung nicht geben kann. Dazu gibt es im Arbeitsalltag zu viele überpersönliche Faktoren, die von Führungskräften und Mitarbeitern nicht beeinflußt werden können (zum Beispiel Konjunkturschwankungen oder Wirtschaftskrisen).

Eine Bezahlung nur nach Leistung ist somit unrealistisch. Ein modernes Entgeltsystem sollte dementsprechend eine Grundsicherung durch die Zahlung eines Grundentgeltes sicherstellen und darüber hinaus eine Leistungskomponente besitzen, die maximal 10% der Gesamtlohnsumme ausmachen sollte.

Die Entwicklung zweier separater Systeme für das Grundentgelt und das Leistungsentgelt ist dabei keine befriedigende Lösung. Grundentgelt und Leistungsentgelt müssen sich ergänzen und eine Einheit bilden. Bei der Gestaltung eines modernen Entgeltsystem sollten zum Beispiel die Unternehmensziele und -visionen sowohl im Grund-

---

* Der vorliegende Artikel basiert auf dem Vortrag »Leistungsentgeltkomponenten und Zielvereinbarungen« auf dem Kongreß »Arbeits- und Sozialwissenschaften im Strukturwandel« im Landesinstitut Sozialforschungsstelle (sfs) in Dortmund am 24. August 1999.

entgelt als auch Leistungsentgelt als verbindendes Element implizite Berücksichtigung finden. Es macht wenig Sinn, einen leistungsbezogenen Entgeltanteil unabhängig vom Grundentgelt einzuführen.

Im folgenden wird daher zunächst geschildert, wie man ein modernes Grundentgeltsystem aufbauen kann. In einem zweiten Schritt wird dann dargelegt, wie sich dieses Grundentgeltsystem durch eine leistungsbezogene Komponente ergänzen läßt, die Zielvereinbarungsgespräche als Methode zur Leistungsmessung und -beurteilung nutzt.

1. Chancen für Veränderungen als Folge unternehmerischen Leidensdrucks

Im folgenden sind drei betriebliche Praxisbeispiele für die Reform von bestehenden Entgeltsystemen genannt

Fallbeispiel (1) Öffentlicher Personennahverkehr

Ein Unternehmen des öffentlichen Personennahverkehrs mit ca. 2000 Beschäftigten hatte ein Problem mit der Frühverrentung von Bus- und Stadtbahnfahrern. Um einerseits wissenschaftlich nachzuweisen, daß die Fahrtätigkeit zu monoton ist und zu gesundheitlichen Schäden führt (in erster Linie Rückenleiden) und andererseits Lösungsmöglichkeiten zu entwickeln, gab das Unternehmen sehr viel Geld aus. Die vom Unternehmen entwickelte Lösung bestand schließlich darin, die Fahrtätigkeiten mit anderen Tätigkeiten im Wechsel zu kombinieren und parallel dazu Gruppenarbeit einzuführen, so daß damit auch Neudefinitionen von Arbeitsbereichen und zeitgemäßere »Stellenbeschreibungen« verbunden waren: Busfahrer sollten zukünftig beispielsweise im Werkstatt- oder Verwaltungsbereich tätig werden können. Die Tauschbereitschaft war jedoch relativ gering. Es fanden sich wenige Beschäftigte, die bereit waren und auch die Qualifikation hatten, eine Fahrertätigkeit auszuüben. Diese Schwierigkeiten können durch ein leistungsbezogenes Entgeltsystem aufgefangen werden, in dem die unterschiedlichen Tätigkeiten angemessen entlohnt und Tarifklassen nivelliert werden. Entscheidend ist dies vor allem eingedenk der Tatsache, daß in wenigen Jahren eine Liberalisierung des ÖPNV-Marktes bevorsteht. Die Monopole vieler städtische Verkehrsbetriebe auf das Schienen- und Streckennetz werden fallen und Privatunternehmen Konzessionen zur Nutzung der bestehenden Infrastruktur erhalten.

Fallbeispiel (2) Arztpraxis

Eine ambulante jugendpsychiatrische Arztpraxis sieht sich aufgrund steigenden Kostendrucks und einer widrigen Ertragssituation dazu gezwungen, entweder Personal freizusetzen oder eine Neubewertung von Leistung und Lohn durchzuführen. Neben der üblichen Dokumentation der behandelten Fälle wurde eine genaue Zuordnung zu den behandelnden Mitarbeitern eingeführt. Diese wurden dadurch in die Lage versetzt, die individuell entstehenden Personalkosten den individuell erwirtschafteten Erträgen gegenüberzustellen. Die dadurch hergestellte Transparenz soll jeden einzelnen Mitarbeiter dazu motivieren, die Ertragslage zu verbessern. Zur Erfolgssicherung des Projektes wurden mit dem Praxisteam weiterführende Maßnahmen terminiert, die ebenfalls der Verbesserung der Einnahmenseite der Praxis dienen. Die Effektivität dieser Maßnahmen wird kontinuierlich evaluiert.

Fallbeispiel (3) Maschinenbau

Ein mittelständisches Maschinenbauunternehmen mit ca. 160 Beschäftigten verfügt über ein historisch gewachsenes Entgeltsystem, das von Seiten der Geschäftsführung und des Betriebsrates als ungerecht erlebt wird. Leistung wird in ihm nur unzureichend honoriert und teilweise werden stark divergierende Löhne und Gehälter für die gleiche Qualität und Quantität von Arbeit gezahlt. Die Stellenbeschreibungen sind veraltet und passen nicht mehr zur reformierten Organisationsstruktur. Ein Anreiz zu berufsbegleitenden Weiterbildung besteht nicht. Eine Reform des gesamten Entgeltsystems wird von der Geschäftsführung als dringend notwendig empfunden, um erstens die Wirtschaftlichkeit des Unternehmens durch Einsparungen bei Lohn und Gehalt zu garantieren, zweitens relative Gerechtigkeit herzustellen sowie drittens das Betriebsklima und die Leistung der Belegschaft zu verbessern.

2. Beteiligungsorientierte Methodik bei der Konzipierung neuer Entgeltsysteme

Bei allen Entgeltreformprojekten muß die betriebliche Bereitschaft zur Veränderung des Bestehenden vorhanden sein. Dies ist oft schon allein durch vielfältigste Markterfordernisse gegeben (siehe Fallbeispiele 1 und 2).

Die zentrale Voraussetzung für alle entgeltpolitischen Veränderungsvorhaben ist, daß die Führung des Unternehmens Notwendigkeiten erkennt, in einem Projektsteuerkreis unter Beteiligung von Vertretern der Belegschaft Entgeltsystemreformen konsequent umzusetzen.

In diesem Projektsteuerkreis muß neben der Geschäftsführung und einzelnen, sachkundigen Führungskräften (Personalbeauftragte und Controllinginstanzen) immer die Vertretung der Beschäftigten mitarbeiten (§ 87 Abs. 1 Betr.VG). Betriebs- und Abteilungsleiter sind gegebenenfalls ebenso einzubeziehen. Eine Teilnehmerzahl von 6 bis 8 Personen einschließlich der Moderatoren und Berater hat sich als sinnvoll erwiesen.

Neue Entgeltstrukturen mit vereinbarten Zielen und Leistungskomponenten als Diskussionsgrundlage

> **Mitbestimmungsrechte nach Betr.VG**
>
> *§87 Abs. 1 – Mitbestimmungsrechte*
>
> Der Betriebsrat hat, soweit eine gesetzliche oder tarifliche Regelung nicht besteht, in folgenden Angelegenheiten mitzubestimmen:
> [...]
> 10. Fragen der betrieblichen Lohngestaltung, insbesondere die Aufstellung von Entlohnungsgrundsätzen und die Einführung und Anwendung von neuen Entlohnungsmethoden sowie deren Änderung.

Der Projektsteuerkreis wird während der gesamten Konzeptions- und ggf. Einführungsphase von uns als Berater moderiert (Projektcontrolling). Parallel dazu orientieren wir uns gründlich im Betrieb und entwickeln so ein der aktuellen Unternehmenssituation angepaßtes Entgeltsystem.

Am Anfang steht stets die Zielfrage. Was wollen die einzelnen betrieblichen Fraktionen mit einem neuen Entgeltsystem erreichen? Inhaltliche Fragestellungen lauten oft: Kann man durch ein neues Entgeltsystem Schwachstellen bisheriger Organisationsentwicklungen aufdecken? Wieviel Arbeitszeit darf die Reform beanspruchen und was darf sie kosten? Wie kann man ein solides, einfach zu handhabendes System auf Dauer anpassungsfähig gestalten?

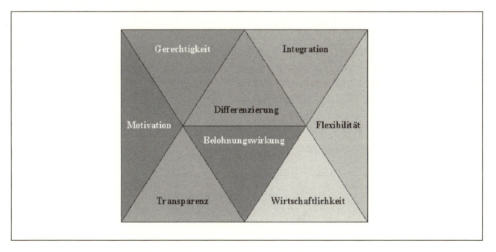

Abb. 1: Mögliche Anforderungen an leistungsorientierte Anreizsysteme

Die unterschiedlichen Interessen der Beteiligten spiegeln sich in den Anforderungen an das jeweilige Anreizsystem wider. Beispielsweise nennt der Betriebsrat »Besitzstandssicherung« als das zentrale Ziel, die Geschäftsführung hingegen Wirtschaftlichkeit. Solange es keine gravierenden Zielkonflikte gibt, ist dies geradezu erwünscht, weil den Beteiligten so sehr schnell die Komplexität des Projektes deutlich wird.

Man kommt selten in die Lage, ein von allen maßgeblich Beteiligten als gerecht empfundenes System zu entwickeln. Es wird immer Beteiligte geben, die mit dem System unzufrieden sind. Dies hindert uns jedoch nicht daran, gemeinsam einen Zielkatalog zu entwerfen, in dem alle wichtigen Unternehmensspezifika berücksichtigt werden.

Nicht nur an der Arbeit im Projektsteuerkreis sollten die wesentlichen Führungskräfte, Mitarbeiter und Betriebsräte beteiligt sein, auch das Endprodukt sollte mitbestimmungsorientierte Komponenten enthalten. Partizipationsmöglichkeiten der Belegschaft, das heißt aktive Beiträge zu den Entscheidungsprozessen innerhalb eines Unternehmens zu leisten, sollten in einem leistungsbezogenen Entlohnungssystem gegeben sein.

3. Moderne Grundentgeltsysteme im Maschinenbau

Die Methoden der Stellenbewertung reichen im wesentlichen von Analytik bis Summarik.

Unter analytischer Arbeitsbewertung werden Methoden zur anforderungsabhängigen Entgeltdifferenzierung verstanden, bei denen die Anforderung des Arbeitssystems an den Menschen mit Hilfe von Anforderungsarten ermittelt werden. Das Ergebnis der Anforderungsermittlung wird als Wertzahlsumme ausgewiesen, die auch mit Arbeitswert- oder Punktsumme bezeichnet wird.

Unter der summarischen Arbeitsbewertung hingegen werden Methoden zur anforderungsabhängigen Entgeltdifferenzierung verstanden, bei denen die Anforderungen des Arbeitssystems an den Menschen als Ganzes erfaßt werden. Das Ergebnis wird meist als Lohngruppe für gewerbliche Arbeitnehmer oder Gehaltsgruppe für Angestellte ausgewiesen (vgl. a. REFA, 1991).

Im folgenden wird anhand des eingangs erwähnten Fallbeispiels aus dem Maschinenbau erläutert, wie man in einem mittelständischen Unternehmen zu fundierten Bewertungskriterien kommen kann, und wie ein modernes Grundentgeltsystem auf diesen aufbauen kann. Hierzu sind mit den jeweiligen Unternehmenszielen abgestimmte Bewertungskriterien notwendig.

Wie Abbildung 2 veranschaulicht, wurden dazu in dem Maschinenbauunternehmen drei Hauptkategorien festgelegt:

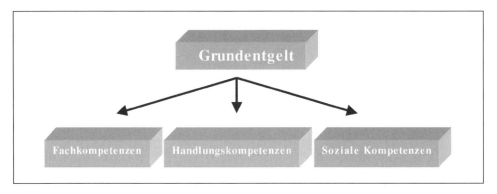

Abb. 2: Komponenten des Grundentgeltsystems

Zunächst zur Kategorie Fachkompetenzen, welche sowohl die während der Berufsausbildung erworbenen Fachkenntnisse als auch die im Beruf erworbenen Kompetenzen abbildet (siehe Abbildung 3). Fachliche Qualifikationen umfassen die Grundausbildung, die eine Stelle erfordert, und reichen von keiner formalen Qualifikation bis hin zum Hochschulabschluß. Berufliche Kompetenzen beziehen sich auf die spezifischen fachlichen und methodischen Erfordernisse, die eine Stelle zusätzlich zur Berufsausbildung sinnvollerweise verlangt. Hierunter sind insbesondere Tätigkeiten zu verstehen, die einer regelmäßigen Ausübung und Wissenserneuerung bedürfen. Es handelt sich dabei nicht um berufsbegleitende Weiterbildungen, sondern eher um ein gezieltes und eigenverantwortliches learning-by-doing.

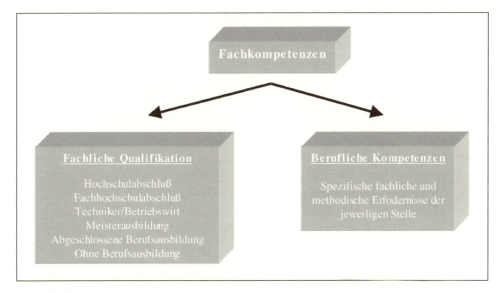

Abb. 3: Fachkompetenzen

Jeder fachlichen Qualifikation wird ein Punktwert zugeordnet. Je höher die fachliche Qualifikation ist, desto höher ist auch der Punktwert. Nachfolgend ist die in dem betreffenden Maschinenbauunternehmen gemeinsam erarbeitete Lösung tabellarisch angeführt.

Neben der Kategorie Fachkompetenzen wurde die Kategorie Handlungskompetenzen berücksichtigt. Maßgeblich für die Konzeption und Eingruppierung der Stellen war hier der Verantwortungsbegriff bzw. die Fähigkeit, Verantwortung im Hinblick auf Budget, Personal, Arbeitsorganisation und Kundenbeziehungen zu übernehmen.

Jedes Bewertungskriterium wurde skaliert. Das Höchstmaß an Verantwortung entsprach einem Punktwert von 10, eine geringfügige Verantwortung einem Punktwert von 2. Die Skalierung wurde den spezifischen Bedingungen des Unternehmens genau angepaßt. Die Operationalisierung des Bewertungskriteriums »Verantwortung für ökonomische Erfolgsfaktoren« bezog sich direkt auf die konkreten Umsatzzeilen der einzelnen Profit Center und Bereiche des Unternehmens. Damit konnte der Tatsache Rechnung

Kompetenzbewertung der Stelle		Punktwert
FQ	**Fachliche Qualifikation (Berufsausbildung)**	
FQ 9	Hochschul- bzw. Universitätsabschluß	90
FQ 8	Fachhochschulabschluß	80
FQ 7	Techniker/Betriebswirt	70
FQ 6	Meisterausbildung	65
FQ 5	Abgeschlossene Berufsausbildung in einem anerkannten Ausbildungsberuf von mindestens 3-jähriger Regelausbildungsdauer sowie zusätzliche theoretische Kenntnisse und mindestens 5-jährige Berufserfahrung	60
FQ 4	Abgeschlossene Berufsausbildung in einem anerkannten Ausbildungsberuf von mindestens 3-jähriger Regelausbildungsdauer sowie mindestens 5-jährige Berufserfahrung	55
FQ 3	Abgeschlossene Berufsausbildung in einem anerkannten Ausbildungsberuf von mindestens 3-jähriger Regelausbildungsdauer sowie mindestens 2-jährige Berufserfahrung	48
FQ 2	Abgeschlossene Berufsausbildung in einem anerkannten Ausbildungsberuf von mindestens 3-jähriger Regelausbildungsdauer	44
FQ 1	Abgeschlossene Berufsausbildung in einem anerkannten Ausbildungsberuf von mindestens 2-jähriger Regelausbildungsdauer	38
BK	**Berufliche Kompetenzen (Betriebswirtschaftliche oder technische Kenntnisse; Markt- und Produktkenntnisse; Sprachkenntnisse)**	
BK 5	Sehr hohe Anforderungen in puncto technische oder betriebswirtschaftliche Kenntnisse; oder in puncto Markt- und Produktkenntnisse; oder Sprachkenntnisse	40
BK 4	Hohe Anforderungen in puncto technische oder betriebswirtschaftliche Kenntnisse; oder in puncto Markt- und Produktkenntnisse; oder Sprachkenntnisse	32
BK 3	Mittlere Anforderungen in puncto technische oder betriebswirtschaftliche Kenntnisse; oder in puncto Markt- und Produktkenntnisse; oder Sprachkenntnisse	24
BK 2	Geringe Anforderungen in puncto technische oder betriebswirtschaftliche Kenntnisse; oder in puncto Markt- und Produktkenntnisse; oder Sprachkenntnisse	16
BK 1	Geringfügige Anforderungen in puncto technische oder betriebswirtschaftliche Kenntnisse; oder in puncto Markt- und Produktkenntnisse; oder Sprachkenntnisse	8

Tab. 1: Kompetenzbewertung der Stelle (Teil 1)

getragen werden, daß es eine sehr hohe Verantwortung per se nicht gibt. Für den Einkaufsbereich gelten zum Beispiel andere Umsatzzahlen als für das Konstruktionsbüro, dementsprechend verschieden staffeln sich auch die absoluten Werte der Skala.

Neue Entgeltstrukturen mit vereinbarten Zielen und Leistungskomponenten als Diskussionsgrundlage | 207

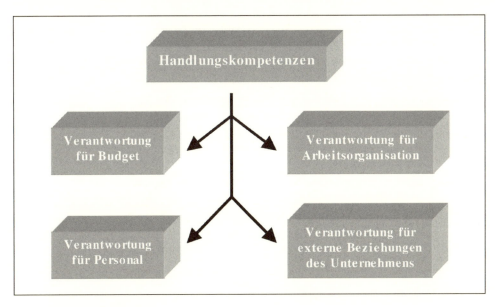

Abb. 4: Handlungskompetenzen

Kompetenzbewertung der Stelle		Punktwert
HK	Handlungskompetenzen	
Verantwortung für ökonomische Erfolgsfaktoren*		
HKE-5	Sehr hohe Verantwortung	10
HKE-4	Hohe Verantwortung	8
HKE-3	Mittlere Verantwortung	6
HKE-2	Geringe Verantwortung	4
HKE-1	Geringfügige Verantwortung	2
Verantwortung für Personal		
HKP-5	Sehr hohe Verantwortung (ab 51 Mitarbeitern)	10
HKP-4	Hohe Verantwortung (bis 50 Mitarbeiter)	8
HKP-3	Mittlere Verantwortung (bis 20 Mitarbeiter)	6
HKP-2	Geringe Verantwortung (bis 10 Mitarbeiter)	4
HKP-1	Geringfügige Verantwortung (bis 5 Mitarbeiter)	2
Verantwortung für Arbeitsorganisation		
HKA-5	Selbständige Organisation von Arbeitsaufgaben im Rahmen allgemeiner Richtlinien, z. B. maßgebliche, strategische Entscheidungen (Geschäftsleitungsebene)	10
HKA-4	Selbständige Organisation von Arbeitsaufgaben im Rahmen bestimmter Richtlinien, z. B. Entscheidungen bezüglich operativer Ziele (PC-/Fertigungs-/Bereichsleiterebene)	8

HKA-3	Selbständige Organisation konkreter Arbeitsaufgaben (Abteilungsleiterebene)	6
HKA-2	Arbeitsausführung weitgehend vorgegeben (Gruppenleiterebene)	4
HKA-1	Arbeitsausführung en détail vorgegeben (Mitarbeiterebene)	2
Bedeutung der externen Beziehungen für das Unternehmen		
HKB-5	Sehr hohe Verantwortung (Verhandlungen mit Banken, Behörden, Kunden und Lieferanten)	10
HKB-4	Hohe Verantwortung (Verhandlungen mit Behörden, Kunden und Lieferanten)	8
HKB-3	Mittlere Verantwortung im Kontakt mit Behörden, Kunden und Lieferanten	6
HKB-2	Geringe Verantwortung im Kontakt mit Behörden, Kunden und Lieferanten	4
HKB-1	Geringfügige Verantwortung im Kontakt mit Behörden, Kunden und Lieferanten	2

Tab. 2: Kompetenzbewertung der Stelle (Teil 2)

* Für die einzelnen Bereiche/Abteilungen gelten folgende Umsatzzahlen:

Verantwortung für Erfolgsfaktoren		PC 6	PC 7	FL/EK/AV
5	Sehr hoch	> 20 Mill. DM		> 25 Mill. DM
4	Hoch	bis 20 Mill. DM		bis 25 Mill. DM
3	Mittel	bis 15 Mill. DM		bis 15 Mill. DM
2	Gering	bis 5 Mill. DM		bis 10 Mill. DM
1	Geringfügig	bis 1 Mill. DM		bis 5. Mill. DM

In Analogie zu den Handlungskompetenzen kann man die Sozialen Kompetenzen abbilden. Diese Kategorie wurde in zwei Bewertungskriterien unterteilt: »Teamprozesse organisieren« und »Konfliktlösungen entwickeln«.

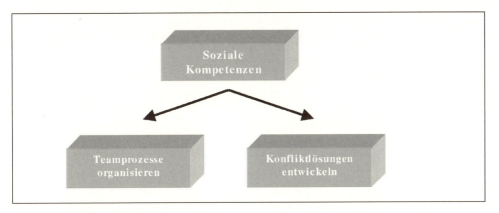

Abb. 5: Soziale Kompetenzen

Kompetenzbewertung der Stelle		Punktwert
SK	Soziale Kompetenzen	
Teamprozesse organisieren		
SKT-5	Zusätzliche Koordination der Arbeit mit der Arbeit anderer über den eigenen Bereich hinaus	10
SKT-4	Ständige Zusammenarbeit mit anderen bei ständiger Koordination untereinander	8
SKT-3	Ständige Zusammenarbeit mit anderen und regelmäßige Abstimmung untereinander	6
SKT-2	Zusammenarbeit mit anderen und gelegentliche Abstimmung untereinander	4
SKT-1	Gelegentliche Zusammenarbeit mit anderen	2
Konfliktlösungen entwickeln		
SKK-5	Konflikte werden vollständig und selbständig und wenn nötig über den eigenen Arbeitsbereich hinaus gelöst	10
SKK-4	Konflikte werden vollständig und selbständig im eigenen Arbeitsumfeld gelöst	8
SKK-3	Konflikte werden erkannt, thematisiert und bei Bedarf wird fremde, externe/professionelle Hilfe in Anspruch genommen	6
SKK-2	Konflikte werden erkannt, thematisiert und bei Bedarf wird die Hilfe des Vorgesetzten in Anspruch genommen	4
SKK-1	Konflikte werden erkannt und untereinander thematisiert	2

Tab. 3: Kompetenzbewertung der Stelle (Teil 3)

Jede Stelle wurde anhand dieser drei Hauptkategorien einer Bewertung unterzogen und aufgrund dessen letztlich einer Entgeltgruppe zugewiesen. Für die jeweiligen Entgeltgruppen greifen dann entsprechende Unterschiede in den Löhnen und Gehältern.

Punktspanne	< 58	58–64	65–72	73–80	81–89	90–98	99–108	109–118	119–129	130–140	141–152	153–164	165–177	178–190	>190
Punktdifferenz		6	7	7	8	8	9	9	10	10	11	11	12	12	
Geldspanne in DM															
Entgeltgruppe	1	2	3	4	5	6	7	8	9	10	11	12	13	14	15
Prozentwert	75%		83,33%		91,66%		100%		108,33%		116,67%		125%		133,33%

Tab. 4: Eingruppierung in einzelne Entgeltgruppen

Es muß hierbei ausdrücklich darauf hingewiesen werden, daß mit dem gesamten Grundentgeltsystem keine Personen, sondern ausschließlich Stellen bewertet wurden. Selbstverständlich können einzelne Personen Stellen unterschiedlich effizient ausfüllen und unterschiedliche Qualitäten und Quantitäten von Leistung erbringen. Dies sagt dann aber weder etwas über die Stellen noch über die Personen aus. Maximal läßt sich etwas über das Verhältnis von einzelnen Stellen und Personen zueinander sagen und auch dies nur mit zeitlicher Einschränkung.

Das Grundentgelt bleibt vom Ausfüllungsgrad der Stelle unberührt, selbst bei einer erheblichen Minderleistung. Unabhängig davon können aber bei einer dauerhaften Minderleistung Konsequenzen gezogen werden, die von dezidierten Weiterbildungsmaßnahmen über Versetzungen bis hin zu Kündigungen reichen.

4. Die Berücksichtigung von Zielvereinbarungen in Leistungsentgeltsystemen

Eine weitere Möglichkeit, Beschäftigte zu zusätzlichen Leistungen zu motivieren, ist die Etablierung von Zielvereinbarungsgesprächen. In den meisten Unternehmen ist die Bereitschaft gegeben, über Unternehmens- und Abteilungsziele sowie persönliche Ziele zu sprechen.

Als verbindliche Praxis sind Zielvereinbarungsgespräche bislang fast ausschließlich in Großunternehmen und Konzernen existent und werden dort überwiegend im mittleren Management und dem Topmanagement praktiziert. Unser Ansatz besteht darin, auch in kleinen und mittelständischen Unternehmen Zielvereinbarungen einzuführen, unter Verweis darauf, daß sich die Unternehmen dadurch flexibler an neue Märkte und Strukturwandel anpassen können.

Ziele sollten nicht vorgegeben werden, sondern sind gemeinsam auszuhandeln, so wie es beispielsweise der Projektsteuerkreis bei der Implementation des neuen Entgeltsystems tut. Ziele sollten nicht nur der Führungsriege bewußt sein, sondern auch den Beschäftigten. Mittels Zielvereinbarungen werden Beschäftigte dazu aufgefordert, sich produktive und strategische Gedanken über ihre Arbeit zu machen und diese in den Unternehmensprozeß einzubringen. Zielvereinbarungen sollen das aktive Handeln der Mitarbeiter sowie deren Verantwortungsbewußtsein stärker betonen. In diesem Sinne stellen Zielvereinbarungen eine Abkehr von einem mechanistischem Menschenbild dar. Mitarbeiter werden von vornherein als autonome Subjekte verstanden, die es am Unternehmenserfolg zu beteiligen gilt. Sie dienen nur mittelbar der Förderung der intrinsischen Motivation und sollen letztlich Rahmenbedingungen für autotelisches Handeln bieten.

Ziele können dabei sehr unterschiedlich sein, zumeist sind sie jedoch wirtschaftlicher Natur (Leistungsziele) oder dienen der Optimierung von Arbeitsergebnissen (Qualitätsziele). Aber auch eine qualifizierte Weiterbildung oder eine Verbesserung der Zusammenarbeit können als Ziele formuliert werden.

In dem Maschinenbauunternehmen wurde die folgende Lösung bei der Prämierung von erfüllten Zielvereinbarungen erarbeitet.

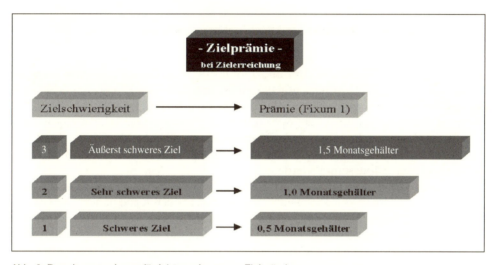

Abb. 6: Berechnungsschema für leistungsbezogene Zielprämien

Zunächst wurden drei verschiedene Zielschwierigkeiten unterschieden: Äußerst schweres Ziel, sehr schweres Ziel oder schweres Ziel. Je nach Schwierigkeitsgrad berechnet sich bei Erreichen des Ziels die einmalige Prämie. Ein äußerst schweres Ziel wird so mit 1,5 Monatsgehältern prämiert, während ein schweres Ziel mit einem halben Monatsgehalt prämiert wird.

Sollte das Ziel im vereinbarten Zeitraum nicht erreicht werden, ist die Prämie bei Erreichung ohne Abzüge zu zahlen. Sollte das Ziel vor Ablauf der Frist erreicht werden, ist ein zusätzlicher Bonus zu bezahlen, der bei der Zielvereinbarung festgelegt wurde. Bei der Zielvereinbarung wird ebenfalls festgelegt, wann ein Ziel als äußerst schwer, sehr schwer oder schwer einzustufen ist. Als äußerst schweres Ziel galt in dem betreffenden Maschinenbauunternehmen zum Beispiel der Aufbau eines neuen Absatzmarktes in Frankreich.

Die Zielvereinbarungen beziehen sich jeweils auf einen Zeitraum von einem Jahr und sehen mindestens zwei Gesprächstermine für die Rückkoppelung der Zwischenstände an die Geschäftsführung vor. Dies dient der zusätzlichen Unterstützung der

Führungskräfte durch die Geschäftsführung und ist weniger als Kontrolle des bisher Erreichten gedacht. Es können so relativ problemlos Zielrevisionen vorgenommen werden, falls sich die Ausgangslagen inzwischen geändert haben. Wichtig ist hierbei das Zirkulieren der entscheidenden Informationen zwischen der Geschäftsführung und den Führungskräften.

Während der Projektdurchführung wurde diskutiert, inwieweit sich Zielvereinbarungen auch zwischen den Führungskräften und deren Mitarbeitern und Mitarbeiterinnen einführen lassen. Eine maßgeschneiderte Konzeption wurde aber noch nicht erarbeitet, da sich die Zielvereinbarungsgespräche zunächst einmal zwischen der Geschäftsführung und den Führungskräften etablieren sollen.

5. Resümee, Ausblick und Diskussionsvorschläge

Es bieten sich bei der Konzeption und Einführung von Grundentgeltsystemen mit zusätzlicher variabler Leistungsentgeltkomponente viele Gestaltungsmöglichkeiten. Wesentlich dabei ist, daß die Unternehmensziele berücksichtigt werden.

Es ist darauf hinzuweisen, daß es dazu kein allgemeingültiges oder streng wissenschaftliches System geben kann. Jedes leistungsbezogene Entgeltsystem muß mit den Beteiligten im Betrieb ausgehandelt und gegebenenfalls mit den Vorstellungen der Tarifvertragsparteien abgestimmt werden.

Mit diesem Instrument erhalten auch kleine und mittelständische Betriebe die Chance, auf die Anforderungen und Turbulenzen der Märkte reagieren zu können. Die Grundvoraussetzung für die Einführung von Zielvereinbarungsgesprächen als Instrument zur Leistungsbeurteilung ist dabei eine Unternehmenskultur, in der Unternehmensziele und -visionen bzw. Bereichsziele und -visionen offen kommuniziert werden oder besser noch gemeinsam erarbeitet und von allen Beteiligten gemeinsam getragen werden.

Dabei ist zu bedenken, daß die Tarifflächenverträge durch lokale Projekte nicht außer Kraft gesetzt werden. Die Tarifvertragsparteien sollten also berücksichtigt werden. Die Berücksichtigung von neuen, differenzierten Bewertungskriterien wird durchaus Anregungen für die herkömmliche Bewertung von Leistung im Rahmen des Flächentarifvertrages bereitstellen.

Ziel lokaler Entgeltsystemreformen ist es letztlich nicht, den Flächentarifvertrag zu partikularisieren oder diesen auf einzelne Betriebe zuzuschneiden, sondern in Modellbetrieben gefundene Lösungen als Anregungen für die Reformen des Flächentarifvertrages zu nutzen, um moderne Kriterien für die Bewertung von Leistung einfließen lassen zu können.

Literatur

Brinkmann, A./Skrotzki, R.: Neue Entgeltstrukturen für die Stahlindustrie, Dortmund 1994
Brock, A. et al. (Hg.): Der Konflikt um Lohn und Leistung, Kiel 1969
Knorr, F./Scheppach, M.: Leistungsbezogene Entgeltsysteme
Lang, J.: Moderne Entgeltsysteme, Wiesbaden 1997
Lang, K./Meine, H./Ohl, K. (Hg.): Arbeit Entgelt Leistung – Handbuch Tarifarbeit im Betrieb, Köln 1990
REFA (Hg.): Entgeltdifferenzierung, München 1991
Schmiede, R./Schudlich, E.: Die Entwicklung der Leistungsentlohnung in Deutschland, Forschungsberichte des Instituts für Sozialforschung, Frankfurt am Main, 1981
Sczesny, C./Skrotzki, R.: Partizipative Entwicklung von Arbeits- und Leistungsbedingungen; in: Arbeit, Zeitschrift für Arbeitsforschung, Arbeitsgestaltung und Arbeitspolitik, 1/1997, Opladen 1997
Skrotzki, R.: Neue Meisterfunktionen und Konsequenzen für die künftige Entgeltfindung, in: Rheinhausener Gespräche zur Theorie und Praxis der Berufsbildung, Band 4, Die Zukunft der Meisterwirtschaft, Rheinhausen 1997
Tondorf, K.: Leistung und Entgelt im öffentlichen Dienst, Handbücher für den Personalrat, Köln 1997
Zander, E./Knebel, H.: Praxis der Leistungsbeurteilung, Heidelberger Fachbücher für Praxis und Studium, Heidelberg 1993

Die Autoren

Christin Berger
: ist Verwaltungsfachwirtin und Diplom-Pädagogin und seit rund 10 Jahren verantwortlich für Fortbildung und Personalentwicklung der Stadtverwaltung Dortmund. Die Arbeitsschwerpunkte sind Mitarbeiter(innen)gespräch, Mitarbeiter(innen)beteiligung, Führungskultur, Bildungscontrolling) und stellvertretende Bereichsleiterin Personalentwicklung.

Jürgen Bischoff
: ist Diplom-Ökonom und Master of Business Communication (MBC). Nach Tätigkeiten in den Bereichen Marketing, Logistik, Personal- und Organisationsentwicklung, Beratung und Training sowie operativen Personalfunktionen ist er momentan als Senior Consultant bei Siemens Business Services (SBS) in München im Bereich Human Resources beschäftigt.

Jürgen Dreidoppel
: ist Ansprechpartner im Ressort Personal der DaimlerChrysler AG in Stuttgart.

Rainer Duhm
: ist freiberuflicher Trainer und Berater sowie promovierter, wissenschaftlicher Mitarbeiter bei der Angestelltenkammer Bremen.

Jens Faust
: ist Mitarbeiter bei der GEFO, Gesellschaft für Organisationsentwicklung GmbH, Arbeitsschwerpunkte: Durchführung von Qualifizierungsbedarfsanalysen, Konfliktmanagement und Teamentwicklung. Mitarbeiter in verschiedenen betrieblichen Projekten: Qualifizierung von mittleren Führungskräften, Reorganisation von Dienstleistungsunternehmen, Entgelt-Leistungssysteme.

Walter Harsch
: ist promovierter Ingenieur und Professor an der Fachhochschule Niederrhein, Mönchengladbach.

Alexandra H. Hey
: ist Diplom-Psychologin und freiberuflich als Beraterin und Trainerin im Bereich der Personal- und Organisationsentwicklung tätig.

Peter Hlawaty
: ist gelernter Gross- und Außenhandelskaufmann sowie Diplomsozialökonom, langjähriger Sekretär in der IG Metall Bezirksleitung Baden-Württemberg mit den Aufgabengebieten Angestelltenarbeit und Technologiepolitik, jetzt Pressesprecher der IG Metall Küste.

Frank Jetter
: ist Projektleiter bei der GEFO, Gesellschaft für Organisationsentwicklung GmbH. Studium in Bochum und anschließend wissenschaftlicher Mitarbeiter an der Ruhr-Universität Bochum. Arbeitsschwerpunkte sind Personal- und Organisationsentwicklung sowie Qualifizierung von Führungskräften in Zusammenarbeit mit verschiedenen Unternehmen. Themenschwerpunkte: Zielsysteme im Unternehmen,

Qualifizierungsbedarfsanalysen, Qualifizierung von Führungskräften, Zielvereinbarungsgespräche, Mitarbeitergespräche, Einführung von Gruppenarbeit und Teamstrukturen sowie Kontinuierlichen Verbesserungen (KVP), Information und Kommunikation im Unternehmen. E-Mail: Frank.Jetter@ruhr-uni-bochum.de

Sabine Kall
ist Redakteurin für die Zeitschrift ›Die Mitbestimmung‹, Düsseldorf.

Erich Karnicnik
ist Diplom-Psychologe und Fachexperte für die Themen Führung und Zusammenarbeit in der Zentralabteilung Personal der Siemens AG in München.

Rolf Kempf
ist Professor und Leiter des Referats Personalentwicklung beim Senator für Finanzen Bremen.

Wilhelm Lücke
ist Ansprechpartner im Ressort Personal der DaimlerChrysler AG Stuttgart.

N.N. – Anonymus
ist abhängig Beschäftigter.

Jürgen Niemann
ist Leiter Personalentwicklung Change Management bei der Deutschen Bahn Berlin. Sein Arbeitsschwerpunkt ist das Wissensmanagement.

Sabine Pietruschka
ist Diplom-Psychologin und Betriebswirtin (BA) und arbeitet am Lehrstuhl für Wirtschafts- und Organisationspsychologie (Prof. Bungard) der Universität Mannheim im Forschungsprojekt »Unterstützungssysteme selbstregulierter Gruppenarbeit (USG)«. Arbeitsschwerpunkte sind Team-/Gruppenarbeit, Führung, Personalentwicklung und Qualifizierung.

Rainer Skrotzki
ist Akademischer Oberrat an der Ruhr-Universität Bochum am Institut für Arbeitswissenschaft und Gesellschafter der GEFO GmbH, Gesellschaft für Organisationsentwicklung in Dortmund; Studium in Essen und Berlin, Promotion an der Ruhr-Universität Bochum; Arbeitsschwerpunke: Organisationsentwicklung, Personalentwicklung, Entgelt-/Leistungssysteme, Qualifizierung von Führungskräften, Reorganisation von Dienstleistungsunternehmen, Entgelt-Leistungssysteme.

Annette Sträter
ist Mitarbeiterin bei der Gesellschaft für Organisationsentwicklung GmbH; Themenschwerpunkte: Durchführung von Qualifizierungsbedarfsanalysen, Entwicklung von Zielsystemen in Unternehmen, Kunden- und Mitarbeiterzufriedenheit, Projektmanagement, Mitarbeiterin in verschiedenen betrieblichen Projekten: Qualifizierung von Führungskräften, Internet-Marketing.

Michael Svoboda
ist seit 1996 Leiter »Personalpolitik und -entwicklung Konzern« der Deutschen Bank AG in Frankfurt am Main.

Die Autoren

Karin Tondorf
ist promovierte Soziologin und Expertin für Entgeltsysteme, weiterhin ist sie Forschungsreferentin an der Deutschen Hochschule für Verwaltungswissenschaften Speyer im Forschungsprojekt »Zielvereinbarungen als Reforminstrument«.

Sabine von Kaiz
ist Mitarbeiterin bei der GEFO, Gesellschaft für Organisationsentwicklung GmbH; Themenschwerpunkte: Mitarbeiterzufriedenheitsanalysen, Kostenrechnungsanalyse, Projektmanagement, Motivation, Kundenzufriedenheit, Qualifizierung von mittleren Führungskräften, Reorganisation von Dienstleistungsunternehmen.

Hans Waschkau
ist Analytiker und Entwickler in der Software-Entwicklung in einem Unternehmen der Automobilbranche in München.

Stichwortverzeichnis

Akkord 151
Akkordarbeit 155, 156, 161
Akkordlohn 156
Akzeptanz 49, 50, 51, 150
Alkohol 132
Ambiguitätstoleranz 64
Anerkennung XIII, 56, 99, 105
Anerkennungsgespräch 4
Anforderungen 88
Anforderungen an die Organisation 47
Angestellte 204
Anreize 45, 185
ARAL AG 173
Arbeit
   motivierend 177
   partizipative 177
   qualifizierendere 177
Arbeitnehmer 167
Arbeitsbewertung 204
Arbeitsgebiet 117
Arbeitsgesundheit 169
Arbeitsgüte 162
Arbeitsklima 132, 134
Arbeitsmotivation 39
Arbeitsorganisation 90, 205
   Kernelement der 42
Arbeitsprozesse 110
Arbeitsvertrag 162, 166
Arbeitswirtschaft 52
Arbeitszufriedenheit 90
Arbeitszufriedenheitsbefragung 169
Arztpraxis 201
Aufgaben 90, 110, 191
Aufzeichnungsbogen 31
Aushandlungsprozeß 115
Austausch 42
Autorität 171

Balanced Scorecard 84
Beamtenkultur 189
Bedarf 88
Beiersdorf AG 173
Belohnung XI, 7, 45, 185

Berater 22, 89
Berechenbarkeit 64
Beschäftigte 161, 164, 165, 166
Besitzstandssicherung 203
Beteiligungsmöglichkeiten 112, 122
Beteiligungsorientiert 160
Betriebsklima 173, 202
Betriebsordnung 128
Betriebsrat 83, 115, 129, 147, 148, 152, 155
Betriebsvereinbarung 24, 53, 122, 143, 148
Betriebsversammlungen 28
Beurteilung 21, 24, 162, 164, 168
Beurteilungsgespräch 5, 90
Beurteilungsgrundsätze 163
Beurteilungsinstrumente 186
Beurteilungsverfahren 172
Bewertungskriterien 182
Bildungsangebote 190
BMW AG 155, 159
Bonus 126, 195, 198
Bonusregelung 143
bottom-up 6, 159
Brainstorming 30, 54

Checkliste 90
Coach 168
coachen 105
Coaching 108
Commitment 111
Controlling 53
Controllingdaten 53

DaimlerChrysler 112
Datenermittlung 54
Delegation 170
Denken 92
   unternehmerisches 142, 179
Deutsche Bahn 81
Deutsche Bank 189
Deutsche Gesellschaft für Qualität (DGQ) 3

Dialog 11, 18, 33, 57, 89, 172, 173, 198
Dialogorientierung 28
DIN EN ISO 9001 159
Diskussion 51, 173
do your best-Ziele 40, 182
Drogenabhängigkeit 128
Durchführung
  methodische 130

Effekte
  motivationale 45
Effektivität 104
Effizienz 104
Eigeninitiative 22, 139, 162
Eigenverantwortlichkeit 122
Einführungsprozeß 69
Einstellungsänderungen 89
Emotionen 124
Empathie 65
Engagement 142
Entgelt 83, 162, 163
Entgeltbonus XIII
Entgeltfindung 33
Entgeltsystem 141, 200
Entlohnung 139, 185
Entscheidungsfreiheit 139
Entscheidungsspielräume 178
Entwicklung 119, 191
Entwicklungsarbeit 156, 161
Entwicklungsgespräch 5
Entwicklungspotentiale 11
Entwicklungsprozeß 92
Entwicklungsziele 115, 180
Erfolg 81
Erfolgscontrolling 127
Erfolgserlebnisse 56
Erfolgskennziffer 165
Erfolgsziffern 10
Erfüllungszeitraum 182
Ergebnis 19, 84, 141
Ergebnisfaktor 196
Ergebnisorientierung 20, 113
Ergebnisverantwortung 115
Ergebnisziele 112
Erreichungsgrad 83
Ertrag 106

Erwartungen 123
European Foundation for Quality
  Management (EFQM) 3

Fachkompetenz 17, 205
Fallbeispiele 68, 130
Feedback 23, 44, 87, 115, 125, 173, 184
  kontinuierliches 46
  kürzere Zeiträume 46
  über die Zielerreichung 45
Feedbackgespräch XIII, 5, 8, 14
Feedbackrunde 132
Fehlerlernprozesse XIII
Finanzziele 88
Flächentarifvertrag 212
Flexibilität 156
Fragekultur 65
Freiräume 105
Führen mit Zielen
  Vorteile 46
Führung 11, 33, 159, 168, 190
Führungsdialog 127
Führungsgespräch 82
Führungsgrundsätze 11, 112
Führungsinstrument 3, 82, 94
Führungskräfte 105, 107, 126, 158
Führungskultur 82, 101, 113
Führungsmethode XIII
Führungsprozessen 112
Führungsqualität 168
Führungsstil 163
  kooperativer 187
Führungsverhalten 92, 168, 171, 172

Gehalt 195
Gehaltsband 195
Gehaltsgruppe 204
Gehaltssystem 162
Geschäftsführer 27
Geschäftsführung 173
Geschäftsziele 83
Gespräch 92
Gesprächsführung 92, 94
Gesprächskompetenz 17
Gesprächsleitfaden 94

Gesprächsnachbereitung 92
Gesprächstraining 94
Gesprächsvorbereitung 95
Gewerkschaft ÖTV 163
Gewerkschaften 139
Goal-Setting-Theorie 39, 187
Grundentgelt 200
Grundgehalt 195
Grundlagen
   psychologische 38
Gruppengespräche 102
Gruppenprämien 109
Gruppenzielvereinbarungen 116

Handlungen 63
Handlungskompetenz 17, 205
Handlungsspielräume 178
Hierarchie 23, 89, 161, 171, 189
Hierarchiemodell 31

Ich-Identität 64
Ideen 118
Identifikation 9, 22
Identität 67
IG Metall 152, 163
Incentivierung 113, 122
Information XIII, 42, 118
Informationsfluß 7, 11
Informationslücke 86
Informationsveranstaltungen 28
Infowand 52
Inhalte von Zielen 179, 181
Initiative 147
Innovationen 26, 106
Instrumente 83
Integration 46
Interessenvertretung 165, 167

Karriere 143, 190, 191
Karriereverständnis 190
Karriereziele 190
Karstadt 170
Kennzahlen 25
Kennziffern 10
Klärung der Ziele
   Beitrag zur 44

Kleingruppen 130
Kommunalverwaltung Dortmund 57
Kommunikation XIII, 11, 46, 85, 89,
   99, 114, 118, 171
   intensive 38
Kommunikationsaspekt 17
Kommunikationsinstrument 3, 4
Kompetenz 31, 89, 105, 164, 169,
   191, 205
   fachliche 132
   soziale 13, 142, 168, 173
Konflikt 99, 124, 145
Konsens 26
Konsensmodell 31
Kontraktmanagement 89
Kontrolle 147
Konzernziele 112
Kooperation 17, 18, 89, 90, 91, 145,
   157, 189
Kooperationsfähigkeit 162
Kooperationsmodell 31
Kooperationsziel 11, 12
Koordination 46
Koordination und Integration
   Erleichterung der 46
Kosten 81
Krankenstand 169
Krankmeldung 168
Kreativität 159, 161
Kreativitätstechniken 52
Kriterien 24, 120
Kritik 92, 100, 170
Kritikgespräch 4
Kultur 57, 63, 100
Kulturwerte 113, 114
Kunden 106, 120, 189, 191
Kundenbeziehungen 205
Kundenorientierung 21
Kundenzufriedenheit 11, 19, 84, 125
Kündigung 129
KVP 49
KVP-Gruppen 107

Leistung 25, 105, 126, 139, 162, 164,
   169, 195, 200
Leistungsabfall 133

Leistungsbeurteilung 120, 212
Leistungsentgelt 200
Leistungsfähigkeit der Mitarbeiter 179
Leistungsfähigkeit der Teams 179
Leistungsfaktor 196
Leistungshandeln
   positiv beeinflussende Ziele 40
Leistungsmaßstäbe 112, 114
Leistungsschwache 146
Leistungsverdichtung 156
Leistungsziele XIII, 181
Leitbild 113
Leitlinien 69
Lerneffekte 109
Lernen 29
Lernende Organisation 25, 57
Lernimpuls 15
Lerninstrument 110
Lernkultur 25
Lernprozeß 63, 92
Lob XIII, 23, 29
Lohn 139
Lohngruppe 204
low hanging fruits 109

Makroblick 57
Management 160, 165
Management durch Fragestellungen 22
Managementmethode 3, 19
Markt 81, 158
Marktanforderungen 19
Marktanteil 84, 106
Marktziele 11
Maschinenbau 202
Maßnahmen 52, 129, 141
Maßnahmenprotokoll 55
Maßstäbe 24, 113, 120, 164
Mechanismen 40
Meilensteine 116, 122
Meßbarkeit 158
Messgrößen 109, 119
   schriftliche 119
Messung 122
Messung/Maßstab 28
Methode 158, 161
Methodenkompetenz 17

Mitarbeiter 107, 158, 159, 160, 161, 191
Mitarbeiter-Feedback 122
Mitarbeiterbefragung 122, 125, 169, 171, 173
Mitarbeitergespräche 4, 162
Mitarbeitermotivation 52
Mitarbeiterzufriedenheit 15
Mitbestimmung
   21, 33, 151, 163, 165
Mitbestimmungsaspekt 33
Mitbestimmungspotentiale 21, 163
Mitsprache 198
Mitspracherecht 166
Moderation 54
Moderationstechniken 54
Moderator 171
Modernisierung 90
Monolog 23
Motivation 11, 12, 15, 16, 23, 33, 39, 89, 105, 141, 164, 170, 211
Motivation bei Teams 179
Motivation und Leistung
   Wirkung auf 40
Motivationsprozeß 179

Nasenprämie 151

Objektivität 171
Offenheit 172
Öffentlicher Personennahverkehr 201
Operationalisierung 122
   von Zielen 41
Optimierung von Arbeitsabläufen 49
Organisation 81
Organisationseinheiten 46
Organisationsentwicklung 65
Organisationskultur 189
Organisationspsychologie 172
Organisationsstruktur 7
   neue 177
Organisationsveränderungen 100

Paradigma 17
Paradigmenwechsel 141
Partizipation 22, 44, 164, 183

Mitarbeiterorientierung und Mitarbeiterbeteiligung 42
Partizipationschancen 15
partizipative Vorgehensweise
　Argumente für 43
Performance-Management 113
Personalabteilung 171
Personalentwicklung 65, 88, 90, 91, 100
Personalentwicklungskonzept 27
Personalführung 104, 111
Personalgespräche XIV, 3, 4, 132, 161
Personalleiter 83
Personalrat 93
Personalwesen 3
Perspektiven
　berufliche 86
Philosophie 11, 23
Planung 157
Prämie 151, 211
Prämienregelung 143
Praxisbeispiele 201
Priorisierung 182
Prioritäten 31, 119
　schriftliche 119
Problembereiche 186
Problemgespräch 4
Proctor & Gamble 170
Produktionskonzepte 141
Profitabilitätszielen 114
Projekt 89, 157, 190
Projektarbeit 155
Projektgruppe 89
Projektleiter 157
Projektsteuerkreis 202
Projektziele XIII, 12
Protokoll 92
Prozeß 12, 17, 104, 107
Prozeßinstrument 16
Prozeßoptimierung 112, 119
Prozessoptimierungen 112
Prozeßorientierung 19
Prozeßverantwortung 19

Qualifikation 47, 88, 89, 173, 180, 205
Qualifikationsbedarfsanalysen 31

Qualifizierung 6, 15
Qualifizierungsmaßnahmen 117
Qualifizierungspläne 31
Qualität 11, 82, 84, 120, 159, 181
Qualitätsgruppen 107
Qualitätskriterium 159
Qualitätsnormen 19
Qualitätsstandard 3, 83, 113, 165
Qualitätsziele 156
QUATRO XIV

Rahmenbedingungen 7
Rahmenbetriebsvereinbarung 148
Rahmenvereinbarung 164
Reflexion 161
Reformprozeß 70
Reformschritte 98
Rollendistanz 65
Rollenspiel 28, 94, 95
Rückkopplungsgespräche 8
Rückmeldungen 120, 128

Sachkompetenz 17
Sanktionierung 69
Sanktionsmechanismen 173
Schulungsveranstaltungen 28, 94, 101
Selbsteinschätzung 172
Selbstkritik 100
Selbstmotivierung 143
Selbstregulation 184
　der Teams 179
　Förderung der 41
Selbstverantwortung 69
Selbstwahrnehmung 172
Seminar 143
Seneca 6
Siemens AG 104, 110, 170
Sinnzusammenhang 67
SMART-Kriterien 107
Sozialkompetenz 15, 17
Stellen 210
Stellenbeschreibung 120
Steuerung 112, 147
Steuerungsinstrument 115
Steuerungsprozeß 49
Stimmungsbild 127

Strategien 9
Strukturen 100, 104, 189, 190
Studien 39
   empirische 40
System 107, 111
   soziales 67

Tantiemegespräche 5, 24, 25
Tarif 100, 127
Tarifvereinbarung 166
Tarifvertrag 82, 150
Tarifvertragsparteien 212
Tätigkeitsbeschreibung 120
Taylorismus 159
Team 145
Teamabsprachen 24
Teamarbeit 177
   selbstregulierte 180
Teambesprechungen 157
Teamentwicklung 31
Teamfähigkeit 142
Teamorientierung 168, 171
Teamziele 173, 198
Termine 31, 51, 157
Termintreue 120
Top-down 6, 112, 159
Top-down-Führung 168
Top-down-Prinzip 89
Training 101
Transparenz 116, 147

Überblick
   empirischer 177
Umfrage
   bei betrieblichen Experten 180
Umsatz 106, 166
Unternehmenserfolg 104, 127, 211
Unternehmensführung 3, 104
   wertorientierte 112
Unternehmenskultur 27, 169, 212
Unternehmensziel XIII, 7
Urlaubsgeld 143

VDA 6.1 3
Veränderung 63, 100
Veränderungsprozeß 140, 147, 172

Verantwortung 11, 108, 170, 205
Verantwortungsbereich 112
Verantwortungsbereitschaft 85
Verantwortungsstufe 191
Verbesserungsprozeß (KVP)
   kontinuierlicher 7, 27, 49, 170
Verbesserungsvorschläge 169
Vereinbarungsprozeß 19
Vergütung 126, 191, 195
   variable 195
Vergütungspolitik
   erfolgsorientierte 127
Verhalten 169, 172
   unterstützende des Vorgesetzten 42
Verhaltensänderung 89, 99, 173
Verhaltensziele XIII
Verhandlung 31, 168
Vertrauenskultur 169
Verwaltung 88, 89, 92
Verwaltungsmodernisierung 89, 91
Vier-Augen-Gespräch 90, 92
Vorbereitung 94
Vorgesetzte 92, 159, 160, 171, 191
Vorgesetzte und Mitarbeiter
   Anforderungen an 47
Vorgesetztenbefragung 170
Vorgesetztenbeurteilung 169, 173
Vorgesetztengespräch 5

Wandel 150
Weihnachtsgeld 143
Weiterbildung 12, 15, 28, 99, 171
Weiterbildungsbedarf 31
Weiterbildungsziel 131, 171
Weiterbildungsziele XIII
Werte 63, 113
Wertesystem 112
Wertewandel 141
Wertsteigerung 112, 122
Werttreiber 118
Wettbewerb 189
Widersprüche 117
win-win-Situation 139
winner-winner-Situation 51
Wirkung von Zielen
   positive 39

Wirtschaftlichkeit 181, 203
Wissen 106
Wissenschaft 57
Workshop 100, 143

Zeit 165
Zeitlohn 151
Ziel-Commitment 45
Ziel-Vereinbarungen 17
Ziel-Vorgaben 17
Zielbonus 195, 196
Zieldiktat 51
Ziele 7, 81, 113, 161, 162, 166
    operative 112
    qualitative 11, 180
    quantitative 180
    strategische 112
Zielerreichung XIII, 6, 14, 19, 24, 105, 108, 111
Zielerreichungsgrad 165
Zielgröße 164

Zielkonflikte 203
Zielrevisionen 212
Zielschwierigkeit 182
Zielspezifität 182
Zielsystem 27
Zielvereinbarungen 49, 50, 51, 52, 54, 56, 155, 159, 161, 162, 164, 168
    Ausgestaltung von 180
    bei Teamarbeit 177
    partizipative 42, 183
    verbesserungswürdige Aspekte der 186
    Verbreitung 180
Zielvereinbarungs-Gespräch (ZVG) 3, 5, 9, 17, 92, 156, 173
Zielvereinbarungsdialog 17, 18
Zielvorgabe 106
Zufriedenheit 143
Zusammenarbeit 11, 31, 85, 90, 122, 161
Zwischenbilanz 122, 125
Zwischenschritte 117